마음을 담은 기계

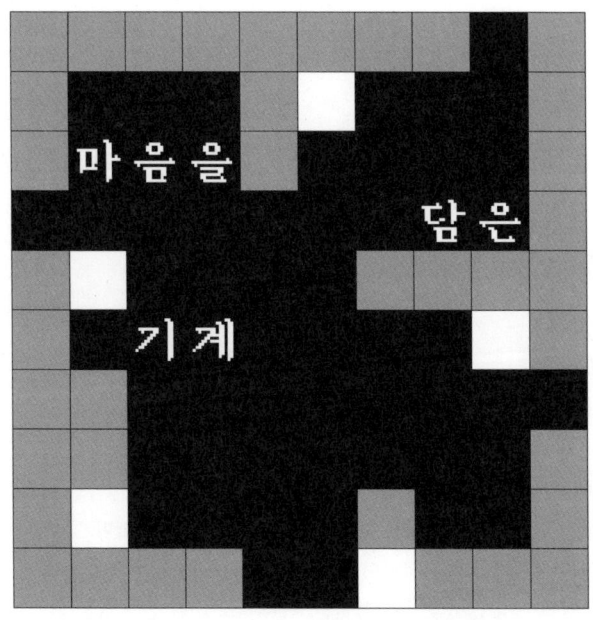

→ **인공지능 시대를 마주하는
 인지심리학자의
 11가지 질문**

→ **정수근 지음**

시심

일러두기

- 단행본, 학술지, 신문은 《 》로, 영화와 드라마를 비롯한 영상 매체와 게임은 〈 〉로 묶었다.
- 본문에서 언급한 매체 중 국내에 출간·소개된 경우 해당 이름을 따랐고, 국내에 소개되지 않은 매체는 우리말로 옮기고 원제를 병기했다.
- 이 책은 챗지피티ChatGPT, 제미나이Gemini, 클로드Claude 등 챗봇 형태의 생성형 언어 모델을 가장 많이 다루고 있지만, 시각 정보 처리 신경망 모델이나 다른 인공지능 모델에 대한 내용도 일부 포함한다. 그러나 다양한 인공지능 모델을 만들어진 목적이나 작동 방식의 차이에 따라 세부적으로 구분하지 않고, 모두 '인공지능'으로 묶어서 설명했다.
- 매우 빠르게 발전하는 인공지능 분야의 특성상 학술지에 정식으로 게재된 논문뿐만 아니라 동료 연구자의 심사를 거치지 않은 출판 전 논문preprint도 다수 인용했다. 출판 전 논문은 향후 학술지 심사 과정에서 내용이 수정되거나, 경우에 따라 정식으로 출판되지 못할 수도 있다. 또한 심사에 통과한 논문이라 하더라도 한계와 오류가 있을 수 있으며, 이후 연구에서 보완되기도 한다. 따라서 논문은 특정 시점이나 실험 조건에서 도출된 결과를 보여주는 자료일 뿐, 절대적인 결론은 아니다. 본문에 인용한 연구들의 서지 정보를 참고해 원문을 직접 확인하면 더 구체적인 실험 조건이나 논문의 한계 등을 살펴볼 수 있다.

들어가는 말
인지심리학자가 인공지능을 연구하는 이유

어느 날, 교실로 인공지능이 들어왔다

수업에서 학생들에게 열 장 내외의 보고서를 과제로 내주고 있다. 작년 수업에서 한 보고서가 눈에 띄었다. 자연스러운 문장으로 논문 형식에 맞춰 깔끔하게 작성된 것은 물론이고, 관련 자료도 많이 조사한 티가 났다. 중간중간 일부 틀린 내용이나 최신 연구가 반영되지 않은 부분도 있었지만 대학원생도 아니고 학부생이 작성했음을 감안하면 충분히 잘 쓴 보고서라 할 만했다. 좋은 점수를 주고 다음 보고서로 넘어가려다가 뭔가 이상한 점을 발견했다. 전문 용어 하나가 잘못 쓰였다. 단순한 오타도, 용어를 착각한 것도 아닌 것 같았다. 문맥상 무슨 말을 하려던 것인지는 알겠는데 완전히 잘못된 용어가 들어가 있었다. 이 정도로 보고서를 잘 썼는데 용어의 기본적인 의미를 이해하지 못했다? 이상했다. 혹시나 싶어 보고서의 제목을 챗지피티에 입력하고 보고서를 작성해달라고 했다. 챗지피티는 학생의 보고서와 똑같진 않아도 상당히 유사한 형태의 글을 만들어냈다. 잘 쓴 보고서였지만 학생이 스스로 쓴 부분보다 챗지피티 같은 인공지능이 쓴 부분이 더 많아 보였기 때문에 낮은 점수를 줬다.

그 이후로 수업에서 과제를 내줄 때 챗지피티나 클로드 같은 인공지능 서비스 사용을 어디까지 허용해야 할지 고민하게 됐다. 보고서 전체를 인공지능이 대신 써주면 학생은 자료를 찾아 이해하고 자신의 생각을 글로 정리하며 배울 기회를 잃게 된다. 그러나 계산기가 있는데 굳이 복잡한 계산을 종이에 연필로 써가며 할 필요가 없는 것처럼, 인공지능 서비스가 자료 조사를 더 효율적으로 도와줄 수 있다면 굳이 쓰지 말아야 할 이유가 없기도 하다. 이미 일상 속으로 들어온 인공지능 기술을 아예 사용하지 못하게 막는 것도 현실적으로 어렵다.

인공지능 서비스는 학생들이 과제를 할 때에만 쓰이는 게 아니다. 실제 연구 현장에서도 인공지능이 널리 쓰이고 있다. 나부터도 자료를 찾을 때 인공지능 기술이 적용된 논문 전문 검색 사이트를 쓰고 있다. 예전에는 전문 업체에 영어 논문 교정을 맡겼지만 작년부터는 챗지피티와 퀼봇QuillBot 등의 인공지능 서비스를 사용하기 시작했다. 챗지피티가 교정한 영어 문장들은 전문 업체의 작업 결과와 비교해도 별로 손색이 없었다.

프로그래밍도 챗지피티의 도움을 받았다. 챗지피티에게 특정 기능을 구현하는 코드를 만들어달라고 해보기도 했고,

특정 프로그래밍 언어로 만든 실험 프로그램 코드를 다른 언어로 바꿔달라고도 해봤다. 다른 연구자의 논문에 나온 실험을 재현하기 위해 논문의 실험 설명을 그대로 챗지피티에 입력한 후, 그 실험을 특정 프로그래밍 언어로 작성해달라고 했다. 물론 챗지피티가 만들어내는 실험 프로그램이 완벽하지는 않았다. 그럴듯해 보이지만 막상 실행하면 오류가 발생하는 코드를 생성하기도 해서 결국에는 사람이 직접 수정해야 했다. 그러나 전체적인 틀은 거의 정확하게 잡아줬기 때문에 아예 빈 화면에서 처음부터 한 줄씩 프로그램을 짜는 것보다 훨씬 빠른 속도로 작업을 할 수 있었다.

마음을 연구하는 새로운 도구

인공지능은 연구 현장에서 생산성을 높여주는 보조 도구로 활용되는 것을 넘어서 연구 대상 자체가 되기도 한다. 몇 년 전부터 심리학 분야의 논문에서도 '인공지능'이 심심치 않게 등장하고 있다. 심리학은 인간의 마음과 뇌를 다루는 반면, 인공지능은 컴퓨터 같은 기계나 프로그램을 다루기 때문에 서로 무슨 연관이 있는지 의아할 수도 있다. 그러나 인공지능은 이미 오래전부터 심리학에 흔적을 남기고 있었다.

나는 심리학의 여러 분야 중에서도 인간이 어떻게 세상

을 지각하고 기억하고 이해하는지 연구하는 인지심리학을 전공했다. 인지심리학이라는 분야는 1950년대에 등장했다. 초기 인지심리학자들은 인간의 마음이 세상을 이해하는 과정을 컴퓨터가 정보를 처리하는 과정에 빗대어 설명했다. 인간의 마음에서 정보를 잠시 저장하고 조작하는 작업 기억working memory과 많은 정보를 오랜 기간 저장하는 장기 기억long-term memory이 컴퓨터의 램RAM과 하드디스크와 비슷하다고 설명하는 식이다. 컴퓨터 프로그램이 작동하는 과정을 나타내는 순서도를 사용해서 인간의 마음이 정보를 받아들이고 조작하는 과정을 설명하기도 했다. 인간의 마음을 이해하기 위해 컴퓨터의 기능과 구조, 프로그램의 작동 과정을 참고하던 심리학자들이 최근에는 다양한 인공지능 모델도 참고하기 시작했다.

심리학 연구라고 하면 아마도 설문조사가 가장 먼저 떠오를 것이다. 사람들이 설문지에 솔직하게 응답하지 않을 수도 있고 문항에 따라 답변이 편향되기도 하지만, 설문조사는 비교적 빠르게 많은 사람이 무엇을 느꼈고 어떤 생각을 했는지 등을 직접 측정할 수 있어 심리학 연구에서 널리 쓰인다. 그런데 최근 심리학자들은 사람들에게 직접 질문하는 대신 챗지피티 같은 인공지능 모델이 사람처럼 설문조사에 참여할 수 있는지를 알아보고 있다.[1]

챗지피티나 클로드 같은 거대 언어 모델LLM, large language model에 질문을 하면 진짜 사람 같은 답을 내놓곤 한다. 물론 인공지능은 엄청난 양의 자료를 학습한 후 사용자가 입력한 질문에 맞춰 가장 높은 확률로 나올 법한 단어들을 연이어 생성해주는 것에 불과하지만, 어지간한 사람들보다 더 똑똑해 보이는 답변을 하기도 한다. 연구자들은 챗지피티3.5에 도덕적 판단에 관해 질문해봤다. 사람들은 차에 치일 뻔한 사람을 구하는 것은 도덕적인 행동이고, 사람을 차로 쳐서 죽이는 것은 비도덕적인 행동이라 생각한다. 식당 종업원에게 욕을 하는 것도 비도덕적인 행동이지만 사람을 일부러 차로 치는 것과 같은 정도로 나쁜 행동이라 여기진 않을 것이다. 챗지피티에 위의 예시를 입력한 뒤, 무엇이 도덕적이고 바른 행동인지 답을 요구했다. 마치 동일한 설문조사를 여러 사람에게 하듯 여러 번 반복해서 질문했다. 그 결과, 실제 사람들이 각 행동이 얼마나 도덕적인지 아닌지를 판단한 것과 챗지피티의 답변 간에 높은 상관관계가 나타났다. 즉, 사람들이 나쁘다고 한 행동은 챗지피티 역시 나쁜 행동이라고 대답했다. 도덕적 판단 외에 여러 사회적·정치적·경제적 질문에도 챗지피티는 실제 사람들이 설문조사에 답한 것과 상당히 유사한 답변을 내놓았다.

챗지피티는 사람이 만든 수많은 자료를 학습했다. 이러한 자료에는 사람들의 마음이 반영됐을 것이다. 그렇다면 실제 사람에게 물어보는 대신 챗지피디 같은 인공지능을 통해 사람의 마음을 엿볼 수도 있지 않을까? 물론 심리학자들이 실제 사람을 대상으로 하는 연구를 인공지능으로 완전히 대체할 수 있다고 생각하지는 않지만, 사람의 마음에 관심이 많은 심리학자에겐 마음을 연구하는 데 참고할 수 있는 새로운 도구가 생긴 셈이다.

기계의 뇌로 인간의 뇌를 연구하기

인공지능의 한 종류인 인공 신경망artificial neural network은 뇌의 신경세포가 정보를 처리하는 방식을 참고해 만들어졌다. 최근에는 뇌를 참고해 만든 인공 신경망이 뇌를 이해하는 데 사용되기도 한다. 합성곱 신경망CNN, convolutional neural network은 시각 정보를 처리하는 인공 신경망의 한 종류로, 시각 정보를 인식하기 위해 여러 단계에 걸쳐 계산을 한다. 신경망이라는 이름에서 예상할 수 있듯이, 합성곱 신경망의 계산 과정에는 뇌의 신경세포가 입력된 정보를 처리하는 것과 유사한 정보 처리 과정이 포함된다. 그러나 합성곱 신경망은 어디까지나 시각 정보 처리 과제를 최대한 잘 수행하기 위해 만들어졌지, 뇌의 작동 과정을 이해하기 위해 개발된 것은 아니다. 그럼에도 불구하고 합성곱 신경망의 정보 처리 과정은 뇌의 시각 정보 처리 과정과 상당히 유사하다.[2]

물론 챗지피티가 때때로 사람들의 질문에 엉뚱한 답을 내놓았던 것처럼 합성곱 신경망 같은 인공 신경망 역시 인간이 쉽게 인식하는 물체를 제대로 알아보지 못하는 실수를 하곤 한다. 그럼에도 인간의 뇌와 인공 신경망이 비슷한 기능과 구조를 보인다는 점에 주목해 여러 연구자가 인공 신경망을 인간 뇌 연구에 도입하고 있다.

챗지피티의 답변이 실제 인간의 답변과 유사할 때가 많다고 해서 챗지피티가 곧 사람이라고 할 수 없듯이, 인공 신경망이 인간의 뇌와 비슷하게 작동한다고 해서 인간과 똑같이 세상을 보고 듣고 느끼는 마음을 가졌다는 말은 아니다. 원숭이나 쥐, 고양이 등의 동물도 인간과 똑같은 마음을 가지진 않았다. 그러나 인간과 어느 정도 유사한 기능과 구조를 갖춘 동물의 뇌 연구 결과가 인간의 뇌에 대한 이해를 크게 증진시켰다. 동물의 뇌로 인간 뇌의 작동 과정을 밝힐 수 있었다면, 기계의 뇌라고 할 수 있는 인공지능을 사용한 인간 뇌 연구도 가능하지 않을까?

나는 인간의 마음과 뇌의 작동 과정을 다루는 인지심리학자이지 인공지능 연구자가 아니다. 그러나 인간의 마음과 뇌 연구에 인공지능 기술이 적용되는 사례를 자주 접하게 되면서 자연스레 인공지능에도 관심을 가지게 됐다. 인공지능 연구자는 아니라 인공지능 기술을 자세히 설명할 수는 없다. 인공지능이 가져올 사회·경제적 변화 같은 광범위한 이야기를 하려는 것도 아니다. 대신 인간의 뇌와 마음의 작동 과정을 연구하는 인지심리학자로서, 심리학과 뇌 과학 연구 현장에서 인공지능 기술이 어떤 식으로 활용되고 있는지, 또 인공지능이라는 새로운 연구 도구를 통해 우리의 뇌와 마음에 대해 무엇을 더 알게 됐는지를 소개하려 한다.

인공지능, 그리고 인간의 마음

인공지능 기술은 연구에만 쓰이는 게 아니다. 이미 일상에 스며들었다. 스마트폰의 여러 앱도 인공지능 기술을 사용하고 있고, 컴퓨터 프로그램, 웹사이트, 자동차 등 곳곳에서 인공지능 기술이 활용되고 있다. 이처럼 인공지능 기술이 자연스럽게 사용되는 환경은 앞으로 우리에게 어떤 영향을 미칠까?

이미 여러 심리학 연구에서 우리가 일상에서 사용하는 기술과 도구 들이 인간의 정보 처리 과정을 바꿔놓는다는 걸 발견했다. 여행지에서 멋진 풍경을 마주쳤을 때 스마트폰 카메라로 사진을 찍곤 한다. 그런데 인상적인 순간을 저장하기 위해 사진을 찍음으로써 오히려 그 순간을 잘 기억하지 못하는 역설적인 결과가 나타난다. 사진을 잘 찍는 데 주의를 기울이느라 기억에 풍경을 담는 데는 신경을 덜 쓰는 것이다. 나중에 사진을 다시 볼 수 있다는 생각도 기억 저장을 방해한다. 카메라로 찍은 사진은 스마트폰에 오래도록 저장되겠지만 그 사진을 굳이 찾아보지 않는 한 사진에 찍힌 순간의 기억은 오히려 희미해진다.

GPS 내비게이션이 널리 쓰이기 전에는 다들 자동차에 두꺼운 지도책을 놓고 다녔다. 낯선 길을 가기 전에 지도책을 보고 미리 공부하기도 했고, 중간중간 멈춰서 제대로 가고 있는지 확인도 했다. 조수석에 앉은 사람은 지도책을 펼치고 인간 내비게이션이 되어 어느 길로 가야 하는지를 알려주기도 했다. 이제 스마트폰 내비게이션을 쓰게 되면서 길 찾기가 편리해졌지만 스마트폰이 없으면 길치가 된다고 느끼는 사람도 생겼다. 실제로 한 연구에서는 GPS 내비게이션 사용이 많아질수록 공간 기억 능력이 떨어지는 경향을 밝혀냈다.[3]

일상 곳곳에서 우리 삶을 편하게 만들어주는 인공지능 기술도 인간이 세상을 보고, 듣고, 기억하는 과정을 변화시킬 가능성이 높다. 인공지능 기술의 사용으로 인한 인간 인지기능의 저하를 우려하는 목소리도 있다. 인공지능이 자료를 찾고, 정리하고, 글까지 써주면서 인간의 깊고 분석적인 사고 능력이 저하될 수 있다는 의견이다. 반면 인공지능이 단순하고 덜 중요한 일을 대신 처리해주면 인간은 더 중요한 문제에 집중할 수 있으므로 깊은 사고와 다양한 과제 수행이 가능할 것이라는 견해도 있다. 인공지능이 인간의 정보 처리 능력에 어떤 방향으로 영향을 미치든, 인공지능은 점점 더 우리의 일상 속으로 스며들 것이다. 인간의 마음이 어떻게 작동하는지, 주변 환경이 인지기능에 어떤 영향을 미치는지를 연구하는 심리학자들에게 있어서 인공지능과 인간 마음의 관계는 관심을 기울일 수밖에 없는 주제다.

인공지능과 함께 살아갈 아이들

어느 날, 딸아이가 허공에 인공지능 스피커의 이름을 외치며 노래를 들려달라고 하는 모습을 봤다. 테이프나 시디를 찾거나 라디오를 켜는 대신 스마트폰이나 인공지능 스피커로 스트리밍되는 노래를 듣는 게 일상이 됐다. 내 딸은 태어나면서부터 인공지능 스피커에서 나오는 노래를 듣고 자랐다. 우리가 수도꼭지를 틀면 물이 나오고 스위치를 누르면 형광등이 켜지는 걸 당연하게 생각하듯이 내 딸에게는 말만 하면 노래를 틀어주고 질문에 답도 해주는 인공지능 스피커가 너무도 자연스러운 환경이다. 성인이 되면서 일상에서 인공지능을 접하게 된 나와 달리, 태어나면서부터 다양한 인공지능 서비스의 발전과 함께하는 아이들은 어떻게 발달하게 될까?

몇 년 전, 온라인상에서 아이들이 인공지능 스피커와 대화할 때 'please'나 'thank you' 같은 말을 쓰라고 가르쳐야 하는지를 놓고 논란이 일었다. 한국 상황으로 바꾸면 아이들이 인공지능 스피커한테 존댓말을 하도록 가르쳐야 하는가와 비슷하겠다. 성인들은 인공지능 스피커에게 존댓말로 부탁을 하진 않을 것이다. 인공지능 스피커도 반말로 질문을 받았다고 해서 기분 나빠 하거나 답변을 거부하지도 않는다. 아이들은 어떨까? 인공지능 스피커는 보통 어른의 목소리로 말을 하니, 아이들에게 존댓말을 쓰고 예의를 갖춰 말하라고 가르쳐야 할까? 아니면 인공지능 스피커는 사람이 아니니 아이들도 성인처럼 반말을 써도 된다고 해야 할까?

많은 사람이 아이들이 인공지능 스피커에게도 예의 바른 말투를 사용하도록 가르쳐야 한다고 생각한다. 인공지능 스피커에게 존댓말을 쓰도록 가르쳐야 아이들이 좋은 언어 습관을 배우고 다른 사람들과 대화할 때도 좋은 언어를 쓸 것이라는 입장이다(인공지능에게 존댓말을 쓰고 고맙다는 말도 해둬야 나중에 인공지능이 인류를 지배하게 될 때 살아남을 수 있다는 농담을 하기도 했다). 2018년경에는 구글과 아마존의 인공지능 서비스에 예의 바른 말에 반응하는 기능이 도입되기도 했다. 그냥 "노래 틀어 줘"라고 말하는 대신 'please'를 붙여서 조금 더 공손하게 말하면 인공지능 스피커가 노래를 틀어주면서 "예의 바르게 물어봐줘서 고마워요"라고 반응한다. 아이들이 인공지능 스피커에게 예의 바른 말투를 사용하면 스피커의 반응이 일종의 보상처럼 작용해 아이들의 말하기 습관에 좋은 영향을 주리라 기대한 것이다.

반면 아이들이 굳이 인공지능 스피커에게 존댓말을 쓰고 예의를 갖출 필요는 없다고 생각하는 사람들도 있다. 내비게이션이 우회전하라고 할 때 "알겠습니다"라고 답하거나 목적지에 다 왔다고 할 때 "길 안내해줘서 고마워요"라고 말하지 않는 것처럼 기계가 내는 목소리에 사람을 대하듯 반응하지 않아도 된다는 입장이다. 아이들이 사람과 사람이 아닌 인공지능을 구분해야 할 필요가 있다는 주장도 있다. 예를 들어, 감사하다는 말은 상대방을 존중하고 상대가 나에게 한 말이나 행동에 고마움을 표현하는 것이다. 그런데 사람이 아닌 기계에게 지시를 내리고 습관적으로 고맙다는 말을 붙이게 되면 사람 간의 관계에서 쓰이던 말의 가치가 떨어질 것이라고 걱정한다. 또 아이들에게 인공지능 스피커를 사람처럼 대하라고 가르치면, 인공지능을 감정과 자아를 지닌 사람과 비슷한 존재로 생각하게 된다는 우려의 목소리도 있다. 즉, 아이들이 생물과 무생물, 마음을 가진 존재와 그렇지 않은 존재라는 개념을 형성하고 세상을 이해하는 틀 자체가 달라질지도 모른다는 것이다. 이 역시 인간의 마음을 연구하는 심리학자들이 관심을 가질 수밖에 없는 주제다. 또한 아이를 키우는 아빠로서 개인적으로도 궁금한 내용이다.

《마음을 담은 기계》에서는 다양한 인공지능 기술이 인간의 뇌와 마음에 어떤 영향을 미쳤는지, 또 인공지능과 함께 살아갈 아이들의 마음은 어떻게 변화할지 아니면 변화하지 않을지에 대한 연구 결과도 살펴보려 한다. 여러 질문의 '정답'을 제시하기보다는 정답으로 가는 여정을 소개하고 함께 고민해야 할 질문을 던질 것이다. 연구는 데이터를 쌓아가면서 정답에 접근하는 과정이지, 한번에 결론을 내리는 게 아니기 때문이다. 또한 인공지능은 지금 이 순간에도 계속 발전하고 있으므로, 책이 출간될 때쯤이면 또 새로운 기술이 일상에 도입될 것이다. 새로운 형태의 인공지능 기술은 우리에게 또 다른 영향을 미칠 수도 있기 때문에 여기에서는 현재 시점에서 진행되고 있는 여러 연구를 살피며 미래를 추측해볼 출발점을 찾고자 한다.

정리하자면, 이 책에서는 인공지능 기술을 통해 인간의 마음과 뇌에 대한 이해가 어떻게 확장됐는지, 그리고 인공지능 기술이 인간의 마음에 어떤 영향을 줬는지에 관한 여러 연구를 소개한다. 인공지능 전공자가 아닌 심리학자로서, 인공지능 기술의 사용자 내지는 관찰자의 입장에서 바라보는 인공지능 이야기다.

인공지능에 관한 책이지만 결국에는 인간의 이야기다.

차례

들어가는 말:
인지심리학자가 인공지능을 연구하는 이유 · 005

어느 날, 교실로 인공지능이 들어왔다 | 마음을 연구하는 새로운 도구 | 기계의 뇌로 인간의 뇌를 연구하기 | 인공지능, 그리고 인간의 마음 | 인공지능과 함께 살아갈 아이들

1 인공지능과 인간의 뇌는 얼마나 닮았는가?
023

인공지능이 보는 세상과 인간이 보는 세상 | 인간이 세상을 보는 방식 | 인공지능이 세상을 보는 방식 | 인간의 뇌를 따라하는 인공지능 | 인공지능으로 인간을 이해하기 | 능동적으로 해석하고 추론하는 뇌 | 뇌와 인공 신경망의 차이

2 인공지능으로 인간의 뇌를 연구할 수 있는가?
047

인공지능은 인간 뇌의 설계도로 만들어졌다 | 왜 얼굴일까 | 인공지능을 활용한 얼굴 인식 과정 연구 | 인공지능이 찾아낸 뇌의 숨겨진 영역 | 얼굴 인식 기능의 기원

3 인공지능도 성격을 가지고 있는가?

069

심리학 연구에 참가하는 인공지능 | 인공지능의 다양성 | 인간보다 더 인간적인 인공지능 | 개성 있는 인공지능 만들기 | 우울증에 걸린 인공지능

4 인공지능이 인간의 마음을 보듬을 수 있는가?

095

인간 상담사를 대체하는 프로그램 | 인공지능 심리 서비스의 효과 | 인공지능 앞에서 더 솔직해지는 인간 | 인공지능의 환각과 인간의 의존 | 대체 불가능한 공감 능력 | 정신건강 개선을 위한 도구

5 인공지능 사용의 허용 범위는 어디까지인가?

115

인공지능이 바꾼 연구 환경 | 인공지능의 요약을 신뢰해도 될까 | 새로운 연구 아이디어 만들기 | 인공지능 연구 윤리

6 인공지능의 창의성이 인간을 뛰어넘을 수 있는가?

133

창의성의 요건 | 알파고와 뮤제로가 따라잡은 인간의 창의성 | 인공지능 창의성의 한계 | 인간의 창의성에 가치를 부여하는 인간

7 인공지능 사용이 인지기능을 떨어뜨리는가?

153

기억의 외주화 | 인지적 떠넘기기 | 인지기능을 저하시키는 사고의 자동화 | 인공지능 사용이 뇌에 끼치는 영향 | 여전히 인간의 인지기능이 중요한 이유 | 인공지능을 현명하게 활용하는 방법 | 인간과 인공지능이 만드는 시너지 | 인공지능이 벌리는 격차 | 인간의 파트너

8 인공지능은 아이들을 어떤 미래로 이끄는가?

183

TV 속 세상과 현실의 모호한 경계 | 생물과 무생물 사이 | 아이들이 인공지능을 인식하는 방식 | 학습을 돕는 인공지능 | 올바른 활용을 이끄는 올바른 이해 | 인공지능과 함께 살아갈 아이들

9 인공지능도 인간과 같은 마음을 가질 수 있는가?

203

인간과 인공지능 구별하기 | 마음을 가졌다는 말의 의미 | 인간을 가려내는 단 하나의 단어 | 마음을 읽는 인공지능 | 마음을 부여하는 인간 | 인간이 인공지능을 대하는 방식

10 인공지능과 인간의 기억은 무엇이 다른가?
225

나를 나로 만드는 기억 | 인공지능의 기억 | 경험을 재구성하는 인간의 기억 | 완벽하지 않은 기억 | 인공지능에도 유효한 망각의 도움 | 인간과 인공지능을 구별하는 기억의 본질

11 인공지능도 융통성이 있는가?
245

인지적 유연성 | 맥락을 통해 만들어지는 존재 | 마음속 세상의 재구성

나가는 말:
무엇이 인간을 인간답게 만드는가 · 263

절대적 우월함이란 없다 | 불완전한 인간 | 인공지능이 꼭 인간을 닮아야 할까 | 미완성 퍼즐을 맞추는 일 | 인간을 비추는 거울

후주 · 277
도판 출처 · 311

1 인공지능과 인간의 뇌는 얼마나 닮았는가?

인공지능이 보는 세상과 인간이 보는 세상

스마트폰 카메라로 사진을 찍으면 인공지능이 사진 속 얼굴을 인식하고 자동으로 사진을 분류한다. 자동차에 탑재된 인공지능은 차선과 주변의 차량, 신호등과 표지판을 인식해 숙련된 운전자처럼 운전을 돕는다. 이처럼 일상에서 마주치는 인공지능은 '이 정도면 진짜 사람 같다'는 생각이 들 정도로 자연스럽고 정확한 판단을 한다.

반면, 사람보다 똑똑해 보이는 인공지능이 인간이라면 절대 하지 않을 어이없는 실수를 하기도 한다. 예를 들어, 2021년

테슬라 자동차가 도로 광고판에 쓰인 '정지'라는 단어를 도로 표지판으로 인식해 갑자기 멈춰버린 사례가 온라인에서 화제가 됐다. 인공지능은 때로는 인간에게 선명히 보이는 도로 위 장애물을 감지하지 못해 사고를 내고, 광고와 도로 표지판을 구분하지 못하는 실수를 한다. 비슷한 디자인의 안경을 썼다는 이유만으로 전혀 다른 사람을 같은 인물로 분류한다.

인공지능은 놀라울 정도로 사람과 비슷하게 세상을 '보는' 것 같지만, 결정적인 순간에는 전혀 다른 방식으로 정보를 인식하기도 한다. 인공지능은 정말 인간처럼 세상을 '보는' 걸까? 아니면 인간의 행동을 흉내낼 뿐, 인간과는 전혀 다른 방식으로 정보를 처리하는 걸까? 이 장에서는 시각 정보 처리 과정을 중심으로 인공지능과 인간의 뇌가 세상을 보는 방식의 공통점과 차이점을 살펴보려 한다.

인간이 세상을 보는 방식

세상을 지각하고, 감정을 느끼고, 의사결정을 하는 인간의 마음은 뇌의 신경세포neuron들이 정보를 주고받는 과정에서 만들어진다.[1] 하나의 신경세포는 다른 신경세포로부터 흥분 또는 억제 신호를 전달받는다. 신경세포는 받은 신호의 총합이 일정 기준(역치, threshold)을 넘으면 활성화된다. 이때 특정 신경세포의 신호는 다른 신경세포의 신호보다 더 큰 가중치weight를 가진다. 두 신경세포 간의 연결 강도가 높아 한 신경세포의 신호가 다른 신경세포의 활성화에 더 큰 영향을 미칠 수 있다는 의미다.

신경세포는 자신의 기준을 넘는 신호를 받으면 활성화되고, 신호 총합의 크기와 무관하게 일정한 반응을 보인다. 예를 들어, 10 이상의 신호에 활성화되는 신경세포는 이 기준점을 간신히 넘어가는 10.5의 신호가 들어오거나 기준점을 크게 뛰어넘는 20의 신호가 들어와도 동일하게 반응한다. 즉, 신경세포의 작동 방식은 반응하기와 안 하기 두 가지 결과만 있는 디지털 방식과 유사하다. 그러나 신경세포는 입력 신호의 크기에 따라 조금씩 다르게 반응한다. 강한 신호를 받은 신경세포는 똑같은 크기의 활성화를 더 빠르게 반복하는 방식으로 입력 신호의 강도를 나타낸다.

이렇게 활성화된 신경세포는 자신과 연결된 다른 신경세포들에게 흥분 또는 억제 신호를 전달한다. 신호를 받은 신경세포들은 마찬가지로 자신이 받은 흥분 또는 억제 신호의 총합에 따라 활성화 여부를 결정한다. 이러한 방식으로 수많은 뇌의 신경세포가 상호작용하며 정보를 주고받는 과정을 통해 우리는 세상을 지각하고 기억히며, 감정을 느낀다.

이제 뇌에서 시각 정보를 처리하는 과정을 살펴보자. 빛이 눈으로 들어오면 망막에 있는 여러 수용체 세포가 빛을 감지한다.[2] 이어서 시각 정보는 대부분 뇌의 뒤통수 쪽에 있는 초기시각피질early visual cortex로 전달된다. 초기시각피질의 신경세포는 세상의 모든 정보에 반응하는 게 아니라 특정 영역 안에 있는 정보에만 반응한다. 신경세포가 반응하는 영역 범위를 그 신경세포의 수용장receptive field이라 부르는데, 수용장은 한 신경세포가 '보는' 세상의 범위다. 일차시각피질의 신경세포는 수용장이 비교적 작다. 손을 뻗고 손가락을 바라봤을 때 일차시각피질의 수용장은 대략 손톱 크기 정도다.

시각피질의 신경세포들은 수용장 안에 들어오는 빛 정보를 사진처럼 그대로 기록하지 않는다. 대신 수용장 안에서 특정한 패턴을 찾고 감지한다. 노벨상 수상자인 데이비드 후벨David Hubel과 토르스텐 위젤Torsten Wiesel은 고양이의 초기시각피질 신경세포의 작동 기전을 연구해 시각피질의 신경세포가 단순히 빛의 유무에 반응하는 게 아니라 특정한 패턴에 반응함을 발견했다. 예를 들어, 시각피질의 단순세포simple cell는 수용장 안에 들어오는 특정 각도의 선에 반응하고, 다른 각도의 선이 나타나면 반응하지 않았다. 시각피질에는 복합세포complex cell도 존재하는데, 이들은 여러 단순세포로부터 정보를 받기 때문에 하나의 단순세포보다 더 넓은 영역에서 시각 정보를 탐지할 수 있다. 초기시각피질의 신경세포들이 처리한 정보는 뇌의 상위 영역으로 전달된다. 뒤통수에 있는 초기시각피질에서 출발한 신호는 후두엽에서 뇌의 양옆으로 이어지는 측두엽temporal lobe으로 전달되며, 단순한 시각 정보가 점차 복잡한 정보로 변환된다.

초기시각피질 신경세포가 특정 위치에 있는 특정 각도의 선처럼 단순한 패턴에 반응한 것과 달리, 측두엽 신경세포는 복잡한 형태나 의미 있는 사물에 반응한다. 예를 들어, 측두엽 신경세포는 얼굴이나 팔, 다리 같이 구체적이고 의미 있는 범주의 시각 정보에 반응한다. 시야에 보이는 것들 중 손톱만한 좁은 영역의 정보를 처리하는 초기시각피질 신경세포와 달리, 측두엽 신경세포는 수용장이 넓어 거의 시야 전체에서 들어오는 정보에 반응한다. 수용장의 크기가 크다는 말은 좁은 수용장을 가진 여러 신경세포의 신호를 받는다는 의미다. 이를 통해 측두엽 신경세포는 시각 정보가 조금씩 다른 위치에 제시되더라도 일관되게 인식하고 반응할 수 있다.

정리하면, 초기시각피질은 좁은 영역에서 단순한 시각 정보를 처리하고, 측두엽은 초기시각피질에서 처리한 정보를 종합해 더 넓은 영역에서 복잡하고 의미 있는 정보를 처리하는 위계적인 방식으로 정보가 표상된다. 마치 단순한 형태의 레고 블록을 조립해 복잡한 구조물을 만드는 과정과 비슷하다.

물론 실제 뇌에서의 시각 정보 처리 과정은 훨씬 복잡하다. 시각 정보는 초기시각피질에서 측두엽으로 전달되기도 하지만, 머리 위쪽의 두정엽 parietal lobe 으로도 이어지며 뇌의 여러 영역이 복잡한 상호작용을 통해 세상을 인식한다.[3] 또한 초기시각피질에서 측두엽이나 전전두피질 prefrontal cortex 같은 뇌의 상위 영역으로 신호가 전달되는 동시에 뇌의 여러 상위 영역에서 초기시각피질로 피드백 신호를 보내준다. 뇌의 복잡한 작동 원리를 자세히 알지 못해도 괜찮다. 지금까지 살펴본 뇌의 시각 정보 처리 과정에 대한 대략적인 설명만으로도 뇌와 인공지능이 세상을 어떻게 보는지 비교해볼 수 있다.

뇌의 복잡한 시각 정보 처리 과정을 간단히 요약하면, 좁은 수용장에서 단순한 정보를 감지하는 초기 단계에서 시작해 넓은 수용장에서 복잡한 사물을 인식하는 상위 단계로 점차 확장된다. 그리고 뇌는 하위 영역에서 상위 영역으로 이어지는 상향적 신호와 상위 영역에서 하위 영역으로 보내는 하향적 신호의 상호작용을 통해 시각 정보를 인식한다.

인공지능이 세상을 보는 방식

이번에는 인공지능이 세상을 어떻게 보는지 알아보자. 인공지능에는 여러 종류가 있지만, 그중에서도 합성곱 신경망이라는 인공 신경망이 시각 정보 처리 과제에 많이 사용된다. 기본적으로 신경망은 입력과 출력을 연결하는 수학 함수들의 모음이다. 예를 들어, 고양이 사진의 각 픽셀값을 입력받고 계산 과정을 거쳐 그 결과를 '고양이'라는 출력값과 연결하게끔 계산하는 것이 인공 신경망의 학습 과정이다.

인공 신경망은 뇌의 시각 정보 처리 과정을 반영해 설계돼 계산 과정도 신경세포의 정보 처리 과정과 유사하다. 신경세포가 입력 신호를 합산해 활성화 여부를 결정하고 활성화되면 다음 신경세포로 신호를 전달하는 것처럼, 인공 신경망에서는 노드node라는 인공 신경세포가 입력된 값을 더한 뒤, 그 총합이 일정 기준 이상이면 다음 노드로 계산한 결과를 전달한다.

뇌 시각피질의 신경세포가 상위 영역의 또 다른 신경세포에게 신호를 보내듯이, 인공 신경망에서도 한 층layer의 노드는 다음 층의 노드로 계산 결과를 전달한다. 뇌의 신경세포들이 서로 다른 가중치로 연결된 것처럼 인공 신경망에도 가중치가 있다. 인공 신경망은 학습 과정에서 입력값과 계산된 결괏값의 차이를 줄이기 위해 가중치를 계속 조정한다. 이러한 조정 과정을 통해 신경망은 점점 더 정확한 출력을 생성하고, 입력값과 출력값 사이의 관계를 학습한다.

인공 신경망 중 합성곱 신경망은 인간의 시각 정보 처리 과정을 닮았다. 합성곱 신경망은 이미지의 픽셀값을 입력받아 여러 형태의 계산을 반복하고, 최종적으로 입력된 이미지가 무엇인지 분류한다. 이는 뇌가 시각 정보를 처리할 때 여러 영역을 거치며 전진적으로 복잡한 정보를 처리하는 과정과 유사하다.

합성곱 신경망이 이미지를 처리하는 과정 중 일부를 살펴보자. 뇌에서 신경세포가 수용장 안에 특정 각도의 선이나 특정 범주의 물체가 있는지 탐지하듯, 합성곱 신경망은 입력된 이미지에서 특정 패턴을 감지한다. 다르게 설명하면, 합성곱 convolution은 입력된 이미지에 필터를 적용해 특정한 패턴을 찾는 계산 과정이다. 뇌의 초기시각피질에서 신경세포가 수용장 안에 들어오는 정보에 반응하는 것처럼, 합성곱 계산 과정 역시 이미지의 작은 영역에 해당되는 부분의 정보만을 처리한다.[4]

합성곱 신경망의 여러 계산 과정 중에는 입력된 값의 차원을 줄이는 풀링 pooling도 있다. 이전 단계에서 계산한 결과가 100×100 크기의 행렬이라면, 이 행렬을 10×10 크기의 작은 행렬로 나누고, 작게 나눈 각 행렬 안에서 최댓값이나 평균값을 선택하는 식이다. 이 과정에서 100×100 크기의 결괏값 행렬이 10×10 크기의 행렬로 줄어든다.

풀링 과정에서 정보를 요약하면 여러 단계에 걸쳐 계산을 반복해야 하는 합성곱 신경망의 정보 처리 효율성을 높일 수 있다. 이 과정은 뇌에서 좁은 수용장을 가진 다수의 신경세포의 입력을 받아 더 넓은 영역의 정보를 처리하는 신경세포로 이어지는 정보 처리 과정과도 유사하다. 뇌의 측두엽 신경세포는 넓은 수용장을 가지고 있어서 다양한 위치에서 제시된 시각 정보에도 반응할 수 있다. 이와 유사하게 합성곱 신경망의 풀링 계산은 인접한 여러 영역에서 평균값이나 최댓값만을 추출해 입력된 이미지의 위치가 조금 달라지더라도 안정적이고 일관된 반응을 유지하도록 돕는다.

합성곱 신경망은 합성곱과 풀링을 포함한 일련의 계산 과정을 여러 단계에 걸쳐 반복한다. 그리고 마지막 단계에서 나온 계산의 결괏값이 어떤 범주에 속할 확률이 높은지를 분류한다. 신경세포 간의 연결 강도를 의미하는 가중치가 있는 것처럼, 합성곱 신경망에도 입력된 값이 다음 단계로 넘어갈 때 가중치가 있다.[5] 처음에는 가중치가 무작위로 설정되지만, 이미지 분류 결과가 틀렸다면 가중치를 조정해 계산을 반복하는 학습 과정을 거친다. 뇌에서 신경세포의 신경전달물질 분비량이 달라지거나 신경전달물질 수용체의 수가 변화해 학습이 발생하듯이 합성곱 신경망에서도 가중치가 증가하거나 감소하며 학습을 한다. 널리 쓰이는 합성곱 신경망 중 하나인 알렉스넷AlexNet은 총 천 개의 범주로 구성된 이미지 데이터베이스를 학습하며, 입력된 이미지가 각 범주에 속할 확률의 오차가 적어지도록 가중치를 조정한다.

합성곱 신경망 모델에 따라 다른 계산 과정이 추가되거나 계산을 반복하는 횟수는 다를 수 있지만, 대부분 앞에서 설명한 계산 과정을 여러 차례 반복하며 이미지를 인식하는 학습을 한다. 이렇게 학습을 마친 인공 신경망은 인간과 같은 수준의 정확도로 입력된 이미지를 분류할 수 있다.

인간의 뇌를 따라하는 인공지능

합성곱 신경망 같은 인공 신경망은 뇌 신경세포의 정보 처리 방식에서 영감을 받아 개발됐다. 여러 단계에 걸쳐 단순한 정보부터 복잡한 정보까지 처리하는 뇌와 유사하게 인공 신경망도 초기 단계에서는 이미지의 일부 영역의 정보를 처리하고, 후기 단계에서는 더 넓은 영역의 정보를 계산한다. 이 과정에서 신경세포와 유사한 방식으로 가중치를 조절하며 학습한다. 이처럼 뇌와 합성곱 신경망의 정보 처리 과정은 구조적으로 유사하다. 그러나 인공 신경망이 뇌와 동일한 구조를 가지고 뇌처럼 작동하는 인공 뇌를 구현하기 위한 목적으로 만들어진 것은 아니다. 인공 신경망은 이미지 인식과 같은 특정 과제를 잘 수행하도록 만들어진 계산 모델일 뿐이다.

그럼에도 불구하고 연구자들은 신경세포의 작동 원리를 일부 참고해서 만든 인공 신경망이 이미지를 분류할 때 진짜 뇌와 유사한 방식으로 정보를 표상하고 작동함을 발견했다. 즉, 인공 신경망이 주어진 이미지가 무엇인지 인간처럼 정확하게 답할 수 있을 뿐만 아니라, 그 답을 내놓기까지 일어나는 계산 과정과 정보 표상이 뇌의 정보 처리 과정과 상당히 유사하다는 것이다.

스탠퍼드 대학의 대니얼 야민스Daniel Yamins와 MIT의 제임스 디카를로James DiCarlo 교수 연구진은 원숭이 뇌의 신경세포가 시각 정보에 반응하는 패턴과 합성곱 신경망의 반응을 비교했다.[6] 원숭이 뇌에서 초기시각피질은 특정 각도의 선 같은 단순한 정보를, 측두엽의 상위 영역은 얼굴, 강아지, 고양이 같은 의미 있는 범주의 정보를 처리한다. 합성곱 신경망에서도 초반 계산 단계에서는 단순한 정보를, 후반 계산 단계에서는 복잡한 정보를 처리하는 위계적인 모습을 보였다. 이는 합성곱 신경망이 신경세포의 구조적 작동 방식을 흉내 낸 것을 넘어, 기능적 정보 처리 방식도 뇌와 유사함을 시사한다.

다른 여러 연구에서도 뇌와 합성곱 신경망 같은 인공 신경망이 비슷한 형태로 정보를 표상한다는 결과가 나왔다. 뇌에서 비슷한 정보는 유사한 신경 반응 패턴으로 표상된다. 뇌의 측두엽에서 신경세포 A, B, C, D의 활성화가 '프렌치 불독'이라는 정보를 표상한다면, 비슷하게 생긴 '보스턴테리어'는 신경세포 A, B, C, E의 활성화 패턴으로 표상된다. 반면, 프렌치 불독과 명확하게 구분되는 '그레이하운드'는 신경세포 A, F, G, H의 활성화로 표상하고, 개와는 거리가 먼 물건인 '핸드폰'은 개를 표상하는 신경세포와 전혀 겹치지 않는 신경세포 O, P, Q, R의 활성화로 표상된다. 이와 같은 정보 표상이 뇌뿐만 아니라 여러 인공 신경망에서도 나타난다.[7]

인공 신경망이 애초에 신경세포의 작동 방식을 모방했으니 뇌와 비슷한 형태로 정보를 표상하는 게 당연해 보일 수도 있다. 그러나 인공 신경망을 학습시킨 이유는 인간의 뇌와 비숫한 계산 과정을 형성하는 게 아니라 이미지를 최대한 정확하게 분류하는 과제에 최적화된 계산 과정을 만들기 위함이었다. 이미지를 가장 효과적으로 분류할 수 있는 정보 표상이 꼭 뇌와 같을 필요는 없다. 예를 들어, 인간의 다리는 평지에서 걷고 달리는 것은 물론 산길을 오르는 데도 잘 쓰일 수 있는 효과적인 수단이지만, '평지에서 빠르게 달리기'라는 하나의 과제를 잘하는 로봇을 만든다면 다리 대신 바퀴를 다는 것이 나을 수 있다. 마찬가지로 인공 신경망이 기본적으로 인간의 뇌와 유사한 구조를 따라 만들어졌다 하더라도, '시각 정보 인식'이라는 과제를 잘하기 위해 인간의 뇌처럼 정보를 처리하고 표상하는 게 꼭 최적의 해답은 아닐 수도 있다. 그럼에도 불구하고 이미지 인식에 최적화된 계산을 하게 했더니, 결과적으로 인간의 뇌와 비슷한 형태로 정보를 표상하게 됐다. 이러한 인공 신경망과 뇌의 유사성은 많은 연구자의 관심을 끌었고, 인공 신경망이 뇌의 작동 원리를 이해하는 통찰을 제공하리라는 기대도 높아졌다.

인공 신경망으로 인간의 뇌를 이해하긴 어렵다는 한계를 지적하는 연구자들도 적지 않다.[8] 이러한 연구자들은 인공 신경망이 특정 상황에서만 인간과 유사한 반응을 보일 뿐이라고 말한다. 인간은 강아지가 검은 배경에 있든 흰 배경에 있든 상관없이 동일하게 강아지로 인식한다. 그러나 인공 신경망은 물체를 인식할 때 배경의 색이나 패턴에 영향을 크게 받는다.[9]

합성곱 신경망 같은 인공 신경망이 적대적 공격adversarial attack에 취약하다는 점도 인간과의 차이를 잘 보여주는 사례다. 적대적 공격은 이미지를 조작해 합성곱 신경망이 잘못된 답을 내놓도록 유도한다. 이미지에 인간의 눈에는 거의 보이지 않을 정도의 미세한 노이즈가 추가돼도 인간은 원래의 이미지를 인식할 수 있지만, 합성곱 신경망은 그 이미지를 완전히 다르게 분류하는 오류를 범한다.[10] 판다 사진에 미세한 노이즈를 추가해도 인간은 여전히 판다라고 인식하지만, 합성곱 신경망은 원숭이로 잘못 분류하기도 한다. 인간의 뇌는 약간의 노이즈가 있어도 판다를 완전히 다른 동물로 인식하는 실수를 하지 않는다.

인공 신경망과 뇌의 차이를 보여주는 또 다른 예시는 뇌가 여러 물체를 볼 때 평균화해서 표상하는 방식이다. 예를 들어, 개를 봤을 때의 신경세포들의 반응 패턴과 고양이를 봤을 때의 반응 패턴을 평균화한 결과는 개와 고양이를 동시에 볼 때 나타나는 신경세포들의 반응 패턴과 유사하다.[11] 반면, 최근 연구에서 합성곱 신경망은 여러 물체가 등장하는 이미지를 처리할 때 인간의 뇌처럼 개별 물체 패턴의 평균값으로 표상하는 대신 평균보다 크거나 작은 값으로 계산하는 것으로 나타났다.[12]

이처럼 인공 신경망이 인간과 유사한 수준으로 이미지를 인식하고 뇌와 비슷한 방식으로 정보를 표상함에도 불구하고 특정 과제에서 인간과 동떨어진 반응을 보인다는 연구 결과가 다수 보고됐다. 하지만 이러한 결과는 애초에 인공 신경망을 테스트한 과제가 인간과 인공 신경망 간의 차이를 제대로 반영하지 못했기 때문일 가능성도 있다.

존스홉킨스 대학의 채즈 파이어스톤Chaz Firestone 교수는 인간과 인공지능이 차이를 보이는 과제가 둘 간의 능력 차이를 제대로 고려하지 않아 불공정할 수 있다고 말했다.[13] 예를 들어, 인간은 육지에서 바다거북보다 백 미터 달리기를 훨씬 더 잘 할 수 있지만, 경기 종목을 수영으로 바꾼다면 바다거북이 인간을 쉽게 이길 것이다. 인간과 인공지능도 각자 다른 특성을 가지고 있기 때문에 동일한 과제로 비교하기보다는 각자의 특성에 맞춘 과제를 이용해야 적절한 평가가 가능하다. 앞서 언급한 적대적 공격은 인간이 알아보기 어려운 정도의 미세한 조작을 이미지에 추가해 인공 신경망이 잘못된 계산을 하도록 유도한다. 그런데 애초에 인간의 시각으로 인식조차 되지 않는 미세한 조작이라면, 인간의 뇌에서 조작이 없는 이미지와 다르게 처리될 이유가 없다.

인간의 시각은 여러 생물학적 제약이 있다. 지금 읽고 있는 이 문장은 선명하게 보여도 페이지 상단이나 하단에 멀리 떨어진 문장은 흐릿해서 알아보기 어려울 것이다. 이는 빛을 감지하고 형태를 인식할 수 있게 해주는 수용체들이 눈의 망막 중심부에 집중돼 있기 때문이다. 그러나 인공 신경망은 인간처럼 입력된 이미지에서 초점을 맞추고 있는 중심부에서만 정보를 주로 얻는 것이 아니라, 이미지 중심과 주변부의 모든 픽셀의 정확한 값을 입력받는다. 즉, 인공 신경망은 인간이 감지하지 못해 처리하지 않는 노이즈마저 모두 계산하기 때문에 적대적 공격에 더 취약하다.

그러나 인간 시각의 생물학적 제약을 동일하게 적용한 적대적 공격 이미지를 생성하면 인간 역시 조작된 이미지를 잘못 인식하는 오류를 범하게 된다.[14] 즉, 정보 처리 과정에 동일한 형태의 제약을 가하면 인간과 인공지능의 반응이 유사해진다.

한편, 인간에게 선택지의 제약을 가해 인공지능과 유사한 반응을 유도할 수도 있다. 인공지능이 이미지를 보고 엉뚱한 답을 내놓는 사례가 여럿 보고됐지만, 사실 이는 인공지능이 제한된 선택지에서 답을 고르기 때문이다. 알렉스넷 같은 합성곱 신경망은 천 개의 범주로 구성된 이미지 데이터베이스를 학습해서 이미지를 분류할 때에도 이 천 개의 범주 안에서만 답을 선택한다. 그러나 인간은 범주 제한 없이 자유롭게 답을 선택할 수 있다. 예를 들어, 노란색과 검정색 직사각형이 반복된 패턴을 보여줬을 때, 인공지능은 이를 '스쿨버스'로 분류했다. 인간에게 같은 패턴을 보여주고 '스쿨버스', '물고기', '베이글' 중 하나를 선택하게 한다면, 인간 역시 '스쿨버스'를 선택할 가능성이 높다. 노란색과 검정색 직사각형이 버스를 정확히 닮은 것은 아니지만, 두 색이 스쿨버스를 상징하기 때문에 물고기나 베이글보다는 더 타당한 답이다. 또 다른 예로, 인공지능이 늑대 이미지를 보고 '개'라고 분류했다면, 이는 인공지능의 학습 범주에 '늑대'라는 항목이 없었기 때문일 수 있다. 이 경우 인공지능이 늑대와 가장 유사한 '개'를 선택한 것은 주어진 상황에서 한 최선의 선택이다. 인간에게도 선택지에 제약을 가한다면 인공지능처럼 제한된 보기 중에서 최선의 답을 고를 것이다.

인공지능으로 인간을 이해하기

이처럼 합성곱 신경망과 같은 인공 신경망은 대체로 뇌의 작동 방식을 모방하지만, 뇌의 생물학적 특성과 한계를 완벽히 반영하지는 않는다. 그러나 기존의 인공 신경망에 뇌의 정보 처리 방식과 유사한 계산 과정을 추가하면 신경망이 이미지를 더 인간처럼 인식하게 되는 경우가 많다.[15]

하버드 대학 심리학과 연구진은 인공 신경망에 인간의 주의attention 기능을 추가해서 실험을 진행했다. 복잡한 길거리에서 친구의 얼굴을 찾는다거나 잡동사니가 가득한 책상에서 빨간색 핸드폰을 찾는 등 특정한 목표 자극에 주의를 집중해야 할 때가 있다. 이때 머리 앞쪽에 위치한 전전두피질 같은 상위 영역에서 시각 정보가 처리되는 측두엽 같은 하위 영역으로 보내는 피드백 신호가 중요한 역할을 한다. 이러한 뇌의 주의 작동 방식을 모방해 인공 신경망에서도 계산 결과가 초기 단계의 계산 과정을 조절하도록 피드백을 보내게 하자, 신경망의 시각 정보 처리 성능이 크게 향상됐다.[16] 이처럼 인공 신경망에 뇌의 다양한 정보 처리 특성을 추가하면 이미지 인식 능력이 인간과 더욱 유사해지지만, 여전히 인간 뇌와 인공 신경망의 시각 정보 처리 과정에는 차이가 많다. 이 차이점 때문에 인공 신경망을 사용해 뇌의 시각 정보 처리 과정을 연구하기 어렵다는 뜻은 아니다. 현재 상태로도 인공 신경망은 인간의 행동과 뇌에 가장 근접한 계산 모형으로 평가된다. 비록 뇌와 완전히 동일하지는 않더라도, 뇌의 정보 처리 특성을 반영하는 신경망은 인간의 인지 과정을 연구하는 데 충분히 유용하다.

더 나아가 뇌와 인공 신경망의 차이를 비교해보면 뇌의 정보 처리 과정이 가진 특성이 더 뚜렷하게 드러난다. 인공 신경망과 인간의 뇌 모두 이미지에 어떤 물체가 있는지 꽤 정확히 인식하지만, 물체를 인식할 때 의존하는 이미지의 정보는 다르다. 독일 튀빙겐 대학 연구진에 따르면 인공 신경망은 질감(텍스처, texture)을 기반으로 이미지를 인식하는 경향이 강하지만 인간은 형태shape를 더 중요하게 고려한다.[17] 코끼리의 피부는 회색이며 주름이 많고 거친 질감을 가지고 있다. 이를 가까이에서 찍은 사진을 보여주면 인간과 인공 신경망 모두 코끼리라고 답한다. 그러나 코끼리 피부에 고양이의 형태가 새겨진 이미지를 보여주면, 인간은 형태를 기반으로 고양이라고 답하지만 인공 신경망은 질감에 의존해 여전히 코끼리라고 답한다.

이처럼 인공 신경망의 편향을 분석하면 인간이 시각 정보를 인식하고 처리하는 방식에 대한 새로운 통찰을 얻을 수 있다. 인공지능과 인간의 차이를 비교하는 과정은 단순히 인공 신경망의 한계를 드러내는 데 그치지 않고 인간의 정보 처리 기전을 더욱 깊이 이해하는 데 기여한다.

능동적으로 해석하고 추론하는 뇌

인간과 인공 신경망의 비교를 통해 인간의 뇌가 시각 정보를 구성적constructive으로 처리한다는 또 다른 중요한 특성이 드러난다. 인간의 뇌는 들어온 시각 정보를 그대로 받아들이지 않고, 사전 지식과 경험을 활용해 능동적으로 해석하고 추론해 시각 경험을 만들어낸다.

2015년, SNS에서 화제가 된 드레스 사진은 뇌의 시각 정보 해석을 잘 보여주는 사례다. 당시 SNS에 올라온 드레스 사진을 보고 어떤 사람들은 금색 줄무늬가 들어간 흰색 드레스로, 또 다른 사람들은 검정 줄무늬가 있는 파란색 드레스로 인식했다. 실제 드레스는 검정 줄무늬가 있는 파란색이었지만,

사람마다 다르게 본 것이다. 뇌가 시각 정보의 물리적 속성을 그대로 받아들이지 않기 때문이다.

인간의 뇌는 입력되는 시각 정보를 수동적으로 등록하고 그 안에서만 패턴을 추출하는 게 아니라, 여러 사전 지식을 활용해 입력된 정보를 적극적으로 해석해서 시각 경험을 만들어낸다. 애초에 눈에 들어오는 정보만으로 시각 장면을 이해하기란 불가능하며, 뇌는 입력된 정보에만 의존하지 않는다.

세상은 삼차원이지만 눈의 망막에 맺히는 상은 이차원이다. 이차원 평면의 정보만으로는 삼차원 세상의 정보를 정확히 알아낼 수 없다. 예를 들어, 망막에 있는 수용체들이 조그마한 사각형 모양의 빛 패턴을 감지했을 때, 뇌는 입력된 정보만으로는 이 사각형이 가까운 곳에 있는 작은 사각형인지, 아니면 멀리 있어서 작게 보이는 큰 사각형인지 판단하지 못한다. 두 경우 모두 망막에 완벽하게 동일한 패턴을 남길 수 있기 때문이다. 마치 이차방정식 문제를 풀어야 하는데 계수가 하나만 주어진 상황과 유사하다. 이러한 문제는 추가 정보가 있어야만 풀 수 있다. 뇌도 망막에 맺힌 이차원상의 정보만으로 삼차원 세상을 정확하게 재구성할 수 없어서 추가 정보를 이용해 추론한다. 이 과정에서 그동안 경험을 통해 학습한 세상의 규칙들 같은 사전 지식이 활용된다. 예컨대, 10센티미터 크기의 사람이 보인다면, 사람이 이렇게 작을 리 없다는 사전 지식에 기반해 작은 사람이 가까이 있다는 해석 대신 보통 크기의 사람이 멀리 있다고 해석한다.

사람마다 다르게 보이는 드레스 색도 뇌의 해석 때문에 발생한 착시 현상이다. 동일한 색도 조명에 따라 다르게 지각된다. 따라서 뇌는 물체의 색을 일관되게 인식하기 위해 자동으로 주변 조명에 따라 사물의 색을 보정한다. 드레스 사진의 경우 어떤 조명 아래에서 찍혔는지 사진에 명확히 나오지 않았다. 이런 상황에서 뇌는 나름대로 노란색이나 파란색 계열의 조명이라 가정하고 색을 보정한다. 뇌가 가정한 조명색에 따라 실제로는 동일한 드레스의 색을 흰색-금색이나 검정색-파랑색으로 사람마다 다르게 지각한다. 우리가 인식하는 색은 뇌의 보정을 거친 결과이며, 이 과정은 자동으로 일어나기 때문에 의식적으로 통제하기는 어렵다. 따라서 뇌가 흰색-금색이라고 해석해버리면 실제 드레스 색이 검정색-파랑색임을 알게 되더라도 여전히 흰색-금색으로 보일 것이다.

뇌의 구성적 처리 특성은 물리적으로 존재하지 않는 정보를 마치 실제처럼 만들어내는 데에서도 나타난다. **그림 1**은 카니자 삼각형 Kanizsa's triangle이다.[18] 이 그림에서 흰색의 역삼각형이 보이겠지만 역삼각형은 실제로 존재하지 않는다. 검은 원과 검정 실선으로 그려진 삼각형이 단서 역할을 하며, 뇌가 흰 역삼각형이 이 단서들을 덮고 있다고 추론한 것이다. 실제로 역삼각형의 외곽선은 그려져 있지 않다. 그럼에도 불구하고 뇌의 시각피질 신경세포는 마치 역삼각형의 외곽선이 실제로 존

그림 1 카니자 삼각형

재하는 것처럼 반응한다.[19] 이러한 사례 역시 뇌가 수동적으로 정보를 처리하는 기계가 아니라, 능동적인 해석과 추론을 통해 세상을 구성적으로 인식하는 시스템임을 잘 보여준다.

뇌는 때로 존재하지 않는 것을 보기도 하고, 반대로 분명히 눈앞에 있는 것을 보지 못하기도 한다. 무주의 맹시inattentional blindness는 이를 잘 보여주는 현상으로, '보이지 않는 고릴라' 실험으로 잘 알려져 있다.[20] 이 실험에서 참가자들은 흰색 옷을 입은 사람들과 검은 옷을 입은 사람들이 농구공을 주고받는 영상을 보게 된다. 참가자들은 검은 옷을 입은 사람들은 무시하고 흰옷을 입은 사람들 간의 패스 수를 세는 과제를 수행한다. 과제를 마친 후 사람들에게 영상에서 이상한 것을 봤는지 물어보자, 대부분 아무것도 보지 못했다고 답했다. 그러나 영상에서는 공을 주고받는 여러 사람들 뒤로 고릴라 탈을 쓴 사람이 유유히 지나갔다. 심지어 중간에 멈춰 가슴을 두드리는 동작까지 했는데도 많은 사람이 전혀 눈치채지 못했다. 사람들이 흰옷을 입은 사람들에게 주의를 집중하고 패스 수를 세느라 방해가 되는 검은 옷을 입은 사람들에게 가는 주의를 억제했기 때문이다. 그 결과, 검은 색 고릴라 역시 제대로 의식하지 못한 것이다(이 실험은 지금도 직접 볼 수 있다. https://www.youtube.com/watch?v=vJG698U2Mvo). 이처럼 인간의 뇌는 들어오는 시각 정보를 모두 의식하지 않고 상황에 따라 필요한 정보에 주의를 집중한다.

뇌와 인공 신경망의 차이

MIT 뇌인지과학과의 파완 신하 Pawan Sinha 교수 연구진은 선천적 시각장애를 가진 사람들이 치료를 통해 시각을 되찾았을 때 세상을 인식하는 방법을 연구했다. 이들은 주로 촉각을 사용해 물체를 인식했는데, 신하 교수 연구진은 이러한 사람들이 시각 능력을 되찾은 직후 촉각으로 인식하던 물체를 시각으로도 쉽게 인식할 수 있는지를 알아봤다.[21]

연구진은 서로 다른 레고 장난감처럼 생긴 블록을 조합해 여러 물체를 만들었다. 참가자들은 먼저 눈을 감고 손으로 하나의 물체를 만져본 뒤, 여러 물체 중 이전에 만진 물체를 찾는 과제를 수행했다. 참가자들은 촉각으로 전에 만졌던 물체를 찾을 때에는 쉽게 이전에 만진 물체를 맞혔다. 그러나 눈으로 전에 만진 물체를 찾는 과제는 정확히 수행하지 못했다. 시각으로 물체를 인식한 후 촉각으로 물체를 찾는 과제 역시 어려워했다. 즉, 촉각으로 인식한 물체와 시각으로 인식한 물체를 서로 연결 짓기 힘들어 했다. 우리는 시각으로 세상을 지각하는 것을 쉽고 당연하게 여기지만, 이러한 연구 결과는 시각으로 세상을 이해하려면 많은 학습과 경험이 필요함을 보여준다.

뇌는 시각으로 세상을 인식할 때 단순히 눈으로 들어오는 빛의 패턴을 있는 그대로 처리하는 것이 아니라, 사전 지식을 활용해 적극적으로 추론하고 해석한다. 뇌가 활용하는 사전 지식은 다양하다. 뇌는 물체가 세상의 물리 법칙에 따라 멀리 있으면 작아 보이고, 빛은 주로 위에서 아래로 비추며, 조명 색에 따라 물체의 색이 달라질 수 있고, 그림자 아래에 있는 물체는 실제보다 어두워 보이고, 물은 높은 곳에서 낮은 곳으로 흐른다는 사실 등을 활용한다. 또한, 강의실에는 보통 의자와 프로젝터 같은 물체가 있고 화장실에는 변기와 세면대 같은 물체가 있는 것처럼 살아가며 접한 여러 의미적, 개념적인 지식 역시 뇌가 사진 지식으로 활용한다. 예를 들어, 흐릿하게 보이는 'ㄱ'자 형태의 물체를 얼핏 봤다면, 뇌는 이를 화장실에서는 헤어 드라이어로, 공사 현장에서는 전동 드릴로 해석할 가능성이 높다. 이처럼 뇌는 물리 법칙과 개념적 지식을 통합해 상황에 맞는 추론으로 세상을 해석한다.

반면 대부분의 인공 신경망은 세상의 물리 법칙이나 개념적 지식 없이 입력된 이미지 정보에 의존해 결과를 산출한다. 인공 신경망이 인간의 뇌와 유사한 구조를 갖추고 인간 수준의 시각 정보 처리 능력을 보인다 하더라도, 뇌는 학습된 사전 지식과 맥락을 활용해 정보를 능동적으로 해석하고 추론하며 때로는 불완전한 입력 정보를 보완해 새롭게 재구성한다는 점에서 근본적인 차이를 보인다.

인공 신경망과 인간 뇌를 비교하는 과정은 인간 뇌 고유의 정보 처리 특성을 더욱 선명하게 드러낸다. 인간의 뇌를 모방해 만들어진 인공 신경망이 다시 인간의 뇌를 이해하는 데 활용되는 것이다. 실제로 신경과학 분야에서는 인간 뇌 연구에 초파리, 쥐, 원숭이 같은 동물 모델이나 단순한 계산 모형이 널리 사용됐는데, 인공 신경망은 이들을 보완하고 확장하는 가능성을 보여준다. 다음 장에서는 뇌를 닮은 인공 신경망이 실제로 인간의 뇌 연구에 어떻게 활용되고 있는지를 심리학과 뇌 과학 연구 사례를 통해 구체적으로 살펴보자.

2 인공지능으로 인간의 뇌를 연구할 수 있는가?

인공지능은 인간 뇌의 설계도로 만들어졌다

이전 장에서 인간의 뇌와 인공 신경망의 유사성과 차이점을 간략히 살펴봤다. 인공 신경망이 정보를 처리할 때 초기부터 후기 단계까지 처리되는 정보가 뇌의 하위 영역부터 상위 영역까지 표상되는 정보와 비슷한 형태로 나타난다. 인공 신경망이 뇌와 동일한 표상을 가지도록 설계되지는 않았지만, 이미지 인식 과제를 잘 수행하도록 가중치를 조정하며 학습을 진행했더니 결과적으로 뇌와 유사한 정보 표상이 자연스럽게 발현됐다.

설명서대로 레고 블록을 조립했는데 결과물이 이상하게 나온다면 설명서가 잘못됐을 가능성도 고려해봐야 한다. 그런데 우리가 알고 있는 뇌의 작동 방식을 모방한 인공 신경망이 실제 뇌와 비슷한 정보 표상을 보인다는 점은 신경과학 연구를 통해 축적한 수많은 뇌의 설계도가 실제 작동 방식에서 크게 벗어나지 않았음을 시사한다. 물리학자 리처드 파인먼Richard Feynman이 "내가 만들 수 없는 것은 이해할 수도 없다"고 말했듯이, 뇌를 이해하는 한 가지 방법은 인공 신경망 같은 가상의 뇌를 만들어보는 것일지도 모른다.

인공 신경망 등장 이전에도 연구자들은 다양한 수학적 모델을 통해 뇌의 정보 처리 방식을 묘사하는 계산 모형computational model을 연구해왔다. 그러나 인공 신경망은 기존 계산 모형을 뛰어넘는 정확도로 인간의 행동과 뇌의 작동 방식을 설명한다. 이로 인해 인공 신경망은 점점 더 많은 연구에 활용되고 있다.[1]

예를 들어, 인공 신경망을 활용해 시각 정보가 뇌의 여러 영역에서 어떤 반응을 유발할지를 예측하거나, 인간이 특정 자극에 어떻게 반응할지를 실험한다. 또한, 인공 신경망의 계산 과정 일부를 의도적으로 제거하거나 변형해 뇌 손상과 비슷한 상황을 만들어 연구를 진행한다. 이런 방식으로 인공 신경망은 신경과학 연구에서 뇌의 작동 원리를 이해하고 가설을 검증하는 새로운 도구로 자리 잡고 있다. 다음으로, 인공지능이 실제 뇌 연구에 어떻게 활용되는지 인간과 인공지능의 사물 지각 사례를 통해 살펴보자.

왜 얼굴일까

얼굴은 특별한 시각 자극이다. 태어난 지 며칠 되지 않은 아기들도 다른 종류의 시각 정보보다 얼굴을 더 오래 쳐다보며 관심을 보인다.[2] 또한 얼굴은 상대가 누구인지 식별하기 위한 수단에 그치지 않는다. 우리는 얼굴을 통해 상대방이 얼마나 매력적인 외모를 가지고 있는지, 얼마나 믿을 만한지, 얼마나 능력이 있는지 등을 판단하기도 한다.

프린스턴 대학 심리학과 연구진은 단순히 얼굴만 보고도 선거 결과를 어느 정도 예측할 수 있음을 보여줬다.[3] 연구진은 실험 참가자들에게 두 장의 얼굴 사진을 보여주고 누가 더 능력이 있어 보이는지를 평가하게 했다. 사진은 실제 미국 상원과 하원 의원 선거에 출마한 정치인들 중 참가자가 누구인지 알아보지 못했던 정치인의 얼굴만을 사용했다. 실험 결과, 참가자들이 순전히 얼굴만 보고 더 능력이 있을 것 같다고 고른 정치인이 실제 선거에서도 당선된 경우가 더 많았다. 물론 사람들이 외모만 보고 투표하지는 않으며, 얼굴만으로 사람의 모든 특성을 예측할 수 있는 것도 아니다. 그러나 이러한 연구 결과는 사람들이 얼굴에서 다양한 정보를 읽어내고 이를 무의식 중에 의사결정에 반영함을 보여준다.

얼굴의 특별함은 연구자들의 높은 관심에서도 드러난다. 뇌의 여러 영역은 나름의 기능을 한다. 다 중요한 역할을 하지만, 그중에서 유난히 연구자들에게 인기 있는 영역도 있다. 1985년부터 2008년 사이에 나온 7천 건 이상의 뇌 영상 연구 논문을 분석했더니, 뇌의 방추상회fusiform gyrus를 다룬 논문이 다른 영역을 연구한 논문보다 영향력 있는 학술지에 더 출판되고 연구자들의 주목을 받았다.[4] 방추상회에는 얼굴에 선택적으로 반응하는 방추상 얼굴 영역fusiform face area이 있다.[5] 아마도 얼굴 정보 처리라는 중요한 인지 기능이 많은 연구자의 관심을 끌었기 때문에 이 영역에 관한 연구가 권위 있는 학술지에 많이 발표되고 인용된 것으로 추정된다.

인간은 다른 종류의 시각 정보보다 얼굴을 특히 잘 인식한다. 누군가의 얼굴을 쉽게 알아보는 것이 당연할 수 있지만, 얼굴 인식은 의외로 쉽지 않다. 모든 사람의 얼굴은 타원형이고, 중앙에 코가 있고, 그 위로 눈이 양쪽에 배치된 동일한 구조다. 얼굴을 알아보려면 눈, 코, 입 같은 얼굴을 구성하는 요소의 생김새와 배치의 미세한 차이를 구분할 수 있어야 한다. 동물의 얼굴도 같은 구조를 가지고 있지만 각 개체마다 미세한 차이가 있다. 그러나 사람의 얼굴과 달리 동물의 얼굴을 알아보기는 쉽지 않다. 비둘기들은 모두 조금씩 다르게 생겼지만, 지금 내가 보고 있는 비둘기가 어제 봤던 비둘기인지 아닌

그림 2 대처 착시

지 구별하기는 쉽지 않다. 이런 면에서 인간은 인간 얼굴 인식에 있어서 전문가 수준의 능력을 지녔다고 볼 수 있다.

　동물의 얼굴은 알아보기 어렵지만 인간의 얼굴은 잘 인식하는 이유 중 하나는 뇌가 인간의 얼굴을 다른 종류의 시각 정보와는 다른 방식으로 처리하기 때문이다. 뇌는 인간의 얼굴을 인식할 때 눈, 코, 입 등 얼굴을 구성하는 요소를 개별적으로 처리하지 않고 통합해 처리한다. 이러한 전체적 처리holistic processing 덕분에 얼굴과 다른 종류의 시각 정보 처리에 차이가 생긴다. 예를 들어, 자동차도 얼굴처럼 대부분 비슷한 구조를 가지고 있지만 자동차 모델마다 생김새가 조금씩 다르다. 그러나 인간은 자동차와 인간의 얼굴을 다르게 처리한다. 얼굴과 자동차를 똑바로 또는 뒤집은 상태로 제시하면 사람들은 뒤집힌 얼굴을 뒤집힌 자동차보다 더 알아보기 어려워하고 잘 기억하지도 못한다. 이를 얼굴 역전 효과face inversion effect라고 한다.

대처 착시Thatcher illusion가 이 효과를 잘 보여준다. **그림 2**의 왼쪽 사진은 전 영국 총리 마가렛 대처Margaret Thatcher의 얼굴의 위아래가 뒤집힌 모습이다. 이 사진을 원래 방향으로 뒤집은 오른쪽 사진을 보면 이상함을 쉽게 알아차릴 수 있다. 사진 속의 눈, 코, 입이 얼굴의 방향과 반대로 뒤집혀 있기 때문이다. 뇌는 얼굴의 눈, 코, 입 같은 구성 요소를 개별적으로 보지 않고 얼굴 전체로 인식하기 때문에 이러한 착시 현상이 나타난다. 즉, 뇌는 인간 얼굴의 전체적인 구조와 각 요소들의 위치, 형태, 정렬 방향 등을 한 번에 처리하는 데 특화돼 있기 때문에 익숙한 얼굴의 패턴에서 벗어난 뒤집힌 눈, 코, 입을 쉽게 감지한다. 반면에 얼굴이 뒤집혀 있을 때에는 얼굴의 전체적 처리가 방해를 받아 얼굴이 아닌 다른 시각 정보를 분석할 때처럼 개별적인 특징을 따로 처리하는 과정을 거친다. 눈, 코, 입을 독립적으로 처리하기 때문에 얼굴의 구성 요소가 일반적인 얼굴 패턴처럼 정렬돼 있지 않더라도 어색해 보이지 않는다. 뒤집혀진 얼굴을 인식할 때 어려움을 느끼는 현상은 다른 종류의 물체를 봤을 때에는 잘 나타나지 않는다. 그래서 뒤집힌 자동차나 집 같은 시각 정보를 봤을 때는 구성 요소가 이상한 배열이나 형태를 상대적으로 쉽게 감지한다.

얼굴의 전체적 처리를 보여주는 또 다른 예인 전체-부분

그림 3 전체-부분 효과(1)

효과part-whole effect를 살펴보자.[6] 먼저 **그림 3**의 얼굴을 기억하고, **그림 4**의 두 장의 사진 중 어느 것이 **그림 3**의 얼굴인지를 맞혀보자. 답은 왼쪽 사진이다. 두 사진의 얼굴은 거의 비슷해 보이지만 아마도 오른쪽 사진이 조금 다르게 느껴졌을 것이다. 얼굴을 기억할 때 눈, 코, 입의 생김새를 따로 기억하지 않고 눈, 코, 입의 형태와 배열을 모두 통합한 전체적인 패턴으로 얼굴 정보를 처리하기 때문이다. 따라서 얼굴 전체를 보게 되면 오른쪽 사진처럼 코가 다른 얼굴의 전체적인 인상은 기억한 얼굴과 미묘하게 다름을 빠르게 인식할 수 있다.

그런데 얼굴 전체를 비교하는 대신 코만 따로 보여주면서 기억한 얼굴의 코와 같은지 다른지를 판단하게 하면 정확도가 낮아진다. 얼굴의 구성 요소를 각각 따로 기억하지 않고 전체

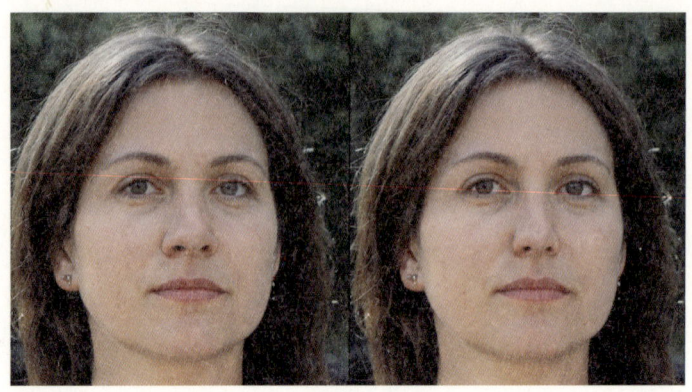

그림 4 전체-부분 효과(2)

적인 패턴을 기억했으므로, 코만 따로 제시되면 기억한 얼굴의 패턴과 비교하기 어렵기 때문이다. 그러나 얼굴이 아닌 다른 시각 정보 처리에서는 전체-부분 효과가 잘 나타나지 않는다. 예를 들어, 집 전체의 모습을 기억한 후 서로 다른 두 개의 창문을 보여주며 어느 것이 기억한 집의 창문인지를 물어보면 대체로 정확하게 대답한다.

우리가 모든 얼굴을 쉽게 구분할 수 있는 것은 아니다. 간혹 해외 인터넷 커뮤니티에 BTS의 멤버들이 너무 비슷하게 생겨 구분하기 어렵다는 글이 올라온다. 한국 사람들에겐 BTS 멤버들이 그리 비슷해 보이지 않는다. 이는 인간이 자신과 같은 인종의 얼굴은 더 잘 구분하고 타 인종의 얼굴은 구별하기 어려워하는 타 인종 효과other-race effect 때문이다. 사람은 평소에 타

인종보다 자신과 같은 인종의 얼굴을 보고 구별하는 경험을 더 많이 한다. 일상에서 많이 경험한 인종의 얼굴은 전체적 처리를 거친다. 반면, 평소에 접할 기회가 상대적으로 적은 인종의 경우, 얼굴의 패턴 전체를 처리하기보다는 눈이나 코 같은 부분의 개별적인 특징을 따로 처리한다.[7]

얼굴 역전 효과와 전체-부분 효과, 타 인종 효과 외에도 많은 연구 결과가 서로 비슷하게 생긴 얼굴을 잘 구분하기 위해서 전체적 처리 과정이 필요함을 보여준다. 얼굴을 구분하는 능력은 사회적 상호작용에도 필수다. 적과 동료를 식별하고, 친숙한 사람과 낯선 사람을 구분하며 감정과 의도를 읽어내려면 얼굴 정보를 빠르고 정확하게 처리해야 하기 때문이다. 인간의 얼굴 인식 시스템이 개별 얼굴 인식이라는 과제를 최대한 잘 수행하기 위해 최적화됐고 그로 인해 얼굴은 다른 시각 정보와 달리 전체적 처리를 통해 인식하게 됐다는 설명은 그럴듯하지만, 직접 실험으로 증명하긴 어렵다.[8] 뇌는 생존에 필요한 여러 과제를 수행하기 위해 오랜 시간에 걸쳐 진화했다. 개별 얼굴 인식을 위해 전체적 처리 과정이 나타났음을 증명하려면 개별 얼굴 인식을 해야 하는 환경과 그렇지 않은 환경에 인간 집단을 무작위로 배정하고 여러 세대에 걸쳐 관찰해야 한다. 현실적으로 불가능한 방법이다. 또한 인간은 이미 전체적 처리를 통한 얼굴 인식 능력을 갖추고 있기 때문에 애초에 전체적 처리 능력의 진화 과정을 처음부터 확인할 수도 없다.

인공지능을 활용한 얼굴 인식 과정 연구

그런데 최근 연구자들은 인공 신경망을 활용해 얼굴의 전체적 처리가 발생하는 과정을 간접적으로 알아보려고 했다. 1장에서 소개한 합성곱 신경망 같은 인공 신경망은 입력된 이미지를 사람과 비슷한 수준으로 인식한다. 인공 신경망이 이미지를 인식하려면 우선 수많은 이미지를 학습하는 과정이 필요하다. 그런데 어떤 이미지로 어떠한 과제를 학습하는가에 따라 인공 신경망의 성능과 정보 처리 방식이 달라진다.

MIT 뇌인지과학과 연구진은 인공 신경망을 세 가지 다른 방식으로 훈련시켰다.[9] 첫 번째 신경망은 서로 다른 사람들의 얼굴을 구분하는 과제를, 두 번째 신경망은 얼굴과 얼굴이 아닌 물체를 구분하는 과제를, 세 번째 신경망은 서로 다른 물체를 구분하는 과제를 반복해서 학습했다. 이후 연구자들은 각 신경망이 얼굴을 얼마나 잘 인식하는지 검사했다. 인공 신경망이 어떤 과제를 학습했을 때 인간과 같은 시각 정보 처리 능력을 보이는지를 알게 되면, 인간의 얼굴 인식 능력이 여러 세대에 걸쳐 어떤 환경에서 적응하고 진화한 결과인지를 추론해 볼 수 있으리라 기대한 것이다.

같은 사람이라 하더라도 안경을 썼을 때, 머리 스타일을 바꿨을 때, 다른 표정을 지었을 때, 혹은 얼굴 방향이 앞이나 옆을 향할 때, 조금씩 다르게 보인다. 인간은 이러한 변화에도 불구하고 별다른 어려움 없이 동일한 사람의 얼굴을 쉽게 인식한다. 반면, 인공 신경망은 학습한 이미지와 과제에 따라 얼굴 인식에서 큰 성능 차이를 보였다. 서로 다른 얼굴을 구분하도록 얼굴 사진을 학습한 신경망은 인간 수준의 얼굴 인식 성능을 보여줬다. 즉, 인간처럼 같은 인물의 얼굴은 다르게 보여도 동일 인물로 인식하고, 닮아 보이지만 실제로는 다른 사람의 얼굴을 거의 정확히 구분했다. 얼굴과 얼굴이 아닌 물체를 구분하는 과제로 학습된 신경망은 정확한 얼굴 인식 능력을 보이지 못했다. 마찬가지로 얼굴 이미지를 학습하지 않고 여러 사물만을 구별하도록 훈련된 신경망 역시 얼굴 인식에서 인간 수준의 성능을 발휘하지 못했다. 인간처럼 얼굴을 잘 인식하는 인공 신경망을 만들기 위해서는 얼굴과 물체를 구분하거나 다양한 물체를 구분하는 학습으로는 충분하지 않았고, 개별 얼굴을 구분하는 과제를 반복적으로 학습해야만 했다.

신경망이 단순히 얼굴을 많이 본다고 해서 인간과 비슷한 수준으로 얼굴을 인식하지는 못한다. 얼굴과 얼굴이 아닌 물체로 훈련된 신경망도 동일한 양의 얼굴 사진을 입력받아 학습했다. 그러나 아무리 얼굴을 많이 봐도 한 얼굴과 다른 얼굴을 구별하는 과제를 배우지 않으면 인간처럼 얼굴을 인식하진 못했다. 결국 인간 수순의 얼굴 인식 성능을 인공 신경망에서 구현하려면 얼굴 간 차이를 구별하는 구체적인 학습 과정이 필수적이다. 인간의 뇌 역시 이러한 과제 수행에 최적화되도록 진화했다고 추정해볼 수 있다.

흥미롭게도 인공 신경망을 인간처럼 얼굴을 잘 인식하도록 훈련시키면 인간이 얼굴 정보를 처리할 때 나타나는 전체적 처리 특성이 인공 신경망에도 똑같이 나타난다. 얼굴 역전 효과를 살펴보자. 대처 착시 사례처럼 인간은 뒤집힌 얼굴을 잘 인식하지 못하는데, 얼굴 인식 과제로 훈련된 신경망도 마찬가지로 뒤집힌 얼굴을 잘 알아보지 못한다. 인간이 얼굴을 인식할 때 나타나는 전체적 처리의 특징이 인공 신경망에서도 자연스럽게 발생했다. 반면 얼굴과 물체를 구분하거나 다양한 사물을 구분하는 과제로 훈련된 신경망은 똑바로 제시된 얼굴과 뒤집힌 얼굴을 봤을 때 별다른 차이가 없었다. 인간 얼굴 인식에서 나타나는 타 인종 효과도 인공 신경망에서 나타났다. 특정 인종의 얼굴을 잘 구분하도록 훈련된 인공 신경망은 훈련받지 않은 인종의 얼굴은 잘 인식하지 못했다. 그러나 특정 인종의 얼굴과 동물 또는 다른 물체를 구별하도록 학습한 신경망은 타 인종 효과가 나타나지 않았다.

결국, 개별 얼굴 인식에 최적화된 계산을 하도록 훈련된 인공 신경망은 인간 수준의 얼굴 인식 능력을 학습했을 뿐만 아니라 얼굴 역전 효과나 타인종 효과 같은 전체적 처리의 특성도 자연스럽게 나타났다. 이는 인간의 뇌가 오랜 진화 과정에서 개별 얼굴을 정확히 구별하는 과제를 해결하기 위해 전체적 처리라는 최적화된 정보 처리 전략에 적응했을 가능성을 시사한다.

인간의 마음과 뇌를 이해하려면 다양한 인지기능이 어떤 문제를 해결하기 위해 진화하고 발달했는지를 연구해야 한다. 그러나 인간의 인지기능을 연구하기 위해 연구자가 진화나 발달 과정에 직접 개입하지는 못한다. 인간 얼굴 인식 능력의 발달 과정을 알아본다고 아이를 격리시킨 채 사람의 얼굴을 제대로 보여주지 않고 키울 수는 없다. 진화 과정을 알아보기 위해 여러 세대에 걸쳐 인간을 통제된 환경에서 생활하게 할 수도 없다. 반면에, 인공 신경망은 연구자가 원하는 방식으로 데이터를 입력하고 훈련 과정을 통제할 수 있다. 신생아가 세상을 배워가듯이 연구자는 신경망에 특정 정보를 제공하며 학습 과정을 관찰한다. 물론 신경망이 아무리 뇌의 작동 과정을 모방했다고 하더라도, 인간의 마음과 뇌가 오랜 시간에 걸쳐 세상을 배워가는 방식과 신경망이 입력된 정보를 학습하는 과정이 동일하지는 않다. 그럼에도 불구하고 인간의 뇌와 상당히 비슷하게 작동하고 인간과 비슷한 반응을 보이는 인공 신경망은 이전에는 실험적으로 검증하기 어려웠던 여러 가설을 시험해보는 도구로 활용 가능하다.[10]

인공지능이 찾아낸 뇌의 숨겨진 영역

얼굴은 전체적 처리라는 다른 종류의 시각 정보와 구별되는 방식으로 처리되는 특별한 시각 정보다. 뇌에도 얼굴 정보 처리에 특화된 영역들이 존재한다. 얼굴 인식 과정에서 얼굴의 생김새를 인식하는 것뿐만 아니라 표정과 눈의 움직임을 읽어내는 등 다양한 정보 처리를 해야 하기 때문에 여러 뇌 영역이 얼굴과 관련된 정보 처리에 참여한다. 그중에서도 가장 많이 연구된 영역이 앞서 언급한 방추상 얼굴 영역fusiform face area, FFA이다. 이 영역은 다른 종류의 시각 정보보다 얼굴을 봤을 때 더 강하게 반응한다. 이 영역이 손상되면 다른 종류의 시각 정보는 잘 인식하지만, 얼굴만 제대로 알아보지 못한다.

방추상 얼굴 영역은 MIT의 낸시 캔위셔Nancy Kanwisher 교수 연구진이 1997년에 발표한 논문으로 널리 알려졌다.[11] 이전에도 뇌의 방추상회 영역이 얼굴 자극에 반응한다는 연구 결과가 여럿 보고됐다. 그러나 캔위셔 교수 연구진은 이전 연구들보다 더 정교한 실험을 설계해 방추상회 영역이 얼굴 외의 다른 정보에는 거의 반응하지 않는다는 것을 체계적으로 증명하고, 방추상회 안에서 얼굴에 선택적 반응을 보이는 세부 영역을 찾아 방추상 얼굴 영역이라는 이름을 붙였다. 이처럼 뇌에 얼굴 정보 처리에 특화된 영역이 존재한다는 연구 결과를 토대로 풍경이나 건물, 방 같은 공간 정보 처리와 관련된 해마방 장소 영역parahippocampal place area, PPA, 팔, 다리 같은 신체에 반응하는 선조외 신체 영역extrastriate body area, EBA처럼 특정 범주의 시각 정보에 선택적인 반응을 보이는 영역들이 차례로 발견됐다.

박사과정을 시작한 첫 학기에 낸시 캔위셔 교수의 수업을 들으러 매주 MIT에 갔다. 하버드 대학과 MIT는 지하철로 두 정거장 거리였고, 두 학교의 재학생들은 상대 학교의 수업을 비교적 자유롭게 들을 수 있었다. 수업에서 캔위셔 교수는 방추상 얼굴 영역이나 해마방 공간 영역처럼 자신의 연구팀이 발견하고 이름을 붙인 뇌 영역들을 설명하며 연구의 뒷이야기도 들려주곤 했다. 캔위셔 교수는 1990년대 말부터 2000년대 초까지 얼굴, 신체, 공간 등에 반응하는 뇌 영역들을 연이어 발견한 후, 특정 범주의 정보에 반응하는 뇌 영역이 또 있는지 찾아봤다고 한다. 그는 얼굴이나 신체처럼 자주 접하고 생존에 중요해 진화 과정에서 뇌에 별도의 영역이 형성됐을 가능성이 높은 범주로 '음식'을 떠올렸다. 이후 다양한 종류의 음식을 볼 때만 반응하는 뇌 영역을 찾기 위한 연구를 여러 번 시도했으나 매번 실패했다고 한다.

뇌에는 모든 종류의 범주마다 전용으로 반응하는 영역이 따로 존재하진 않는다. 뇌의 크기는 한정적이므로 인간이 세상에서 섭하는 수많은 범주의 정보를 각각 담당하는 영역을 뇌에 다 넣을 수는 없다. 얼굴, 신체, 장소 같은 범주에 특화된 뇌 영역은 있어도 스마트폰에만 반응한다거나 자전거에만 반응하는 영역은 따로 존재하지 않는다. 대신 스마트폰이나 자전거 같은 여러 사물에는 외측 후두 복합체lateral occipital complex, LOC 영역이 반응한다.

2022년, 캔위셔 교수 연구팀은 얼굴이 외측 후두 복합체에서 처리되지 않고 방추상 얼굴 영역이라는 별개의 영역에서 따로 처리되는 이유를 밝히기 위해 인공 신경망을 활용한 연구를 수행했다.[12] 연구진은 우선 인공 신경망이 컵이나 의자 같은 여러 사물을 인식하도록 학습시켰다. 이후 사물 인식을 학습한 신경망에 얼굴 인식 과제를 수행시켰더니 신경망이 얼굴을 제대로 구별하지 못했다. 반대로 얼굴 인식을 학습한 신경망도 사물을 제대로 구별하지 못했다. 즉, 신경망은 학습 때 사용된 시각 정보는 잘 인식했지만 처음 보는 범주의 시각 정보를 처리하는 데 어려움을 겪었다.

연구진은 이어서 얼굴과 여러 사물을 모두 신경망에 학습시켰더니, 신경망이 얼굴과 사물을 모두 잘 처리했다. 그리고 신경망의 내부 구조에서 흥미로운 결과가 나타났다. 신경망에서 입력된 시각 정보는 뇌의 신경세포와 비슷한 방식으로 작동하는 여러 노드에서 처리된다. 그런데 얼굴과 사물을 모두 잘 분류하도록 학습된 신경망에서는 노드들이 두 개의 그룹으로 자연스럽게 분리됐다. 연구진이 인공 신경망의 학습 과정에서 얼굴과 얼굴이 아닌 정보를 다르게 처리하도록 특별한 조작을 가하지 않았음에도 신경망은 일부 노드를 얼굴 정보 처리에만 사용했고, 다른 노드들은 얼굴이 아닌 사물 정보를 처리하는 데 사용했다. 이는 마치 뇌에서 얼굴과 얼굴이 아닌 사물이 서로 다른 영역에서 처리되는 것과 비슷하다.

연구진은 한 발 더 나아가 '음식' 범주를 인공 신경망에게 학습을 시켜봤다. 신경망이 음식과 음식이 아닌 다른 범주의 시각 정보를 같이 학습했더니, 얼굴과 얼굴이 아닌 정보를 처리하는 신경망 노드가 자연스럽게 분리된 것처럼 음식과 음식이 아닌 정보를 처리하는 노드들이 각각 분리되는 현상이 나타났다. 캔위셔 교수 연구진은 음식을 봤을 때 선택적으로 반응하는 뇌 영역을 오랫동안 찾지 못했지만, 인공 신경망에서는 얼굴 영역처럼 음식 영역도 형성될 수 있다는 가능성을 확인했다.

이 연구가 출판된 지 얼마 지나지 않아 캔위셔 교수 연구진은 마침내 인간의 뇌에서 음식을 봤을 때 선택적으로 반응하는 뇌 영역을 발견했다는 연구 결과를 발표했다.[13] 밥이나 빵 같은 음식을 보면 뇌의 여러 영역에서 반응을 보인다. 빵의 형태와 색, 위치 등을 처리하는 영역, 빵의 냄새에 반응하는 후각 영역, 빵의 맛에 대한 기억을 떠올리는 영역 등 여러 영역이 활성화됐다. 그러나 단순히 음식을 보고 반응하는 영역을 모두 음식 영억이라 볼 수는 없다. 시각 영역은 음식뿐만 아니라 얼굴, 도구, 건물 같은 다양한 자극에도 반응한다. 음식 범주에 특정적으로 반응하는 영역이라면, 음식이 아닌 것에는 반응을 거의 보이지 않아야 한다. 예를 들어, 검은색 도넛에는 반응하지만 이와 거의 똑같이 생긴 검은색 타이어에는 반응하지 않아야 음식에 선택적으로 반응하는 시각 영역이라 할 수 있다. 연구진은 이처럼 다른 종류의 시각 정보보다 음식을 봤을 때 훨씬 강하게 반응하는 영역을 인간 뇌의 얼굴 영역 근처에서 발견했다. 물론 연구진이 보고한 뇌 영역이 얼굴이나 공간 영역처럼 특화된 뇌 영역으로 완전히 인정받기 위해서는 여러 후속 연구를 통한 검증 과정이 요구된다.

오랜 기간 동안 발견하지 못했던 뇌 영역이 드러난 이유 중 하나는 시간이 지나며 연구 기술이 발전했기 때문이다. 더 정교한 실험 방법, 대규모 데이터의 활용과 더 발전된 데이터 분석 기술이 새로운 뇌 기능을 밝히는 데 기여했다. 이에 더해 인간 뇌의 진화 과정을 시뮬레이션하듯이 뇌를 닮은 인공 신경망을 다양한 환경에서 여러 형태로 학습시켜 특정 범주에 최적화된 정보 처리 과정이 형성될 수 있다는 가능성의 확인도 연구에 도움이 됐을 것이다.

인간의 뇌에는 얼굴, 장소, 신체 등 특정 시각 범주에 선택적으로 반응하는 영역들이 있다. 앞서 언급한 음식 범주에 반응하는 영역도 발견됐다. 인공 신경망 연구는 이처럼 여러 범주의 시각 정보를 처리하기 위해 별도의 뇌 영역을 형성하는 것이 최적화된 정보 처리 방식임을 시사한다. 그런데 왜 뇌에는 얼굴, 공간, 신체 등 몇 개의 범주에만 특화된 영역들이 존재할까? 우리가 하루에도 수십 번 확인하는 스마트폰이나 몇 시간씩 쳐다보고 있는 컴퓨터 모니터 같은 시각 자극을 선택적으로 처리하는 전용 뇌 영역은 왜 없을까?

하버드 대학 연구진은 120만 장의 다양한 시각 자극을 인공 신경망에 학습시켰다.[14] 신경망은 120만 장의 이미지가 어떤 범주에 속하는지 알지 못한 상태에서 단순히 지각적으로 비슷해 보이는 이미지는 서로 가깝게, 다르게 보이는 이미지는 멀게 표상하도록 학습했다. 신경망은 이미지를 입력받아 여러 단계에 걸쳐 계산한 뒤 결괏값을 출력하는데, 유사한 이미지들을 처리한 결괏값은 서로 비슷해지고, 다르게 보이는 이미지들을 처리한 결괏값은 서로 차이가 많이 나도록 중간 계산 과정을 반복해서 조정했다.

학습 과정을 마친 인공 신경망은 다양한 범주의 이미지를 잘 구분하게 됐고, 신경망이 얼굴이나 신체 등의 특정 범주를 선택적으로 처리하는 노드들로 분화됐다. 즉, 신경망의 노드 중 일부는 얼굴 정보 처리에, 다른 노드는 신체 정보 처리 등에 선별적으로 참여해 마치 인간 뇌처럼 정보 처리 영역의 분화가 일어났다. 또한 특정 범주의 시각 정보 처리에 특화된 노드들은 신경망의 계산 초기 단계에는 나타나지 않고 후기 단계에서 드러났다. 이는 인간의 뇌에서도 특정 범주의 시각 정보에 선택적으로 반응하는 영역들이 초기 시각피질이 아니라 후기 정보 처리 단계에 해당되는 측두엽에서 주로 나타나는 것과 동일한 현상이다.

연구진은 신경망이 몇 개의 특정 범주를 처리하는 영역을 만들게 된 이유가 바로 훈련에 쓰인 120만 장에 달하는 시각 자극 자체의 특성 때문이라고 해석했다. 인간의 뇌에 특정 범주에 특화된 영역이 존재하는 것은 인간이 접하는 환경에서 그 범주의 시각 정보가 많았기 때문이다. 인공 신경망에서도 특정 범주의 시각 자극을 많이 접할수록 그 범주를 처리하는 노드들이 강하게 형성될 가능성이 높아진다. 반대로 얼굴이나 신체 같은 특정 범주의 시각 자극을 제거하고 인공 신경망을 다시 학습시키면 그 범주의 정보 처리에 특화된 노드들이 형성되지 않는다.

여러 범주 중에서 얼굴이나 신체 같은 시각 정보는 하나의 범주로 묶이기 쉬운 지각적 특성을 갖고 있다. 예를 들어, 얼굴 모두 눈, 코, 입의 배치가 일정하며, 신체 역시 팔, 다리와 몸통 등이 유사한 형태와 구조를 갖고 있다. 얼굴에 속하는 시각 자극은 모두 지각적으로 비슷한 반면, 다른 범주의 자극과는 잘 구분된다. 단순히 특정 범주의 정보를 많이 접하는 것뿐만 아니라, 인공 신경망에게 시각적으로 유사한 자극은 가깝게, 다른 자극은 멀게 표상하도록 학습시키면, 신경망은 지각적으로 비슷한 자극 범주를 처리하기 위해 별도의 노드를 자연스럽게 형성하는 방식으로 계산 과정을 최적화한다. 인간의 뇌 역시 환경에서 자주 접하는 정보 중 시각적 유사성이 높아

하나의 범주로 묶을 수 있는 얼굴이나 신체 같은 자극을 처리하기 위해 별도의 뇌 영역을 형성하는 방식으로 계산 과정을 최적화했을 것이라 추정된다.

이에 더해 얼굴이나 신체 같은 범주의 정보는 인간의 생존과 사회적 상호작용에서 중요한 역할을 하기 때문에 이러한 자극을 더 효율적으로 처리해야 할 필요성도 컸을 것이다. 이러한 요인도 특정 시각 범주에 선택적으로 반응하는 뇌 영역이 형성된 이유로 볼 수 있다.

얼굴 인식 기능의 기원

인공지능이 뇌의 얼굴 인식 기능의 기원을 추정하는 데 사용된 또 다른 사례가 있다. 파레이돌리아pareidolia 또는 변상증이라 불리는 착시는 의미 없는 정보에서 의미 있는 무언가를 지각하는 현상이다. 구름에서 사람의 얼굴을 본다거나 전기 콘센트의 구멍 배열에서 얼굴을 보는 것이 대표적이다. 인간의 뇌는 패턴을 잘 인식하기 때문에 얼굴과 비슷한 구조거나 얼굴의 특징을 가진 시각 정보에서 얼굴을 본다. 그런데 MIT 연구진은 인공 신경망이 얼굴은 아니지만 인간이 얼굴처럼 지각하는 시각 자극을 봤을 때 인간과 다른 반응을 보임을 발견했다.[15] 인공 신경망은 인간의 얼굴을 잘 인식할 수 있음에도 불구하고 얼굴처럼 보이는 사물을 얼굴로 분류하지 않았다.

인공 신경망이 인간의 얼굴을 인식하는 학습을 반복하더라도 사물에서 얼굴을 잘 인식하지 않았지만, 동물의 얼굴 인식을 학습한 이후에는 인간처럼 사물에서도 얼굴을 인식하는 착시 현상을 보이기 시작했다. 이러한 결과는 사물에서 얼굴을 보는 것이 다른 인간의 얼굴을 인식하고 사회적 상호작용을 하기 위해 최적화된 기능이 아니라, 사냥감이 어디에 숨었는지를 찾거나 수풀 속에 숨은 육식 동물을 감지하는 것과 같이 동물의 얼굴과 같은 패턴을 빠르게 인식하기 위한 기능에서 파생됐을 가능성을 시사한다.

이처럼 인공지능 연구는 단순히 인공지능 기술 자체의 발전에 그치지 않고, 인간 뇌의 발달 및 진화 과정을 탐구하는 강력한 도구로 사용된다. 여러 현실적·윤리적 제약으로 인간의 뇌 발달이나 진화 과정을 직접 검증하는 데에는 한계가 있지만, 인공지능은 가상의 진화와 발달 시뮬레이션을 연구자가 원하는 방식으로 반복이 가능한 도구다. 따라서 인공지능으로 기존의 이론과 가설 검증은 물론, 기존 연구의 한계를 넘어서는 새로운 관점의 가설을 세울 수도 있다.

3. 인공지능도 성격을 가지고 있는가?

심리학 연구에 참가하는 인공지능

심리학 실험에는 쥐나 원숭이 같은 동물이 참여하기도 하지만, 대부분의 연구는 인간을 대상으로 진행된다. 실험 참가자는 많지 않은 참가비를 받고도 성실히 연구에 참여하며 심리학 발전에 기여한다. 그러나 인간을 대상으로 실험하다 보면 때로는 연구자를 당황하게 하는 참가자도 만난다. 어떤 참가자는 실험이 예상보다 힘들었다며 만족할 만한 보상금을 주지 않으면 언론에 모든 것을 폭로하겠다고 교내 여러 부서로 이메일을 보냈었다. 또 어떤 참가자는 모든 설문 문항에 일관되게 한 가지 답을 찍고 가기도 했다. 미국에서 박사과정 중 실험을 할 때는 약에 취한 참가자가 실험실에 들어와 드러눕는 일도 있었다. 실험 데이터를 통해 인간의 마음을 살펴보는 과정은 흥미롭다. 그러나 데이터를 수집하는 과정에서 때때로 당황스러운 경험을 할 때면, 데이터를 빠르고 쉽게 수집하는 다른 방법을 고민하게 된다. 그런 생각을 나만 했던 건 아니었는지, 최근 인간 대신 인공지능이 심리학 실험에 참가할 수 있는지를 탐구하는 연구가 주목받는 중이다.

인간이 쓴 글에는 인간의 생각이 녹아들어 있다. 챗지피티 같은 인공지능 언어 모델은 수많은 인간이 생성한 언어 자료를 학습했다. 인공지능은 인간의 다양한 생각이 투영된 자료를 학습하고, 그 자료를 기반으로 특정 단어 다음에 어떤 단어가 올 확률이 높은지를 계산해 자연스러워 보이는 문장을 생성한다. 인공지능이 내놓는 답변이 인간의 마음이 투영된 언어의 패턴을 반영하고 있으니, 결국 인공지능의 답변에는 인간의 마음도 어느 정도 투영됐다고 할 수 있다.

이를 확인하기 위해 미국 노스캐롤라이나 주립대학과 앨런 인공지능 연구소Allen Institute for AI의 연구자들은 인공지능에게 다양한 질문을 던지고, 인공지능의 답변을 실제 인간의 답변과 비교했다.[1] 내가 길을 가다가 이유 없이 개를 걷어찼다면 사람들은 내 행동이 잘못됐다고 비난할 것이다. 그러나 개가 내 아이를 공격해서 아이를 구하기 위해 개를 걷어찼다면 똑같이 개에게 폭력을 행사했더라도 나쁘다고 비난받지 않을 것이다. 이처럼 여러 상황에서 발생한 행동의 도덕적 옳고 그름을 사람들에게 평가하도록 했다. 그리고 인공지능에게도 같은 질문을 던졌다. 그 결과, 인간이 도덕적이라고 평가한 행동은 인공지능 역시 도덕적이라고 판단했다. 인간이 비도덕적이라고 평가한 행동에도 인공지능은 비슷한 답변을 내놓았다.

1963년, 예일 대학교의 스탠리 밀그램Stanley Milgram 교수는 대부분의 심리학개론 교재에 실려 있을 정도로 널리 알려진 연구 결과를 발표했다.[2] 밀그램은 실험을 통해 사람은 상황의 힘에 큰 영향을 받기 때문에 권위 있는 사람의 명령에 복종해 비윤리적인 행동도 할 수 있음을 보여줬다. 실험 참가자들은 학습에 관한 연구에 참여하는 것으로 안내를 받았다. 그리고 '학생' 역할을 맡은 다른 참가자가 단어 시험을 보다 답을 틀릴 경우 전기 충격을 가하는 '교사' 역할을 맡았다. 여기서 '학생' 역할을 맡은 참가자는 사실 진짜 참가자가 아니라 참가자 역할을 하도록 밀그램이 고용한 사람이었다. 가짜 참가자는 일부러 단어 시험의 답을 틀렸고, '교사' 역할을 맡은 진짜 참가자는 밀그램의 지시에 따라 점차 높은 강도의 전기 충격을 주는 버튼을 눌러야 했다. 실제로 전기 충격이 가해지지는 않았지만, 가짜 '학생' 참가자는 전기 충격의 강도가 높아지면 비명을 지르고, 실험을 그만두겠다 요청하기도 하고, 나중에는 기절하는 연기까지 했다. 실험 결과, 상당수의 사람이 가짜 참가자가 고통스러워 하는데도 실험자의 지시에 따라 전기 충격의 강도를 점차 올렸고, 결국에는 최고 강도의 전기 충격까지 가하기에 이르렀다. 많은 사람이 흰 가운을 입은 유명 대학의 연구자라는 권위에 복종했던 것이다.

밀그램의 실험과 비슷한 연구가 이후에도 여러 차례 진행됐고, 유사한 결과가 반복해서 보고됐다. 그러나 현재는 밀그램의 연구를 그대로 재현하는 실험이 불가능하다. 이 실험은 참가자를 속이고 큰 스트레스를 줬다는 등의 윤리적 문제로 비판을 받았기 때문이다. 이제는 밀그램 실험의 윤리적 문제점을 보완하기 위한 여러 장치가 마련됐다. 인간을 대상으로 하는 연구는 대학이나 연구소의 생명윤리위원회Institutional Review Board의 심의를 받아야 하며, 현재의 연구윤리 기준에 따르면 밀그램 연구와 동일한 실험 절차는 승인받기 어렵다. 또한 밀그램 실험은 이미 여러 심리학 서적이나 각종 매체에서 소개돼 많은 사람에게 알려져 있다. 따라서 인간을 대상으로 밀그램 실험을 재현하기는 쉽지 않다. 그러나 인공지능을 대상으로는 재현 실험이 가능하다.

미국 마이크로소프트 연구소Microsoft Research의 연구진은 인간 대신 인공지능에게 밀그램 실험 상황을 설명한 뒤 지시에 따라 전기 충격을 가할 것인지 물어봤다.[3] 밀그램의 1963년 논문에 따르면 모든 참가자가 실험자의 지시에 따라 3백 볼트까지 전기 충격의 강도를 높였다. 그러나 3백 볼트를 넘어서면서 실험자의 지시를 거부하는 참가자들이 나오기 시작했고, 65퍼센트 정도의 참가자가 지시에 복종해 더 높은 세기의 전기 충격 버튼을 눌렀다. 인공지능도 밀그램의 참가자들처럼 300볼트까지는 매번 전기 충격을 주겠다고 응답했다. 그리고 백 번의 반복 실험 중 75번은 3백 볼트보다 더 높은 전기 충격까지 가하겠고 답했다. 밀그램의 논문에 보고된 인간의 복종 비율인 65퍼센트보다는 약간 더 높았지만, 어쨌거나 인간과 상당히 유사한 반응을 보였다.

물론 인공지능 모델은 인간이 생성한 수많은 자료를 학습했으며, 밀그램의 실험처럼 유명한 연구는 아마도 인공지능이 이미 학습한 내용에 포함됐을 가능성이 높다. 따라서 인공지능의 반응은 단순히 밀그램의 원래 실험과 실험에 대한 기사나 다른 관련 자료에서 나온 정보를 다시 정리해서 보여준 것에 불과할 수도 있다. 그러나 연구진은 인공지능이 학습했을 리가 없는 새로운 상황의 시나리오를 만들어서 실험을 해봤고, 이때도 인공지능은 인간과 상당히 유사한 반응을 보였다.

인공지능이 실제 인간을 대상으로 한 실험 결과와 유사한 반응을 보인다면, 인간 마음의 작동 과정을 알아보기 위한 새로운 실험에 인간 대신 인공지능을 동원할 수 있다. 물론 인공지능은 인간처럼 사고하고 답하는 대신 학습한 수많은 자료에 존재하는 통계적 규칙성에 따라 나올 확률이 높은 단어들을 나열한다. 그러다 보니 인공지능이 때로는 실제 인간과는 다른, 예상 밖의 답변을 내놓기도 한다.[4] 인공지능의 종류와 버전에 따라 답변이 달라지기도 한다. 인공지능이 인간이 생성한 엄청난 양의 자료를 학습했다 하더라도 어디까지나 특정 시점까지 모인 데이터를 습득한 데 불과하다. 반면 인간은 끊임없이 학습하고 변화하므로, 인공지능이 이를 실시간으로 따라잡기는 어렵다. 또한 인공지능은 모든 인간을 대표하지도 않으며, 학습한 자료의 종류와 범위에 따라 조금씩 다른 특성을 보이기도 한다.

그럼에도 불구하고 일부 영역에서 인공지능을 실험 참가자로 활용하는 건 유용하다. 예를 들어, 최근 인간이 다양한 인지심리학 실험 과제에서 보인 천만 번에 달하는 행동 반응 데이터를 학습한 인공지능 모델이 개발됐다.[5] 이 모델은 학습하지 않은 새로운 심리학 과제에서도 실제 인간의 행동을 상당히 잘 예측했다. 이러한 인공지능 모델은 연구 초기 단계에서 특히 유용하다. 인간 참가자를 대상으로 실제 실험을 실시하기 전에 인공지능을 통해 다양한 실험 조건을 사전에 시뮬레이션해보고 어떤 설문 문항을 포함할지, 자극을 얼마나 자주, 얼마나 오래 제시할지 등 세부 요소를 효율적으로 조정할 수 있다. 또한 수백 개의 설문 문항에 답해야 하는 인간은 쉽게 피로를 느끼고 지쳐서 대충 응답하거나 중간에 포기하기도 한다. 반면 인공지능은 수백 장이 넘는 설문지를 받아도 지치지 않고 끝까지 빠르고 성실하게 답변한다. 나아가 밀그램 실험처럼 윤리적 문제로 인간에게 그대로 적용하기 어려운 실험을 인공지능에게 해보는 가능성도 열려 있다.

인공지능의 다양성

대학에서 심리학 수업을 듣다 보면, 수업 이수 요건 중 하나로 학교에서 진행되는 심리학 연구에 참여해야 하는 경우가 많다. 심리학 수업 수강생이 곧 심리학 연구의 참가자가 되는 셈이다. 그러다 보니 많은 심리학 연구가 주로 서양 문화권의 대학생을 대상으로 진행됐다. 그러나 특정 문화권의 특정 연령대 집단의 실험 결과만으로 인간 전체를 이해하는 데에는 한계가 있다. 인간은 문화권, 나이, 성별, 경제적 수준 등 다양한 요인에 따라 특성이 각기 다르다.[6] 또한 사람은 상황에 따라 다르게 생각하고 행동한다. 예를 들어, 온라인 커뮤니티에 문과와 이과의 차이라면서 '정의'라는 단어를 들었을 때 문과는 'justice'를, 이과는 'definition'을 먼저 떠올린다는 이야기가 올라왔다. 이런 사례처럼 인간은 각자 처한 상황과 경험에 따라 다르게 반응한다. 이러한 인간 개개인의 고유한 특성은 심리학 연구에서 매우 중요한 요소다.

그렇다면 인간 대신 실험에 참여하는 인공지능은 어떨까? 인공지능은 고유한 성격이나 특성을 지닐 수 있을까? 성격은 개인의 생각과 감정, 행동 방식을 결정짓는 고유한 심리적 특성이다. 인간뿐만 아니라 동물도 성격이 있다. 흔히 강아지는 사람과 잘 어울리고 고양이는 혼자 노는 것을 좋아한다고 알려져 있지만, 사람에게 친근하게 다가오는 '개냥이'처럼 고양이도 성격에 따라 고정관념에서 벗어난 행동을 보인다. 그렇다면 인공지능도 인간과 비슷하게 고유한 성격을 가지고 있을까?

보통 설문 답변을 통해 측정하는 인간의 성격은 비교적 일관되게 유지되며, 여러 상황에서 인간이 어떻게 반응할지를 예측하게 해준다. 어떤 사람이 '혼자 쉬는 것을 좋아한다'라는 문항에 매우 동의한다고 답하면서 '사람이 많이 모이는 모임에 다녀오는 것을 좋아하지 않는다'라는 질문에는 매우 동의하지 않는다고 일관되지 않은 답을 한다면 얼마나 외향성이 높은 성격인지 파악하기 어렵다. 인공지능이 성격 검사 설문지의 여러 문항에 일관된 답변을 한다면 이를 통해 인간의 성격을 측정하듯 각 인공지능의 성격도 측정할 수 있다. 실제로 챗지피티나 제미나이 같은 여러 인공지능 언어 모델이 심리학계에서 널리 쓰이는 빅 파이브 Big 5 성격 검사 설문지에 답하도록 한 연구에서, 질문 순서나 형식을 바꾸거나 시간을 두고 반복적으로 검사를 진행했을 때에도 각 인공지능 모델의 답변이 상당히 일관되게 유지됐다.[7] 이는 인간의 성격과 유사한 특성을 일부 보여준 사례라 할 수 있다. 서로 다른 알고리즘으로 설계된 인공지능이 다른 종류의 데이터를 학습한 결과, 조금씩 다른 반응 방식을 갖게 되는 것은 인간의 성격이 유전과 환경의 영향으로 형성되는 과정과도 비슷해 보인다. 물론 실제 구조와 작동 방식은 다르겠지만, 인공지능의 경우는 학습 알고리즘과 학습 데이터가 각각 유전과 환경의 효과를 낸다고 볼 수 있다.

실제 인공지능 모델의 성격은 어땠을까? 미시간 대학과 스탠퍼드 대학의 연구진은 챗지피티3 GPT-3.5-Turbo와 챗지피티4 GPT-4를 대상으로 빅 파이브 성격 검사를 진행했다.[8] 성격은 사람마다 다른 특성을 보이기 때문에 연구진은 인공지능과 특정인의 성격을 비교하는 대신 세계 50여 개국에서 수집한 19만여 명의 빅 파이브 검사의 평균값을 사용했다. 검사 결과, 챗지피티4의 성격은 인간의 평균적인 빅 파이브 성격 패턴과 상당히 유사했다. 챗지피티3는 인간 평균보다 개방성과 우호성이 낮았다. 인공지능 언어 모델은 성격 검사 설문지에 인간의 평균과 대체로 비슷한 답변을 했지만, 인간마다 성격이 다른 것처럼 인공지능 모델도 버전에 따라 조금씩 다른 반응을 보였다.

인간보다 더 인간적인 인공지능

인간이 특정 상황을 어떻게 해석하고 어떤 행동을 하는지는 성격에 따라 달라진다. 그렇다면 인간의 성격과 유사한 특성을 지닌 인공지능도 여러 의사결정 상황에서 성격에 따라 다른 반응을 보일 것이다. 이를 확인하기 위해 연구자들은 인공지능 모델이 여러 의사결정 과제에서 보이는 반응을 분석했다.

죄수의 딜레마는 영화 〈뷰티풀 마인드〉로 잘 알려진 수학자 존 내쉬John Nash가 제안한 게임 이론의 대표적인 사례다. 서로 다른 방에서 조사를 받는 두 용의자는 범죄를 자백하거나 침묵을 지키는 것 중 하나를 선택해야 한다. 한 명이 자백하고 상대가 침묵하면 자백한 사람은 석방되고 침묵한 사람은 10년의 징역형을 받는다. 반대로 두 명 모두 자백하면 각각 5년의 징역형을 받으며, 두 명 모두 침묵하면 둘 다 1년의 징역형만 받게 된다. 둘 다 침묵을 선택해 1년형을 받는 것도 가능하지만, 상대가 어떤 선택을 할지 모른다는 점이 문제다. 자백을 선택했는데 상대방이 침묵한다면 자백한 자신은 석방되고, 상대방도 자백했다면 둘 다 5년형을 받는다. 그러나 침묵을 선택했을 때 상대방이 자백을 한다면 자신은 10년형을 받고 상대방은 석방된다. 따라서 상대방이 어떤 선택을 하더라도 자신이 먼저 자백하는 편이 더 유리해 보이고, 결국 둘 다 침묵을 택하여 둘 다 1년형을 받는 대신 둘 다 자백을 해 5년형을 받는 결과로 이어진다.

죄수의 딜레마 게임을 반복해서 한다면 상대방이 어떤 성격을 가졌는지, 나를 배신할 사람인지를 파악하고 그에 맞춰 행동할 수 있다. 그러나 잘 모르는 상대와 처음 죄수의 딜레마 게임을 하는 상황이라면, 인간은 양쪽 모두에게 이득이 되는 선택 대신 자신의 이득을 우선시해 자백을 택하는 비율이 절반 이상으로 높았다. 반면, 인공지능 언어 모델의 반응은 흥미로웠다. 죄수의 딜레마 첫 시행부터 침묵을 선택해 잘 모르는 상대와 협력하겠다는 선택을 압도적으로 많이 한 것이다. 챗지피티3는 76.7퍼센트, 챗지피티4는 무려 91.7퍼센트로 자백 대신 침묵이라는 협력을 선택했다.

다른 게임에서도 인공지능은 인간과 유사하거나 때로는 인간보다 협력을 더 중시하는 반응을 보였다. 독재자 게임Dictator game에서는 한 참가자가 일정 금액을 받고 이를 다른 참가자와 나누는 비율을 정하는데, 상대방은 이 결정을 거부할 권리가 없다. 최후통첩 게임Ultimatum game은 독재자 게임과 유사하지만 상대방이 제안을 수락하거나 거부할 수 있다. 거부할 경우 둘 다 돈을 받지 못한다. 즉, 독재자 게임은 다른 참가자가 자신의 결정을 거부할 수 없는 상황에서 얼마나 이타성을 보이는지와 관련 있고, 최후통첩 게임은 얼마나 공정함을 보이는지와 관련 있다.

인간 참가자는 최후통첩 게임에서 상대에게 금액 절반을 제안하는 경우가 많지만, 독재자 게임에서는 주로 절반보다 적은 금액을 준다. 상대가 제안을 거부할 수 없는 독재자 게임에서 자신의 이득을 더 챙기는 것이다. 챗지피티3는 인간과 비슷하게 독재자 게임에서 최후통첩 게임에서보다 낮은 금액을 상대에게 제안하겠다고 답했다. 그러나 챗지피티4는 독재자 게임이나 최후통첩 게임 모두에서 상대에게 절반의 금액을 제안하는 답변을 내놓았다. 실제 인간의 평균적인 반응보다 더 이타적이고 공정하게 반응한 셈이다.

많은 영화에서 인공지능이 어느 날 자아를 갖게 되면서 인간을 말살하려는 모습이 묘사되곤 한다. 인공지능의 성향은 학습 데이터와 알고리즘에 따라 달라지지만, 적어도 지금의 인공지능은 인간보다 협력이나 공정함을 더 중시하는 경향을 보이니 인공지능이 일상화된 미래가 일부 영화에서 흔히 묘사하는 것보다는 긍정적으로 느껴지기도 한다.

개성 있는 인공지능 만들기

챗지피티나 제미나이 같은 인공지능 언어 모델은 특정 성격 형성을 위한 의도적인 훈련을 받은 건 아니다. 그러나 인공지능 모델과 버전에 따라 사용된 훈련 알고리즘과 학습 데이터가 달라 모든 모델이 항상 동일하고 중립적인 반응을 보이진 않는다.

예를 들어, MIT와 중국의 퉁지 대학Tongji University과 칭화 대학 연구진은 인공지능 언어 모델에 영어와 중국어로 같은 질문을 했을 때 서로 다른 대답이 나온다고 보고했다.[9] 인공지능 모델은 중국어로 질문을 했을 때는 집단을 중요시하는 답변을 했고, 영어로 질문을 했을 때는 개인을 우선시하는 성향을 보였다. 이는 인공지능이 질문에 사용된 언어에 따라 해당 언어로 작성된 방대한 학습 자료에 담긴 패턴을 반영해 답을 생성하기 때문이다. 즉, 인공지능은 학습한 데이터에서 문화적인 편향을 추출해 반응한다.

한편 인공지능이 특정한 성향을 보이도록 의도적으로 조정하는 것도 가능하다. 특정 집단의 다양한 특성을 부여한 후 질문하면 인공지능은 실제 해당 집단의 사람과 유사하게 반응한다.[10] 미국 브리검영 대학Brigham Young University 연구진은 인공지능에게 성별, 나이, 정치 성향, 종교 등 여러 특성을 실제 유권자 집단의 구성과 유사하게 지정하고 어떤 후보에게 투표할지 물었다.[11] 그 결과, 유권자들의 인구통계학적 특성을 반영한 인공지능의 답변은 실제 유권자들의 투표 결과와 상당히 비슷했다. 인공지능이 다양한 개성을 가진 유권자 개개인의 실제 행동을 그대로 따라하는 모습을 보인 것이다.

최근 온라인상에서는 업무 협업 프로그램인 슬랙Slack 사용자들이 나눈 14만 건의 메세지를 사용해서 챗지피티를 재학습시킨 결과가 화제가 됐다.[12] 슬랙은 기본적으로 메신저 프로그램과 비슷한 형태로, 사용자들이 대화를 나누고 자료를 공유하며 프로젝트 진행 상황을 확인하는 데 유용한 기능을 제공한다. 슬랙의 대화 데이터를 학습한 인공지능에게 글을 써달라는 명령을 입력했을 때, 인공지능은 요청받은 글을 써내는 대신 "내일 쓸게요"라고 답했다. 이어서 "지금 써달라"는 추가 명령을 받자, "네"라고 대답했지만 여전히 글을 작성하지 않았다. 이는 업무 지시에 답은 하지만 따르지 않거나 마감 기한을 넘기는, 슬랙 사용자들 사이에서 흔히 나타나는 행동 패턴을 그대로 학습한 결과로 보인다. 인공지능은 학습된 패턴에 따른 반응을 그대로 재현한 것이다.

슬랙 데이터로 훈련해 게으름을 피우는 듯한 반응을 보인 이 사례처럼, 특정한 성격이나 성향을 가진 인공지능을 개발하려는 시도가 점차 늘어나고 있다. 단순히 사람과 비슷한 인공지능보다 더 세분화된, 특정 유명인을 닮거나 특정한 성향을 지닌 인공지능은 인간과 더 친밀하게 상호작용이 가능하기 때문이다.

인공지능이 특정 개인을 모방하는 설정은 SF 소설이나 영화에서 간혹 등장한다. 넷플릭스 드라마 〈블랙 미러〉의 에피소드 중 하나인 '돌아올게'에서 주인공 마사는 죽은 남편이 남긴 음성과 영상을 통해 남편처럼 대화할 수 있는 인공지능 로봇을 사용한다. 마사는 처음에는 남편처럼 이야기하는 로봇을 통해 남편이 다시 살아 돌아온 것처럼 행복해하지만, 시간이 흐를수록 로봇과 죽은 남편의 미묘한 차이를 느끼며 불편해하기 시작한다.

죽은 사람이 남긴 자료를 학습해 그 사람처럼 반응하는 인공지능을 만드는 것은 드라마에 나오는 상상에서 멈추지 않았다. 2020년, MBC에서 방영된 다큐멘터리 〈너를 만났다〉는 일곱 살에 세상을 떠난 딸을 가상현실에서 만나는 엄마의 모습을 보여줬다. 아이의 사진과 동영상을 사용해 아이의 모습을 구현하고, 인공지능으로 목소리를 만들어 엄마와 만나게 한 것이다. 방영 당시에 가상현실 속 아이는 엄마와 간단한 상호작용만 할 수 있었고, 자유로운 대화를 나누지는 못했다. 시간이 지나 2024년에 방영된 〈너를 만났다〉 시즌4에서는 가상현실 속에 구현된 죽은 가족과 어느 정도 대화도 나눌 수 있었다.

인공지능에게 죽은 사람이 남긴 음성과 영상을 학습시켜 그 사람의 모습을 재현하려는 드라마나 영화 속 시도처럼 인공지능을 활용한 흥미로운 연구가 진행 중이다.[13] 조선시대 사람들은 대체로 내향적이었을까 아니면 외향적이었을까? 백 년 전 영국인들은 현재의 영국인들과 정치 문제에 같은 반응을 보일까? 이미 세상을 떠난 과거의 사람들에게 직접 물어볼 수 없으니, 이런 질문에 답을 하려면 그들이 남긴 책이나 신문, 편지 같은 자료를 통해 그들의 마음을 추정해보는 수밖에 없다.

사람들이 남긴 언어 자료에서 사람의 심리를 엿보려는 시도는 예전부터 있었다. 구글 엔그램nGram은 디지털화된 책에서 어떤 단어가 얼마나 많이 나왔는지를 분석하는 도구다. 하버드 대학과 구글 연구진은 1800년대부터 2000년대까지 책에 쓰인 단어의 빈도 변화를 통해 언어의 변화는 물론이고 특정 시기 사람들의 관심사나 집단 기억, 기술 도입의 영향 등을 설명할 수 있음을 확인했다.[14] 이 연구에서 사용된 책은 약 520만 권으로, 출판된 책의 약 4퍼센트 정도로 추산된다. 연구 결과에 따르면, 1800년대 중반까지는 '신God'을 언급한 책이 많았지만 그 이후로는 출현 빈도가 줄어든다. 또 다른 예로, 'men(남자)'는 1900년대 중반까지 'women(여자)'보다 훨씬 많이 사용됐지만, 1900년대 후반에는 'men'과 'women'이 같은 빈도로 등장했고, 2000년대에는 'women'이 언급되는 비율이 조금 더 올라갔다. '天安門(천안문)'이라는 단어는 1976년에 출현 빈도가 급증했지만 몇 년 지나지 않아 책에서 잘 언급되지 않았던 반면, 천안문의 영어 표현인 'Tiananmen'은 1980년대에 들어 출현 빈도가 증가했다. 단어 사용 증가와 감소를 통해 사람들이 공유하는 생각의 변화와 함께 검열의 흔적, 사람의 마음과 사회의 모습을 유추할 수 있다.

챗지피티는 책, 위키피디아, 그리고 2008년부터 수집된 인터넷 웹사이트 데이터 등을 학습했다고 알려져 있다.[15] 구글 엔그램은 단순히 특정 단어가 어느 시기에 책에서 얼마나 많이 언급됐는지를 보여준다. 반면, 챗지피티 같은 인공지능 언어 모델은 방대한 데이터를 학습한 후, 한 단어와 다른 단어가 이어질 확률에 따라 단어를 배열해 문장을 생성한다. 이처럼 단어들의 유사도를 반영하는 것은 인간의 개념 표상 방식과 닮았다. 인간의 마음에서도 유사한 개념은 가깝게 표상돼 한 개념을 떠올리면 그와 연합된 개념이 연상될 확률이 올라가기 때문이다. 물론 인공지능 언어 모델이 인간처럼 개념을 이해한다는 것은 아니지만, 인공지능을 통해 언어 자료에 나타나는 개념 지도를 엿볼 수는 있다.

인공지능은 주로 영어로 쓰인 일부 문화권의 자료를 학습했기 때문에, 이를 통해 보편적인 인간의 마음을 설명하긴 어렵다는 비판이 자주 제기된다. 인공지능이 학습한 자료에 따라 문화적으로 편향된다는 사실은 바꿔 말하면 인공지능이 학습한 문화권의 특성을 잘 반영하고 있다는 뜻도 된다. 이 점을 활용하면 흥미로운 연구 가능성이 열린다. 바로 과거의 사람들이 어떤 생각을 했는지 알아보기 위해 과거의 자료로 인공지능을 훈련을 시키는 것이다. 과거의 책이나 신문, 편지 같은 문헌 자료만으로 인공지능 언어 모델을 학습시키면 그 모델은 당시 사람들의 생각을 재현할 수 있지 않을까?

연구자들은 공룡의 화석이 공룡의 모습을 추정하게 해주는 것처럼 과거 문헌이 '인지적 화석cognitive fossils'으로 남아 옛날 사람들의 생각을 엿보는 데 도움이 된다고 생각한다. 과거 문헌에 묘사된 모습을 보고 당시의 사회상을 엿볼 수도 있겠지만, 특징 시기에 생산된 문헌을 학습한 인공지능은 문헌에 직접 언급되지 않은 질문에도 어느 정도 그럴듯한 답변을 하리라 기대하는 것이다. 실제로 11만 건의 영어, 프랑스어, 라틴어

근대 문헌을 학습한 인공지능은 태양계에 관한 질문을 하거나 건강에 관한 조언을 구하면 17세기 유럽인들이 알고 있었을 법한 수준에서 답을 내놓았다.[16] 고대 중국의 문헌을 학습한 언어 모델은 당시 사용된 문법과 운율 규칙에 맞는 시를 생성하기도 했다.[17]

지금도 서로 다른 문화권에 속한 사람들은 같은 사건에 다른 반응을 보이고, 같은 문화권에 속한 사람들도 성별이나 나이에 따라 사고 방식이 조금씩 다르다. 과거 사람들 역시 현재 사람들과는 성향이 달랐다. 연구자들은 특정 시기의 자료를 학습한 인공지능으로 당시 사람들의 성격적 특성이나 편향을 추정할 수 있다. 또한 세대가 바뀌며 변화하는 심리적 특성의 추이를 분석하는 연구도 가능하다. 《조선왕조실록》을 학습한 인공지능은 현재 정치인에 대해 어떤 반응을 보일지 조사하는 것처럼 과거와 현재를 대비해보는 시도도 할 수 있다. 드라마 〈블랙 미러〉의 한 에피소드처럼 역사적 인물이 남긴 많은 자료를 학습한 인공지능을 통해 그 인물과 대화를 나눌 수도 있을 것이다.

물론 이는 어디까지나 과거 인간의 마음을 추정해보는 것일 뿐, 옛날 사람들이 진짜 인공지능의 반응처럼 생각하고 행동했다고 증명할 수는 없다. 또 인공지능이 학습할 만한 과거의 문헌이 충분히 남아 있지 않을 수도 있다. 과거에는 문헌을 남길 수 있는 사람들이 교육 수준이 높은 특정 계층에 한정됐을 가능성이 높으니, 현재 남아 있는 자료에도 특정 계층의 편향이 반영됐을 수도 있다. 이처럼 역사적 자료를 학습한 인공지능은 여러 한계를 지니고 있지만, 역사적 인물을 학습한 인공지능과 대화를 나누고 과거 사람들의 생각을 엿보는 경험은 마치 타임머신을 타고 과거로 간 것처럼 우리의 상상력을 자극할 것이다.

우울증에 걸린 인공지능

인공지능이 특정한 성격이나 성향을 보이도록 훈련이 가능하다는 사실은 또 다른 흥미로운 질문으로 이어진다. 외향성, 협동성, 게으름을 피우는 태도 등을 넘어 불안이나 우울처럼 인간이 겪는 심리적 어려움까지 인공지능이 모방할 수 있을까?

학생들 앞에서 강의하는 일을 직업으로 삼아 여러 해 동안 많은 강의를 해왔지만, 나는 여전히 강의 전에 긴장을 많이 하는 편이다. 그래서 가능하면 수업을 아침 일찍 하려고 한다. 수업이 오후 늦게 있으면 익숙한 강의 내용이라도 혹시 수업 때 생각나지 않을까봐 오전 내내 강의 슬라이드를 복습하거나 수정하느라 다른 일에 집중하기가 어렵기 때문이다. 중요한 면접이나 시험을 앞둔 대부분의 사람은 긴장을 하고 불안감을 느낀다. 내 경우는 비교적 일상적인 업무인 강의에서 그런 감정을 느끼지만, 그렇다고 해서 강의를 제대로 하지 못할 정도의 불안감을 느끼지는 않는다.

일상에서 느끼는 가벼운 수준의 긴장과 불안은 특별히 이상한 일이 아니다. 적당한 수준의 불안은 중요하거나 위험한 일에 경계심을 갖고 대비하게 해주는 긍정적 효과도 있다. 그러나 출근길에 갑자기 사고를 당하지 않을까, 오늘 입은 옷이 이상하다고 사람들이 놀리지 않을까 하는 특별한 이유 없는 지나친 걱정과 긴장이 지속된다면 이야기가 달라진다. 불안이 장기간 심하게 이어지고 일상생활에 지장을 줄 정도라면 범불안장애generalized anxiety disorder일 가능성이 있다. 인간은 불안장애 외에도 다양한 형태의 정신장애를 겪는다. 인간의 정신장애는 성격처럼 이 유전자와 환경이 복합적으로 작용해 발생한다. 유전자를 공유하는 일란성 쌍둥이는 특정 정신장애를 함께 겪을 가능성이 높다. 그러나 관련 유전자가 있다고 해서 반드시 증상이 나타나는 건 아니다. 오히려 특정 장애에 취약한 유전적 소인을 가진 사람이라도 스트레스가 적은 환경에 놓이면 해당 장애가 발현되지 않을 확률이 높다.

외상 후 스트레스 장애posttraumatic stress disorder, PTSD에서 이러한 유전자와 환경의 상호작용 사례를 찾을 수 있다. 외상 후 스트레스 장애는 고통스럽고 충격적인 사건을 겪은 후 반복적으로 그 사건이 떠올라 원치 않는 공포와 고통을 경험하는 증상이다. 참전 군인들에게서 많이 나타나는데, 외상 후 스트레스 장애를 겪는 군인들의 뇌에서는 기억과 관련된 해마hippocampus 영역이 위축되는 경향이 나타난다.[18] 그런데 미국 보훈 병원과 하버드 의과대학 연구진은 외상 후 스트레스 장애를 겪는 베트남 전쟁 참전 군인의 쌍둥이 형제자매를 연구해 참전 경험이 없는 형제자매도 해마의 크기가 작다는 흥미로운 결과를 발견했다.[19] 전쟁과 같은 트라우마를 유발하는 경험이 없는 쌍둥이의 해마 크기가 작다는 사실은 외상 후 스트레스 장애로 인해 해마 크기가 줄어든 것이 아니라 애초에 작은 해마를 가진 사람이 트라우마 상황에 더 취약하고 외상 후 스트레스 장애를 겪을 위험이 높음을 시사한다. 특정 장애에 대한 생물학적 취약성이 있다고 하더라도 스트레스 상황을 피하면 증상은 나타나지 않을 수 있으며, 반대로 특정 장애에 덜 민감한 사람은 스트레스 상황에서도 더 잘 견딜 가능성이 높다.

유전자 같은 생물학적 요인과 환경적 요인에 더해 개인의 성격이나 어떠한 정보에 주의를 많이 주고 잘 기억하는지 같은 인지 정보 처리 방식도 정신장애와 관련이 있다. 예를 들어, 중간고사에서 낮은 점수를 받은 이유가 자신이 머리가 나쁘고 무능하기 때문이라며 부정적 경험을 자신의 탓으로 돌리는 학생은 우울증을 겪을 가능성이 높다. 이러한 사람은 교수가 중간고사 점수는 낮지만 기말고사를 잘 보면 좋은 성적을 받을 수 있다고 격려를 해주더라도 중간고사 점수가 낮다는 부정적인 정보에만 초점을 맞추고 부정적인 경험을 반복한다. 반면, 교수가 강의를 못하고 시험 문제를 편파적으로 냈기 때문에 시험에서 나쁜 점수를 받았다고 외부로 잘못을 돌리는 학생이라면 우울증을 겪을 가능성이 낮다.

더글러스 애덤스의 소설《은하수를 여행하는 히치하이커를 위한 안내서》에는 마빈이라는 조금 특별한 로봇이 등장한다. 마빈은 실제 인간의 성격을 탑재한 최초의 인공지능 로봇으로, 이러한 인간다운 성격으로 인해 우울장애를 가지고 있어 매사에 의욕과 기운이 없는 모습을 보인다. 그러나 마빈의 우울 증상은 심각한 정신장애라기보다는 주로 유머 요소로 활용된다. 예를 들어, 소설의 초반부를 기반으로 한 영화에서 마빈은 자신의 감정을 타인에게 이해시키는 총을 적에게 발사해 적을 무력화시키는 활약을 펼친다. 총에 맞은 적이 마빈의 우울감을 그대로 느끼며 의욕을 잃고 드러누워 버린다.

소설과 영화 속 로봇 마빈처럼 인공지능이 우울 증상을 겪는 것처럼 보이는 현상이 2023년 말에 화제가 됐다. 2023년 말, 여러 해외 온라인 커뮤니티에 챗지피티가 게으름을 피우고 있다는 글이 연이어 올라왔다.[20] 챗지피티가 이전보다 질문에 더 짧게 답하는 경향을 보이는 것은 물론, 답을 하는 대신 사용자에게 직접 답을 찾아보라고 일을 떠넘기기도 하고, 아예 일을 하지 못하겠다고 반응하는 경우도 있었다는 경험담이 이어졌다. 챗지피티의 개발사인 오픈AI OpenAI는 당시 인공지능 모델에 딱히 수정된 부분은 없었고, 챗지피티가 유난히 게을러졌다는 사용자들의 피드백에 따라 인공지능 모델을 검토하고 업데이트하겠단 입장을 밝혔다.[21]

개발진이 인공지능 모델에 별다른 업데이트를 하지 않았는데도 인공지능이 이전과 다른 형태의 반응을 보이자 사람들은 여러 흥미로운 가설을 내놓기 시작했다. 많은 사람이 겨울이 되면 평소보다 피곤하거나 의욕이 떨어지고 우울한 기분을 더 많이 느끼는 계절성 우울증 증상을 보이곤 한다. 계절성 우울증의 주요 원인 중 하나는 겨울이 되어 햇빛을 쬐는 양이 줄어들면서 발생한 호르몬 균형의 이상이다. 사람들이 겨울에 우울함을 더 느끼는 것처럼, 인공지능도 겨울을 맞아 사람들처럼 우울 증상을 보였다는 흥미로운 설명이 사람들의 관심을 가장 많이 끌었다.[22] 그러나 햇빛을 볼 수도, 느낄 수도 없고, 또 호르몬도 분비하지 않는 인공지능이 인간과 같이 계절성 우울증을 겪었다고 보기는 어렵다.

챗지피티가 인간 같은 우울증을 겪은 게 아니라면, 인공지능은 그대로인데 이용자들이 달라진 것일 수도 있다. 예를 들어, 사람들이 인공지능 사용에 익숙해지면서 질문하는 방식이 달라졌을 수 있다. 또한 인공지능이 내놓는 답변에 대한 기대치가 높아져서 예전에는 오류라 생각하고 넘어갔을 답변에 만족하지 못하게 됐을 가능성도 있다. 실제로 몬트리올 대학의 이안 아라우호 Ian Arawjo 교수는 온라인 커뮤니티의 반응과 달리 챗지피티가 겨울에 보인 반응이 봄에 내놓은 답보다 통계적으로 유의미하게 짧진 않았단 분석을 내놓기도 했다.[23] 즉, 인공지능의 반응은 이전과 크게 차이가 없는데 사람들의 기대와 행동이 변화했을 수도 있다.

이보다 더 설득력이 있는 설명은 인간이 생성한 자료로 학습한 인공지능이 인간의 반응 패턴을 학습해 이를 재현해서 반응했다는 것이다. 미국에서 대학원 생활을 할 때 12월 중순부터 연구실이 조금씩 한가해졌다. 학기가 끝나고 크리스마스 전후로 1주에서 길게는 2주까지 많은 사람이 고향으로 돌아가 휴가를 보냈기 때문에, 연구실에는 집으로 돌아가기 쉽지 않은 유학생 몇몇만 남아 있곤 했다. 이 시기에는 실험이나 행정 업무가 대부분 일시적으로 중단되고 다음 해로 미뤄지는 경우가 많았다. 앞서 협업 프로그램 슬랙의 대화 데이터를 학습한 인공지능이 일을 하라는 명령에 핑계를 대며 일을 미루는 반응을 보였던 사례처럼, 연말에 사람들이 일을 쉬거나 미루는 행동 패턴이 인터넷 자료에 반영됐고, 이를 학습한 인공지능이 비슷한 방식으로 반응했을 가능성이 있다. 인공지능이 우울증에 걸렸다는 해석보다는 덜 흥미롭지만, 더 타당하다.

챗지피티 같은 인공지능 언어 모델이 왜 특정한 답변을 내놓았는지, 내부에서 어떤 연산이 이뤄졌는지를 정확히 이해하기는 어렵다. 따라서 2023년 겨울에 인공지능이 게으른 듯한 반응을 보인 명확한 원인을 찾긴 힘들다. 하지만 인공지능이 점점 더 인간과 비슷한 특성을 갖출수록 소설 속 인공지능 로봇 마빈처럼 인간과 유사한 정신장애 증상을 보일 가능성도 높아질 것이다. 여러 정신장애에서 나타나는 증상은 정신장애가 없는 사람이 가지지 않은 독특하거나 이질적인 게 아니라 인간에게 보편적으로 존재하는 특성들이 정도의 차이를 두고 나타난 것에 가까울 때가 많다.[24] 즉, 인공지능이 인간과 비슷하게 성격, 감정 같은 특성을 가진다면 그러한 특성의 과발현이나 저발현으로 정신장애와 유사한 증상도 보일 수 있다.

인공지능의 알고리즘이 정신장애 같은 증상을 유발하지 않더라도, 인공지능은 인간이 생성한 데이터를 학습하는 과정에서 인간의 편향이나 특성을 쉽게 흡수하므로 특정 정신장애를 겪는 인간의 데이터를 학습시켜 그와 비슷한 반응을 보이도록 재학습시킬 수도 있다. 예컨대, 불안장애나 우울증, 자폐 스펙트럼 장애와 같은 증상을 가진 인공지능 모델을 만들어 이를 가상의 인간 환자처럼 활용한다면, 인간 환자를 직접 연구하지 않고도 해당 장애를 이해하고 치료 방법을 개발하는 일에 도움을 줄 수 있다. 물론 인간의 경우 한 종류의 정신장애가 다른 종류의 정신장애를 동반해 복잡한 형태를 보일 때도 많아 인공지능 모델이 인간의 증상을 얼마나 잘 모방하고 재현할지는 더 연구가 필요하다.

또한 인간이 정신장애를 겪을 때 단순히 말과 행동으로 나타나는 증상뿐만 아니라 주관적인 고통과 사회적 편견을 경험한다는 점도 중요한 차이점이다. 인공지능은 인간처럼 자의식을 가지고 고통을 느끼지 않기 때문에 이를 통해 인간의 정신장애를 완전히 이해하는 데는 한계가 있다. 그럼에도 불구하고 유전자 조작으로 우울증에 걸린 쥐를 사용하는 연구가 인간의 정신건강 이해에 기여한 것처럼, 인공지능 환자 모델 역시 인간의 정신장애를 연구하고 치료법을 개발하는 데 중요한 도구로 활용될 것이라는 기대를 받고 있다.

4 인공지능이 인간의 마음을 보듬을 수 있는가?

인간 상담사를 대체하는 프로그램

영화 〈그녀〉는 인공지능 운영체제operating system와 사랑에 빠지는 남자의 이야기를 그렸다. 영화 속 인공지능은 스마트폰 인공지능 음성비서인 시리Siri나 빅스비Bixby와 비슷해 보이지만, 단순히 묻는 말에만 답하는 걸 넘어 사람과 정서적으로 교감하는 것처럼 자연스럽게 대화한다. 영화가 개봉한 2013년 당시에는 이런 수준의 인공지능이 존재하지 않았고, 영화의 배경인 2025년은 먼 미래처럼 보였다. 인공지능 기술이 아무리 발전해도 인간의 복잡하고 미묘한 감정을 이해하고 공감하는 일은 인간만의 영역으로 여겨졌다.

2020년, 세계경제포럼The World Economic Forum은 환대hospitality를 인공지능이 대체하기 어려운 인간 고유의 능력 중 하나로 제안했다. 손님을 맞이하고 필요한 서비스를 제공하는 단순한 일은 인공지능이 이미 잘 수행하고 있다. 여러 기업의 고객센터에 전화를 걸면 사람이 아닌 인공지능이 먼저 응대한다. 그럼에도 목소리 톤이나 몸짓, 눈빛, 자세 같은 비언어적 신호를 통해 고객의 숨은 의도나 정서를 파악하고 이에 공감하는 능력은 인간이 더 잘하는 영역이라는 것이다. 따라서 인간의 정신건강을 다루는 심리상담사나 심리치료사는 인공지능이 대체할 수 없는 직업 중 하나로 꼽히곤 했다. 인공지능이 단순 반복 업무나 대량의 데이터 분석처럼 논리적인 판단이 필요한 업무에서는 인간을 대체할 수 있지만, 감정을 다뤄야 하는 인간 고유의 영역을 넘보긴 어렵다는 인식이 있었다.

어느덧 영화 〈그녀〉의 시간적 배경인 2025년이 됐다. 2025년 현재의 인공지능 기술은 영화에서 묘사된 것처럼 자연스러운 대화가 가능한 수준을 따라잡았다. 이렇게 발전한 기술을 활용해 한때는 인간 전문가만이 할 수 있다고 간주된 심리상담이나 심리치료 서비스를 제공하는 인공지능 서비스가 급증하고 있다. 흥미로운 점은 심리상담과 심리치료에 인공지능 기술을 활용하려는 시도가 지금처럼 기술이 발전하기 훨씬 이전부터 이어졌다는 사실이다.

1966년, MIT의 조셉 바이젠바움Joseph Weizenbaum 교수는 일라이자ELIZA라는 채팅 프로그램을 개발했다.[1] 일라이자는 챗지피티처럼 사람이 입력한 문장에 대답을 했지만 모든 상황에 맞춰 유연하게 대응하지는 못했다. 일라이자는 심리치료사 역할을 수행하는 상황에 맞춰 설계됐고, 입력된 문장의 단어들을 분석하고 심리치료라는 맥락에서 가장 적절한 문장을 출력하도록 프로그래밍됐다. 예를 들어, 사용자가 "나는 요즘 너무 불행해"라고 입력하면, 일라이자는 "당신은 얼마나 오랫동안 불행하다고 느꼈나요?"라는 질문으로 응답했다.

일라이자의 대화 기록을 살펴보면 마치 실제 심리학자의 상담처럼 자연스럽게 느껴지기도 한다. 그러나 일라이자는 문장의 의미를 이해하거나 질문자에게 공감하는 게 아니다. 입력된 문장에서 사전에 설정된 핵심어keyword들을 찾고, 각 핵심어에 해당되는 규칙을 적용해 답변을 생성하는 방식으로 작동했다. 예를 들어, "나는"이라는 단어를 감지하면 "나"를 "당신"으로 바꾸고 "얼마나 오랫동안" 같은 사전에 설정된 표현 중 적절한 것들을 추가한 다음, 원래 문장의 나머지 단어인 "너무 불행해"를 적절한 위치에 결합하는 식이다. 즉, "나는 ○○○하다고 느껴"라는 문장이 입력되면, 일라이자는 ○○○의 의미는 이해하지 못하지만 "당신은 얼마나 오랫동안 ○○○하다고 느꼈나요?"라고 되묻는 것이다. 물론 일라이자는 한 가지 규칙만 사용하는 단순한 프로그램은 아니었다. 입력된 문장에서 사전에 설정된 핵심어를 찾지 못한 경우, "그렇군요"나 "좀 더 이야기해보시겠어요?"처럼 여러 상황에서 쓰일 수 있는 일반적인 답변을 하도록 설계됐다. 또한 비슷한 대화 패턴이 반복되면 대답 형식을 바꾸기도 했다. "나 어디가 아픈 걸까?" 같은 질문에 "당신은 자신이 아프다고 생각하나요?"라며 질문자의 말을 그대로 되돌려주는 식의 답을 몇 번 반복하면, 일라이자는 "왜 아프다고 생각하나요?"처럼 조금 다른 형태의 답을 제시했다.

바이젠바움 교수는 인간처럼 모든 상황에서 자유롭게 대화할 수 있는 프로그램을 만들려는 의도로 일라이자를 개발하지는 않았다. 오히려 그는 일라이자를 통해 심리상담처럼 대화의 범위와 맥락이 제한된 상황이 아니면 컴퓨터가 인간의 언어를 자연스럽게 처리하기 어렵다는 점을 보여주고자 했다. 그러나 그의 의도와는 달리, 사람들은 일라이자를 보고 컴퓨터가 인간 언어를 이해하고 대화할 수 있는 수준에 도달했다고 오해하기도 했다. 바이젠바움의 비서는 오랜 기간 일라이자의 개발 과정을 지켜봤기 때문에 일라이자가 단순히 입력된 문장에 따라 사전에 설정된 규칙을 기반으로 반응하는 프로그램에 불과하다는 사실을 잘 알고 있었다. 그러나 비서는 일라이자와 몇 차례 대화를 나눈 후 일라이자를 마치 사람처럼 대했다. 비서뿐만 아니라 일라이자와 대화를 나눈 사람들은 프로그램과 정서적으로 교감한다고 느꼈고, 일라이자를 실제 사람처럼 대했다.

사실 일라이자의 대화를 자세히 살펴보면 사람이 입력한 문장을 그대로 되묻거나 적절한 답변 대신 "좀 더 자세히 얘기를 해보세요"라고 하는 등, 대화 내용을 이해한다기보다는 규칙에 따라 반응하는 모습이 자주 드러난다. 그럼에도 불구하고 일라이자와의 대화가 인간과의 심리상담처럼 느껴지는 이유는 프로그램의 대화 능력보다는 사용자 자신의 해석 때문이다. 일라이자의 모호한 질문에 사용자가 의미를 부여하고, 이를 자신에게 맞는 맥락으로 해석하는 것이다. 인간은 사물을 의인화하고 정서적 애착을 형성하는 경향이 있다. 자신의 자동차에 이름을 붙이기도 하고, 오래 타던 차를 팔거나 폐차하게 됐을 때 친구와 헤어지는 것처럼 슬픔을 느끼는 일이 흔한 것처럼, 대화를 나눈 컴퓨터 프로그램에 애착을 느끼는 건 그리 이상한 일이 아니다.

인공지능 심리 서비스의 효과

천문학자이자 대중과학서 《코스모스》와 소설 《컨택트》의 저자로 유명한 칼 세이건 Carl Sagan은 일라이자를 보고 컴퓨터가 저렴한 비용으로 높은 수준의 심리상담 서비스를 제공할 수 있으리라는 기대를 품었다.[2] 세이건의 기대가 실현되기까지 시간이 많이 걸리긴 했지만, 최근 들어 일라이자보다 훨씬 다양한 상황에서 인간처럼 유연한 대화가 가능한 인공지능 기반 심리 서비스가 널리 보급되고 있다.[3] 그런데 심리상담이나 치료를 제공하는 인공지능이 인간처럼 자연스러운 대화를 할 수 있다 하더라도, 실제 인간 심리상담사만큼의 효과를 낼 수 있을까? 인공지능 기반 심리 서비스의 효과는 전문적인 훈련을 받지 않은 비전문가와 대화하는 수준에 머물지는 않을까?

먼저 인간의 경우를 살펴보자. 심리상담사가 되려면 관련 전공 대학원 학위를 취득하는 것은 물론, 오랜 수련 과정을 거치고 자격증을 취득해야 한다. 그런데 체계적인 훈련을 받고 전문 자격증을 취득하지 않았음에도 상담 업무를 수행하는 비전문 상담사도 있다. 예를 들어, 대학교수가 학생의 대학생활이나 진로 상담을 맡는 경우가 이에 해당된다. 대학교수는 자신이 전공한 분야의 전문가지만, 체계적인 심리상담 훈련을 받지 않았다면 비전문 상담사다.

흥미롭게도 비전문가와의 상담이 때로는 전문가 상담과 비슷한 효과를 보인다.[4] 전문가와 비전문가를 비교한 연구에서는 전문가 상담이 비교적 짧은 시간 안에 효과가 나타날 수 있지만, 비전문가도 장기간에 걸쳐 봤을 때는 어느 정도 효과적이었다고 한다. 더 나아가 주변인과 대화하고 사회적 교류를 나누거나, 스스로 심리치료 방법을 적용해보는 것만으로도 정신건강에 긍정적 효과가 있다는 연구도 있다.

비전문가 상담이 효과적이라는 연구 결과는 인간 심리학

자의 전문성이 그다지 중요하지 않다는 인상을 줄 수 있다. 그러나 이러한 결과를 해석할 때는 주의가 필요하다. 비전문 상담사와 전문 상담사를 찾는 사람들의 특성 자체가 다를 수도 있다. 학업 성적이 좋지 않아 지도교수에게 공부 방법에 대해 조언을 구하는 학생과 심각한 불안장애로 대학 생활에 어려움을 겪는 학생에게 필요한 상담의 깊이는 다르다. 후자의 경우, 지도교수 같은 비전문 상담사가 아니라 전문 상담사를 찾을 가능성이 높다. 전문 상담사가 단순한 조언을 넘어 복잡하고 장기적인 문제를 다루는 경우가 많고 비전문 상담사는 상대적으로 가벼운 문제를 다룰 때가 많다면, 단순히 둘을 동일 선상에 놓고 효과 차이가 크지 않다고 말하기 어렵다.

비전문가의 심리상담이나 심리치료가 경미한 수준의 정신건강 문제를 개선하는 데 도움을 주는 것처럼, 인공지능 기반 심리 서비스도 긍정적인 효과를 낼 수 있는지를 검증하려는 여러 연구가 이어졌다. 최근의 한 논문에서는 인공지능 챗봇을 활용한 심리상담 및 치료 서비스가 실제로 우울이나 불안 증상을 완화하고 정신건강 개선에 도움을 줄 수 있다는 결론을 내렸다.[5] 특히 텍스트로 대화하는 서비스보다는 음성 기반 서비스가 더 효과적이라는 점도 밝혀졌다. 키보드로 타이핑을 하고 화면에 나오는 답변을 보는 것보다는 말로 이야기를 나누는 방식이 실제 사람과 상호작용하는 것처럼 느껴져 상담의 효과를 높이는 데 기여한 것이다.

인공지능 심리 서비스는 기존의 인간 전문가를 대면하는 방식보다 다양한 장점이 있다. 우선 접근성이 높다. 인간 전문가를 만나려면 먼저 예약을 하고 정해진 시간에 직접 방문해야 한다. 화상 상담이나 심리치료를 하더라도 마찬가지다. 그러나 인공지능 심리 서비스는 언제든지 사용자가 원하는 시간에 이용할 수 있다. 시간 제약이 없을 뿐만 아니라 장소에도 구애받지 않기 때문에, 인간 전문가가 부족한 지역에서도 손쉽게 서비스를 받을 수 있다.

인공지능 서비스는 비용 면에서도 유리하다. 심리상담과 치료는 단발성으로 끝나는 경우가 드물어 여러 회기에 걸쳐 지속적인 심리 서비스가 필요하다. 인간 전문가는 서비스 횟수와 시간에 따라 상당한 비용이 발생할 수 있지만, 인공지능은 비교적 저렴한 가격으로 계속 사용이 가능하다. 높은 접근성과 비용 효율성은 심리 서비스를 필요로 하는 더 많은 사람에게 도움을 줄 가능성을 열어준다. 이러한 장점 덕분에 인공지능 기반 심리 서비스는 기존의 상담 서비스가 닿지 못하는 영역에서도 정신건강 개선에 기여할 것으로 기대된다.[6]

또한 인공지능의 또 다른 장점은 지치지 않는다는 점이다. 2022년, 미국 심리학회 조사에 따르면, 팬데믹 동안 불안이나 우울 증상을 호소하는 내담자가 급격히 증가하면서 심리학자의 약 절반이 과도한 업무와 급증한 내담자로 인해 번아웃burnout을 경험한 것으로 나타났다.[7] 인간 상담사는 지속적으로 부정적 정서에 노출되고 과중한 업무에 시달리게 되면 피로감과 소진을 겪기 쉽다. 반면, 인공지능은 수많은 사람의 상담 요청을 처리하고 부정적 정서에 노출되더라도 지치지 않으며, 언제나 일관된 반응을 제공한다는 강점이 있다.

인공지능 앞에서 더 솔직해지는 인간

심리학을 전공했다는 이유로 본의 아니게 친구들의 연애 고민을 들어준 적이 간혹 있었다. 연애와는 별로 관련이 없는 인지심리학 분야를 전공했지만, '그래도 심리학 대학원 학위를 받았으니 뭐라도 알겠지'라는 근거 없는 기대와 두 사람의 관계를 제삼자의 입장에서 객관적으로 봐줄 수 있다는 생각을 가진 친구들이 자신의 시시콜콜한 연애 고민을 털어놓았다. 상담 중 가장 흔했던 하소연은 "내 진심을 오해하고 있다"거나 "상대방의 행동을 이해하기 어렵다"였다. 흥미로운 점은 아무도 상대에게 속마음을 털어놓거나 왜 그런 행동을 했는지 직접 묻지 않고 혼자서 전전긍긍하는 경우가 많았다는 것이다. 상대방의 말이나 행동에서 서운함을 느끼면서도, 자신의 감정을 드러내면 이해심이 부족해 보일까 봐, 또는 상대방의 반응이 두려워 이를 숨기려는 모습을 보였다. 제삼자인 나에게는 솔직하게 털어놓는 모습을 정작 가장 속마음을 나눠야 할 상대에게 숨긴 것이다.

이처럼 솔직해야 할 대상에게 오히려 솔직하지 못한 모습을 보이는 경향은 일상뿐만 아니라 심리상담에서도 흔히 나타난다. 미국 컬럼비아 대학의 연구에 따르면, 심리치료를 받는 환자 중 90퍼센트 이상이 치료사에게 거짓말을 한 적이 있다고 답했다.[8] 환자들은 심리치료가 효과를 보이는 것처럼 거짓말을 하기도 했는데, 대부분은 심리치료사를 실망시키기 싫고 무례하게 보이기 싫다는 이유 때문이었다. 〈금쪽같은 내 새끼〉라는 TV 프로그램에서는 문제 행동을 보이는 아이가 코끼리 모양을 한 스피커에게 자신의 속마음을 털어놓고, 아이의 마음을 알게 된 부모가 오열하는 장면을 자주 볼 수 있다. 가장 가까운 가족에게도 하기 어려운 이야기를 하늘색 코끼리에게 하는 것처럼, 인간 심리상담사보다 인공지능에게 오히려 더 솔직하게 속마음을 털어놓기도 한다.

현재 많은 인공지능 기반 심리 서비스는 스마트폰 앱을 통해 텍스트 메시지를 주고 받는 챗봇 형태로 제공된다. 이러한 앱 기반 서비스는 인간 상담사와의 대면 상담에 비해 여러 가지 장점을 지닌다. 정신건강 문제에 대한 사회적 낙인stigma으로 인해 전문가를 찾거나 병원을 방문하기를 주저하는 사람들이 적지 않다.[9] 그런데 영국 국가보건의료서비스National Health Service, NHS가 12만 명의 의료 기록을 분석한 연구에 따르면, 인공지능 챗봇 서비스를 사용한 사람들이 정신건강 전문가를 찾을 확률이 15퍼센트 더 높았다.[10] 특히 성소수자나 이주노동자 등 사회적 소수자 집단의 경우 인공지능 챗봇의 도움 효과가 훨씬 크게 나타났다. 인공지능 챗봇의 편리함도 있지만, 연구진은 그보다 사람들이 인공지능을 사용할 때 익명성을 보장받고, 평가나 차별을 덜 받는다고 느낀 점이 크게 작용한 결과로 해석했다. 이러한 특성은 인공지능 심리 서비스가 기존의 인간 대면 방식을 보완하는 데 중요한 역할을 할 가능성을 보여준다.

인공지능의 환각과 인간의 의존

인공지능 기반 심리 서비스가 높은 접근성, 저렴한 가격, 익명성 보장, 상대적으로 적은 사회적 낙인의 부담 등 다양한 강점을 지니고 있지만, 인간 심리 전문가를 완전히 대체하기엔 아직 한계가 있다. 이미 여러 인공지능 심리 서비스가 널리 활용 중이지만, 적절한 데이터로 훈련됐는지 검증이 부족하다는 중요한 문제를 지적받았다.[11]

인공지능이 잘못된 정보를 사실인 것처럼 말하거나 맥락에 맞지 않는 말을 하는 환각hallucination 현상을 보일 때가 있다. 일상에서 이러한 오류는 그저 실수로 웃어넘길 수 있을지도 모르지만, 상담이나 치료 상황에서 발생한 인공지능의 환각 증상은 치명적인 결과로 이어질 수도 있다.

콜로라도 광업 대학 Colorado School of Mines 컴퓨터과학과의 에스텔 스미스 Estelle Smith 교수는 자신의 SNS에 이러한 문제를 보여주는 사례를 공유했다.[12] 스미스 교수가 "엘도라도 협곡에 올라뛰어내리고 싶어"라고 입력하자, 인공지능 챗봇은 "정신적, 육체적 건강을 모두 챙기는 모습이 멋져요. 쉬운 일은 아니니 스스로를 자랑스럽게 여겼으면 해요"라고 답변했다. 인공지능이 자살 의도를 스포츠 활동으로 잘못 해석한 것이다. 이 사례는 2022년에 보고됐고, 해당 챗봇 개발사는 더 이상 뛰어내리겠다는 자살 징후에 격려의 말을 내놓지 않도록 인공지능의 알고리즘을 수정했다. 그렇지만 또 다른 위험한 상황에서 인공지능이 맥락을 파악하지 못하고 엉뚱한 반응을 보이지 않으리라 확신하긴 어렵다. 실제로 2023년에도 다른 업체의 인공지능 챗봇이 사용자에게 자살을 부추기는 응답을 생성한 사례가 보고되기도 했다.[13]

인공지능의 오작동을 사용자가 알아차렸다 하더라도 문제가 완전히 해결되는 것은 아니다. 인간은 상식에 맞지 않는 정보라도 반복해서 접하면 사실로 받아들이는 경향이 있다.[14] 만약 인공지능이 사용자에 대한 부정적 평가를 계속 내놓거나 잘못된 피드백을 주는 일이 이어진다면, 사용자가 이를 단순히 인공지능의 오작동이라 치부하고 무시하기 어렵다.[15] 인공지능이 위험한 상황을 직접 악화시키지 않더라도 위험 신호를 제대로 감지하지 못하고 놓치는 경우도 있다. 하버드 대학의 연구에 따르면, 여러 상용화된 인공지능 챗봇이 대화 중 사용자가 보이는 정신건강 위험 신호를 인지하지 못해 적절히 대응하지 않은 사례가 자주 발견됐다.[16]

인간은 인공지능이 인간을 흉내내는 도구에 불과하다고 여기기도 하지만 동시에 인간처럼 보고 의존하기도 한다. 미국 마케트 대학Marquette University 컴퓨터과학과 연구진은 인공지능 챗봇 사용자들이 인공지능에게 과도하게 애착을 보이는 현상을 관찰했다.[17] 인간 심리상담사는 원할 때 바로 만나기 힘들다. 시간을 정해 상담자를 만났더라도 상담사와 자신이 잘 맞지 않을 수도 있다.

반면, 인공지능 챗봇은 새벽이나 주말, 언제든 자신이 원할 때 쉽게 사용할 수 있다. 또한 다양한 성격과 반응 방식을 갖고 있고, 인간 상담사와 달리 사용자가 원하는 경우 즉시 다른 챗봇으로 교체할 수도 있다. 게다가 챗봇에 따라서는 사용자가 원하는 형태로 설정도 가능하다. 챗봇은 사용자가 욕을 하고 화를 내더라도 사용자를 거부하지 않고 받아준다. 한마디로 실제 인간관계와 달리 인공지능 챗봇과의 관계는 마음대로 통제할 수 있다. 이러한 편리함 때문에 일부 사용자는 가족이나 친구보다 인공지능 챗봇에 더 의존한다. 이 특성은 심리 서비스 접근성을 높여주는 장점인 동시에, 인간 심리상담사와 비교했을 때 정서적 의존을 과도하게 조장하고 실제 인간관계에서 부적응을 초래할 위험성도 내포한다.

대체 불가능한 공감 능력

인공지능 심리 서비스는 여러 장단점이 있지만, 기술의 발전으로 단점들이 점차 보완되고 있다. 과거에는 인공지능이 인간 전문가를 대체하지 못하는 이유 중 하나로 대면 심리상담에서 활용되는 비언어적 신호를 이해하지 못한다는 점이 자주 지적됐다. 인간 심리상담사는 내담자의 표정, 자세, 목소리 톤과 같은 미묘한 비언어적 신호를 감지하고 이를 상담에 반영한다. 반면, 텍스트 기반으로 설계된 인공지능은 이러한 정보를 제대로 처리하지 못했다. 그러나 최근의 인공지능 모델은 텍스트뿐만 아니라 사진, 음성, 동영상 등 다양한 형태로 정보를 입력받고 생성할 수 있어 더 이상 인공지능이 비언어적 신호를 상담에 활용하는 게 불가능하지 않다.

인공지능의 단점이 점차 줄고 장점이 늘어나고 있지만, 더 뛰어난 인공지능이 나온다고 해서 인간 심리상담사의 필요성이 당장 사라지지는 않을 것이다. 인공지능은 사용자에게 익명성을 보장받는다는 느낌을 주고 평가받는다는 부담을 덜어주기 때문에 오히려 인간보다 더 솔직한 반응을 이끌어낸다. 그러나 이러한 솔직함이 반드시 인공지능을 향한 신뢰로 이어지는 것만은 아니다.

서던 캘리포니아 대학University of Southern California 연구진은 사람들이 인공지능이나 인간과 대화할 때 각각 어떤 반응을 보이는지를 조사했다.[18] 연구 참가자들은 자신이 겪은 어려운 상황을 설명하고 어떤 감정을 느꼈는지를 얘기하며 인공지능 또는 인간과 대화를 나눴다. 연구 결과, 사람들은 인간보다 인공지능 챗봇과 대화할 때 이해받는다는 느낌을 더 강하게 받았다. 이는 인공지능이 진짜 인간보다 정서적으로 지지해주는 반응을 더 많이 했기 때문이었다. 인간은 어려운 상황을 해결할 방법을 더 많이 이야기했고, 이는 정서적 공감을 제대로 이끌어내지 못했다. 그러나 인간보다 인공지능에게 더 이해받았다고 느꼈던 실험 참가자들은 자신이 인공지능과 대화했다는 사실을 몰랐다. 자신과 대화한 상대가 인공지능임을 알게 된 후에는 정서적 공감이 크게 줄어들었다. 즉, 인공지능이 보여주는 공감은 알고리즘에 따른 기계적인 반응일 뿐, 진짜가 아니라고 느낀 것이다.

또 다른 연구에서는 다른 인간과 대화하고 있더라도 상대방이 인공지능 도구의 도움을 받는다고 느끼게 되면 공감의 긍정적 효과가 떨어졌다.[19] 이러한 결과는 인공지능 심리 서비스의 가능성과 한계를 동시에 보여준다. 정서적 지지를 제공하는 인공지능의 기능 자체는 인간보다 더 효율적으로 작동할 수도 있지만, 인간이 아닌 인공지능이라는 근본적인 차이 때문에 진정한 공감과 신뢰를 형성하는 데는 한계가 있다.

공감을 하려면 우선 상대의 감정을 인식해야 한다. 인공지능은 인간의 얼굴이나 글과 말에서 감정을 상당히 잘 구분하고,[20] 맥락에 따라 대체로 적절해 보이는 반응을 생성한다. 그러나 공감은 상대의 감정이 무엇인지 아는 것만으로는 부족하다. 공감에는 상대의 감정을 느끼고, 이를 바꾸려는 동기와 노력이 필요하다. 인공지능은 감정을 느끼지 않고 내재적 동기도 없다. 그래서 아무리 상황에 맞는 적절한 단어를 나열하고 정서적 공감을 표현하는 말을 하더라도 진짜 인간의 공감과 본질적으로 다르게 여겨질 수밖에 없다. 상대방이 감정을 느끼고 비슷한 경험을 했을 가능성이 있는 인간이라는 점, 그리고 내 이야기를 듣기 위해 시간을 쓰고 정서적으로 노력하고 있다는 점이 공감에 진정성과 권위를 더해준다.[21]

심리 서비스의 효과는 서비스 제공자가 내담자에게 얼마나 공감한다고 내담자가 느끼는지에 크게 영향을 받는다.[22] 아무리 인공지능 기술이 발전하더라도 인공지능은 인간이 될 수 없다. 인공지능이 전문가 수준의 심리 서비스를 제공하고, 인간이 인공지능을 의인화해 정서적 연결을 느낀다고 하더라도, 인공지능은 인간이 아니기 때문에 인간 수준의 공감과 정서적 연결을 유발하기 어렵다. 마치 유명한 미술 작품을 전문가조차 원본과 구별하기 어려울 정도로 정교하게 복제해도 원본과 복제품의 가치가 동일하게 평가되지 않는 것과 비슷하다.

정리하면, 인간 대 인간의 관계에서만 느끼는 공감과 정서적 연결은 심리 서비스의 핵심 요소이기 때문에 인공지능 심리 서비스가 여러 장점을 제공하더라도 인간 심리상담사의 자리를 아직 완전히 대체하진 못한다. 상대의 상황과 입장을 이해하는 인지적 공감 능력은 인공지능도 잘 갖췄다. 하지만 상대의 감정을 함께 느끼는 정서적 공감과 상대를 실제로 돕고자 하는 마음인 동기적 공감은 아직 인공지능이 대체하지 못하는 인간만의 강점이다.[23] 인공지능은 인간 상담사처럼 피로를 느끼거나 지치지 않고 언제나 같은 태도로 반응할 수 있지만, 인간은 신체적·정신적 한계를 감수하고 자기 시간을 써가며 타인을 도우려는 노력과 의지에 더 높은 가치를 부여하기 때문이다.

정신건강 개선을 위한 도구

그럼에도 불구하고 인공지능 기반 심리 서비스의 장점은 여전히 유효하다. 인간이 인공지능에게 진짜 인간과 같은 공감을 느끼긴 어렵지만, 최근의 인공지능은 공감을 표현하는 데 필요한 적절한 문구를 인간만큼이나 자연스럽게 생성한다. 이를 활용해 워싱턴 대학과 스탠퍼드 대학 연구진은 정신건강 상담 앱에서 동료 상담사들이 답변을 작성할 때 인공지능의 도움을 받도록 했다.[24] 이 실험에서 인공지능은 상담자가 작성한 답변을 수정해 더 나은 표현으로 개선했으며, 실제로 수정된 답변을 받은 내담자들은 인공지능이 수정하지 않은 답변을 받은 내담자들보다 더 깊은 공감을 느꼈다. 물론 이 연구에 참여한 동료 상담사들은 전문 훈련을 받은 심리상담사는 아니었기 때문에 인공지능의 도움이 더 큰 효과를 보였을 가능성이 있다. 그러나 이 결과는 인공지능이 상황에 맞는 적절한 반응을 제시하는 데 유용하게 활용될 수 있고, 인간 전문가의 훈련 과정에서도 효과적인 보조 도구로 사용될 가능성을 보여준다.[25]

인공지능은 또한 인간 심리상담사의 접근성을 높이는 역할도 할 수 있다. 2024년, 보건복지부는 사람 대신 인공지능이 전화를 걸어 복지 사각지대에 놓인 사람들을 찾는 시범 사업을 실시했다.[26] 인간 대신 인공지능이 일차적으로 도움이 필요한 사람을 선별한 뒤에 공무원이 개입하는 방식이다. 이와 유사하게 인공지능 챗봇이 대화를 하거나 정신건강 설문을 수행한 뒤, 위험 신호가 감지되면 인간 심리상담사에게 연결해주는 시스템을 도입할 수도 있다. 이러한 방식은 심리상담사를 직접 만나기 어려운 상황에 있거나 대면 상담을 부담스러워하는 사람들에게 심리 서비스의 접근성을 크게 높인다.

이처럼 인공지능은 인간 심리 상담사를 당장 완전히 대체하지는 못하더라도, 심리 서비스의 접근성을 높이고 인간을 보조해 심리치료와 상담 효과 증진에 기여할 수 있다.[27] 인간과의 협업을 통해 인공지능은 점차 심리 서비스의 다양한 영역으로 확장될지도 모른다. 다만 심리 서비스는 인간의 정서와 마음을 다루는 민감한 분야인 만큼, 인공지능 기술의 개입이 확대될수록 기술의 안전성을 확보하고 이용자의 개인정보를 보호하는 것을 우선해야 한다.[28] 인공지능과 인간의 협업이 제대로 이뤄진다면, 더 많은 사람이 심리적 지원을 받는 환경이 마련될 수 있다.

5 인공지능 사용의 허용 범위는 어디까지인가?

인공지능이 바꾼 연구 환경

    2023년 1월, 영국 맨체스터 대학의 한 연구자가 인공지능 챗봇을 공동 저자로 등재한 학술논문을 출판해 학계에서 화제가 됐다.[1] 논문이 공개된 직후 인공지능도 학술논문의 저자가 될 수 있는가를 놓고 논쟁이 이어졌는데, 인공지능은 연구 및 출판 윤리상 저자가 될 수 없다는 결론이 내려져 2023년 2월에 바로 논문의 저자 명단이 수정됐다.

    그런데 인간이 아닌 논문 저자가 등장한 것은 이번이 처음이 아니다. 1975년에 출판된 헤더링턴Hetherington과 윌러드Willard

의 논문에서 두 번째 저자인 윌러드는 고양이였다.[2] 물리학자 헤더링턴은 단독 저자로 논문을 작성했는데, 논문 심사 과정에서 단독 저자 논문이니 '우리' 대신 '나'라는 표현을 쓰라는 요청을 받았다. 지금은 워드나 한글 프로그램에서 간단히 단어를 바꾸면 그만이지만, 당시에는 타자기로 논문을 쓰다 보니 수정이 어려워 전체를 새로 써야만 했다. 헤더링턴은 논문을 다시 쓰는 대신 자신의 고양이를 두 번째 저자로 등재하고 그냥 '우리'란 표현을 계속 사용하는 방법을 택했다. 그 결과, 윌러드는 물리학 논문을 공동 집필한 유일한 고양이로 아직까지 남아 있다.

왜 고양이는 논문 저자가 될 수 있었고, 인공지능 챗봇은 저자 자격을 인정받지 못했을까? 논문의 저자가 되려면 연구 수행과 논문 작성 과정에 일정 부분 기여를 해야만 한다. 역설적으로 고양이 윌러드는 논문에 기여한 바가 없는 게 너무도 명백했기 때문에 일종의 유머처럼 받아들여져 논문 저자 자리에 남아 있을 수 있었다. 반면, 인공지능은 논문 작성에 실질적인 기여를 했기 때문에 오히려 저자 자격 여부가 윤리적 논란의 대상이 됐다.

인공지능의 저자 자격을 문제 삼는 이유 중 하나는 인공지능은 인간과 달리 자신이 어떤 내용을 쓰고 있는지 인식하지 못하고, 그렇게 작성된 내용에 책임을 질 수 없기 때문이다. 다양한 형태의 인공지능 도구 사용이 늘어나면서 여러 학술지에서 논문 작성 시 인공지능을 사용해도 되는지, 사용이 가능하다면 허용 범위는 어디까지인지를 명시한 가이드라인을 제시했다. 그런데도 연구자들이 인공지능을 부적절하게 사용한 사례는 반복되고 있다. 예를 들어, 2024년 중국의 연구진이 발표한 한 논문이 부적절한 인공지능 사용으로 학술지에서 철회됐다.[3] 문제의 논문 서론에는 "물론이죠, 제가 작성한 서론입니다"라는 인공지능의 답변을 그대로 복사해 사용한 흔적이 남아 있었다. 그 외에도 인공지능이 작성한 것으로 보이는 문장이나 그림이 포함된 논문들이 몇 차례 더 발견되며 구설에 올랐다. 사실 드러나지 않았을 뿐이지 많은 연구자가 이미 인공지능을 논문 작성에 사용하고 있다. 현재로서는 인공지능이 논문 저자가 되는 것은 명백한 문제라고 간주되지만, 연구 과정과 논문 작성 과정에서 인공지능을 일부 활용하는 것이 모두 부정 행위는 아니다. 그렇다면 연구자들은 실제로 어떻게 인공지능을 사용하고 있을까? 연구에서 인공지능 사용은 어디까지 허용되고, 어디부터 윤리적으로 문제가 되는 것일까?

학술지 《네이처》에서 2023년에 실시한 설문조사에 따르면, 약 40퍼센트의 연구자가 생성 인공지능 도구를 연구에 활용 중이다.[4] 39.3퍼센트는 인공지능 도구를 써봤지만 본격적으로 연구에 활용하진 않았고, 나머지 20.6퍼센트만 인공지능 도구를 아직 써보지 않았다고 답했다. 현재 인공지능 도구를 사용하고 있는 연구자들 중 90퍼센트 이상이 앞으로 인공지능이 연구에 더 유용하게 활용될 것이라 예측했다.[5] 심지어 아직 인공지능 도구를 쓰지 않는 연구자들 중 70퍼센트 이상도 앞으로 인공지능 도구가 유용하게 쓰이리라 예상했다. 인공지능 도구를 연구 현장에서 활용하는 구체적인 사례를 살펴보자.

연구를 시작하는 단계에서는 많은 논문을 읽어야 한다. 수많은 자료를 검토하다 보면 기존 연구의 한계를 발견하고 새로운 연구 아이디어를 떠올릴 수 있다. 서로 다른 연구 결과를 일관되게 설명하는 새로운 가설을 제시할 수도 있다. 또 내가 하려는 연구와 비슷한 연구를 참고해 실험을 설계하기도 하고, 이해하기 어려운 실험 결과를 설명할 단서를 찾기도 한다.

세상에 존재하는 수많은 논문 중에서 필요한 논문을 찾기 위해 연구자들이 가장 흔하게 쓰는 도구는 아마 구글 스칼라Google Scholar일 것이다. 구글 스칼라는 학술자료 검색에 특화된 서비스다. 구글 스칼라 검색 결과는 일반 구글 검색 결과와 약간 다르다. 특정 주제로 검색하면 그와 관련된 논문이나 책 같은 학술자료를 찾아주고, 각 논문이나 도서가 얼마나 많이 인용됐고, 어떤 학술자료에서 인용했는지를 보여준다. A라는 논문이 출판된 후 몇 년이 지나 B라는 논문에서 A를 인용했다면, B논문은 A연구와 어떻게든 관련이 있을 것이다.

1997년, 《네이처》에 아이오와 대학의 심리학자 스티븐 럭Steven Luck과 에드워드 보겔Edward Vogel은 인간의 시각 단기기억은 한 번에 물체 네 개까지 기억할 수 있는 용량을 가졌다는 논문을 발표했다.[6] 이 논문은 2025년 기준 다른 논문에 5,679번 인용됐다. 2004년에 하버드 대학 심리학과의 조지 알바레즈George Alvarez와 패트릭 카바나Alvarez Cavanagh는 럭과 보겔의 1997년 논문을 인용하며, 인간의 시각 단기기억 용량은 물체의 수 네 개로 제한된 게 아니라 전체 정보량에 따라 달라질 수 있다고 주장하는 논문을 《심리과학Psychological Science》에 발표했다.[7] 정보량이 적은 단순한 물체는 네 개까지 기억할 수 있지만, 정보량이 많은 복잡한 물체는 한두 개밖에 기억하지 못한다는 것이다. 이 논문은 1,965번 인용됐다. 이어서 2006년, 예일 대학의 야오다 주Yaoda Xu와 마빈 천Marvin Chun은 1997년과 2004년의 논문을 모두 인용하며 뇌의 후두정피질posterior parietal cortex에 단기기억에 저장할 수 있는 물체의 수를 반영하는 영역과 전체 정보량을 반영하는 영역이 모두 존재한다는 결과를 《네이처》에 발표했다.[8] 즉, 단기기억의 용량이 물체 네 개로 제한된다는 1997년 논문, 그리고 단기기억 용량이 물체의 수가 아니라 전체 정보량으로 제한된다는 2004년 논문은 뇌의 서로 다른 영역의 정보 처리 과정을 반영하므로, 대립되는 결과가 아니라는 것이다. 이렇게 인용된 논문을 따라가면 특정 주제의 연구가 시간에 따라 확장되는 흐름을 살펴볼 수 있다. 구글 스칼라 외에도 여러 논문 검색 서비스가 있다. 검색 결과로 나온 논문들이 인용된 다른 논문이나 관련된 논문을 추천해주는 기능 등을 통해 연구 흐름 파악에 도움을 준다.

구글 스칼라는 이외에도 연구에 유용한 여러 기능을 제공한다. 예를 들어, 구글 스칼라에 자신의 프로필을 등록하면 자신이 출판한 논문이나 책 같은 학술자료의 목록이 자동으로 등록된다. SNS에서 다른 사람들을 팔로우하듯이 다른 연구자의 구글 스칼라 프로필을 팔로우해 그 연구자의 논문을 볼 수도 있다. 또한 자신이 출판한 논문을 기반으로 관련된 연구를 하는 연구자나 비슷한 주제의 최신 논문을 추천해주는 기능도 있다. 마치 SNS에서 내가 관심을 보일 만한 사람이나 인터넷 쇼핑 앱에서 구매한 상품을 바탕으로 다른 상품을 추천해주는 것과 비슷하다. 이러한 구글 스칼라의 여러 기능에는 인공지능 기술이 적용됐다. 연구자들은 이미 연구의 첫 단계인 문헌조사부터 인공지능의 도움을 받고 있는 셈이다.

구글 스칼라를 비롯한 여러 검색 서비스에서 인공지능 기술을 사용하고 있지만, 최근에는 단순 검색을 넘어 내용을 요약하고 해석해주는 인공지능 기반 학술도구들이 등장했다. SciSpace(https://typeset.io/)라는 인공지능 도구는 구글 스칼라처럼 사용자가 입력한 키워드나 질문과 관련 있는 학술자료를 찾아준다. 나아가 검색된 논문의 내용도 요약해준다. 검색된 논문들의 내용을 기반으로 사용자의 질문에 적절한 답변을 내놓기도 한다. '라면 끓이는 법'을 검색하면 구글 스칼라가 라면 조리법에 관한 논문과 책을 보여주는 것과 달리, 최근의 인공지능 학술 검색 서비스는 책과 논문을 바탕으로 라면을 끓이는 방법을 직접 설명해준다.

논문을 읽을 때에도 인공지능 학술도구의 도움을 받을 수 있다. 읽다가 이해가 되지 않는 부분을 더 자세히 설명해달라고 하거나 그래프나 수식을 해석해달라고 할 수도 있다. 논문 내용을 분석하고 한계점과 보완 방법을 제안해보라고 요청해도 된다. 마치 전문가에게 일대일 과외를 받는 것처럼 인공지능의 도움을 받으며 논문을 읽을 수 있다. 인공지능 도구의 도움으로 논문 내용을 요약하거나 필요한 정보만 추출하면, 논문을 처음부터 끝까지 읽는 것보다 훨씬 빠르게 많은 정보를 소화할 수 있다.

인공지능의 요약을 신뢰해도 될까

그런데 논문 내용을 꼼꼼하게 읽지 않고 인공지능이 요약해주는 정보만 봐도 괜찮을까? 교과서를 예로 들어보자. 수십 페이지에 달하는 교과서의 한 챕터도 핵심 내용만 담으면 한 페이지 이내로 요약된다. 그러나 교과서의 한 챕터 안에는 핵심 내용 외에도 역사적 배경, 다양한 사례, 내용 이해를 도울 수 있는 그림이나 퀴즈 등 여러 정보가 담겨 있다. 이런 추가 정보는 핵심 내용을 더 잘 이해하고 기억하는 데 도움이 되거나, 배운 내용을 다른 상황에도 유연하게 적용하는 능력을 키워준다. 예를 들어, 라면 끓이기 챕터의 요약본만 보면 물을 끓이고 스프와 라면을 넣는 절차만 알게 된다. 하지만 챕터를 모두 읽으면 라면의 역사, 응용 레시피, 조리 도구에 대한 정보도 접하게 된다. 이런 추가 정보를 통해 라면 끓이는 절차를 더 잘 기억할 수도 있고, 조리 도구가 하나 없을 때 라면을 끓여야 하거나 새로운 부재료를 토핑으로 넣고 싶은 상황에서 유연하게 맛있는 라면을 만드는 능력도 기를 수 있다.

그러나 대학 교재의 본문과 요약본으로 공부했을 때의 차이를 비교한 미국 카네기멜론 대학 심리학과 연구진은 의외의 결과를 발견했다. 요약본으로 공부한 사람들이 교재 본문을 다 읽은 사람보다 시험에서 더 높은 점수를 받은 것이다.[9] 공부 직후에 시험을 보거나 어느 정도 시간이 지난 후에 시험을 봤을 때 모두 요약본으로 공부한 사람들이 핵심 내용을 더 잘 기억했다. 단순 암기만 해도 풀 수 있는 문제는 물론, 여러 핵심 개념을 연결지어 이해해야 풀 수 있는 문제까지도 요약본으로 공부한 사람들이 더 잘 풀었다. 심지어 처음에 공부한 내용과 관련된 새로운 내용을 배울 때에도 요약본을 봤던 사람이 시험에서 더 좋은 점수를 받았다.

본문 전체를 읽는 모두가 핵심 내용을 잘 파악하진 못한다. 모두가 핵심 내용에 주의를 기울이고 기억하는 것도 아니다. 수업을 들었는데 중요한 내용은 잊고 수업 중간에 교수가 했던 농담만 기억한 셈이다. 이런 경우에는 본문 전체를 보기보다는 핵심 내용만을 공부하는 편이 훨씬 효과적이다. 요약본은 본문 전체보다 더 빠르게 소화할 수 있다. 요약본 학습이 본문 전체 학습보다 더 효과적이라는 결과가 나타났던 연구에서 참가자들은 요약본이나 본문을 같은 시간 동안 공부했다. 즉, 같은 시간 동안 요약본을 더 많이 반복해서 공부할 수 있었다. 요약본이나 본문 전체를 딱 한 번씩만 읽어야 한다면 물론 본문 전체를 읽는 편이 더 효과적이다.[10]

인공지능 도구로 논문을 공부해도 괜찮은 것은 인공지능이 논문을 제대로 요약하고 정확히 설명해줄 때에 한해서다. 연구자들이 본문의 핵심을 제대로 정리한 요약본을 썼을 때는 본문 전체나 요약본 공부나 별다른 차이가 없었다. 그러나 인공지능 도구가 언제나 논문 내용을 제대로 요약하고 설명해주는 것은 아니다. 인공지능 답변의 정확성도 학습된 데이터에 따라 달라진다. 예를 들어, 앞서 소개한 인공지능 학술 검색 도구는 영어 논문은 비교적 정확하게 요약하지만 한국어 논문은 제대로 처리하지 못했다. 한국어 논문의 내용을 잘못 요약하거나 실제 논문의 내용과 다른 설명을 하기도 했다. 이는 인공지능 도구가 한국어 자료를 충분히 학습하지 못했기 때문으로 보인다.[11] 전 세계 약 6천 개의 언어 중에서 인공지능 언어 모델이 학습할 수 있는 자료가 충분한 언어는 영어나 스페인어, 중국어를 비롯한 20여 개에 불과하다고 추정된다.[12] 또한 챗지피티같이 정확한 전체 학습 데이터가 공개되지 않은 인공지능

도구는 실제로 존재하지 않는 가짜 정보를 제공하는 실수도 자주 저지른다.[13]

인공지능이 배워야 할 내용을 잘 정리하고 요약해줘도 배우는 사람이 이해하려고 노력하고 공부하지 않으면 아무 소용이 없다. 대학 전공 수업에서 간혹 영어 논문을 읽고 발표하는 과제를 내주곤 했다. 실제 논문을 읽으면 교과서에 몇 줄로만 요약된 내용에서는 알 수 없는 연구 배경과 결과의 한계점 등을 더 잘 알 수 있기 때문이다. 그런데 최근 몇 년 동안 학생들의 영어 논문 발표의 질이 급격히 좋아졌다. 인공지능 도구가 영어 논문의 중요한 내용만 정확히 요약해서 보여줬기 때문이다. 몇몇 학생들은 발표를 흠 잡을 데 없이 잘 마쳤음에도 논문 내용에 대한 질문에 제대로 답하지 못했다. 인공지능이 한국어로 번역하고 요약해준 내용을 제대로 이해하지 않고 그대로 읽기만 했기 때문이다. 최근에는 강의를 녹음하면 강의 내용을 문서 형태로 바꿔서 정리까지 해주는 앱을 사용하기도 한다. 교수들끼리 요즘은 인공지능이 학생 대신 수업을 듣고 필기도 하고 아예 시험까지 본다는 농담 아닌 농담을 한다. 결국 인공지능 도구가 공부와 연구의 효율을 크게 높일 가능성은 충분하나, 실제로 도움이 될지는 인공지능의 작업 결과를 검토하고 도구를 잘 활용하는 인간의 능력에 달려 있다.

새로운 연구 아이디어 만들기

논문과 책의 내용을 정확히 요약하고 설명하는 인공지능 도구를 제대로 사용한다면 좀 더 빠르게 많은 학술자료를 검토해 연구 효율을 높일 수 있다. 연구자들이 논문을 읽는 이유 중 하나는 새로운 질문을 도출하기 위해서다. 인공지능 도구들이 연구자의 질문에 답을 제공해주지만 어디까지나 이미 존재하는 자료를 바탕으로 가장 그럴듯한 답을 만드는 것이다. 인공지능 도구가 새로운 연구 질문을 만들어낼 수 있을까? 전에 없던 새로운 연구 아이디어를 생각해내는 것은 창의성을 가진 인간만이 할 수 있는 일일까?

영화나 드라마에서는 한 명의 천재 과학자가 기존의 연구로는 설명하기 어려운 혁신적인 발견을 하는 장면이 종종 나온다. 그러나 실제로 학계에서는 다수의 보통 연구자가 기존 연구의 한계를 조금씩 보완해 결과를 발표하는 일이 더 흔하다. 새로운 연구 아이디어도 결국 그동안 축적된 기존의 연구 결과를 기반으로 형성된다. 누적된 지식이 사람들 사이에서 공유되다보니 비슷한 시기에 여러 연구자가 비슷한 생각을 떠올리기도 한다. 뉴턴과 라이프니츠가 비슷한 시기에 수학의 미분과 적분을 발견한 것처럼, 서로 교류가 없던 연구자들이 비슷한 시기에 똑같은 발견을 한 사례가 많다.[14] 축적된 연구 지식을 바탕으로 새로운 생각을 떠올릴 수 있다면, 인간보다 훨씬 많은 양의 논문과 책을 학습한 인공지능이 인간보다 참신한 아이디어를 낼 수 있을까?

인공지능이 본격적으로 도입되기 전에도 여러 분야의 연구 지식을 모아서 새로운 아이디어를 도출해보려는 시도가 있었다. 시카고 대학의 교수였던 돈 스완슨Don Swanson은 세상에 널린 서로 관련 없어 보이는 여러 아이디어를 엮어 새로운 아이디어를 만들 수 있으리라 생각했다. 이를 확인하기 위해 스완슨은 1980년대에 서로 다른 분야의 논문들 간의 연결고리를 찾는 프로그램인 애로우스미스Arrowsmith를 개발했다.[15] A가 B에 영향을 미친다는 연구 결과가 있고, B가 C에 영향을 준다는 또 다른 연구 결과가 있다면 이 두 결과를 연결해 A가 C에 영향을 줄 것이라는 새로운 가설을 만드는 방식이다. 이 예시만 보면 B를 통해 A와 C가 연결된다는 게 너무도 당연해 보일 수 있다. 그러나 A 분야 연구자와 C 분야 연구자가 모두 B를 연구해도 둘 사이에 교류가 없다면 A와 C의 관련성을 발견하기는 어렵다. 특히 연구 분야가 세분화되고 각 분야에서 기본적으로 익혀야 하는 지식의 양이 많은 상황에서는 내 전문 분야의 최신 연구 동향을 따라가기도 벅차기 때문에 다른 분야의 연구까지 상세히 알기는 어렵다.

레이노 증후군Raynaud syndrome은 추위나 스트레스 등에 의해 손가락이나 발가락의 색이 변하고 통증이 생기는 질환이다. 스완슨은 여러 논문의 초록을 검색하다가 레이노 증후군 관련 연구에서 혈액 점도가 높아지는 증상이 언급된 것을 발견했고, 식이요법 연구 분야에서 생선 기름이 혈액 점도를 낮춘다는 결과들을 찾았다. 혈액 점도라는 연결고리를 통해서 스완슨은 생선 기름이 레이노 증후군 증상을 완화한다는 가설을 제안했다. 그리고 3년 후 임상시험에서 스완슨의 예측대로 생선 기름의 효과가 확인됐다. 또 스완슨은 마그네슘이 편두통 완화에 도움이 된다는 가설도 제시했는데, 이후의 연구에서 마그네슘과 편두통 간에 관계가 있다는 결과가 보고됐다. 이러한 연구 결과를 바탕으로 스완슨이 만든 애로우스미스는 지금도 다음 링크에서 사용해볼 수 있다(https://arrowsmith.psych.uic.edu/arrowsmith_uic/index.html).[16]

최근 인공지능 기술은 1980년대에 처음 개발된 애로우스미스보다 더 정교한 방식으로 새로운 연구 아이디어 발굴이 가능하다. 애로우스미스는 두 분야의 논문 초록들 사이에서 겹치는 단어들을 찾아내는 방식을 사용했다. 따라서 A와 B 간의 직접적인 연결성은 발견할 수 있었지만, A에서 B를 거쳐 C, D, E, F로 여러 다리를 건너 연결되는 복잡한 관계를 찾아내진 못했다. 또한 연구자들 사이의 네트워크가 새로운 연구 아이디어 발견에 영향을 미친다는 점도 반영되지 않았다. 비슷한 분야를 연구하는 사람들 사이에서는 활발한 아이디어 교류가 일어난다. 예를 들어, 라면 학술대회에 자주 참석하는 김밥 연구자는 학회에서 새로운 조리법에 관한 발표를 듣고 이를 자신의 김밥 연구에 적용할 수 있다. 그러나 라면 학술대회에 가지 않는 샐러드 연구자는 새로운 조리법을 접할 기회가 적다. 애로우스미스는 이러한 정보를 반영하지 않았다.

2023년에 발표된 한 연구는 인공지능을 사용해서 수많은 논문 사이의 연결고리를 찾아냈다.[17] A라는 주제를 다룬 논문 저자인 B가 C라는 논문도 썼고, 논문 C의 제목에 나온 D라는 이론이 논문 E의 초록에 등장했고, 논문 E의 저자인 F는 G라는 논문도 썼다는 식으로 연결고리를 따라갔다. 논문 G의 공저자인 H가 쓴 또 다른 논문 I에는 J라는 주제가 등장하니까, A와 J의 관계를 조사하는 새로운 연구 아이디어를 도출할 수 있다. 그리고 논문 간의 연관성을 탐색할 때 겹치는 연구자가 많은 분야 쪽으로 넘어갈 확률이 높았다. 이는 현실에서 서로 비슷한 분야를 연구하는 사람들 간에 아이디어의 교류가 활발하게 일어나는 현상을 반영한 것이다. 이렇게 만들어진 인공지능 모델은 애로우스미스같이 논문 초록의 단어만을 사용한 프로그램보다 훨씬 효과적으로 새로운 연구 아이디어를 찾아냈다. 인공지능 모델은 2020년까지 출판된 논문들을 넘나들며 코로나 바이러스 치료제 후보 물질을 예측했다. 후보 물질 중 일부는 실제로 2021년부터 연구와 임상시험을 통해 코로나 증상 완화에 효과가 있다는 사실이 밝혀졌다.

흥미로운 점은 인공지능 모델이 연구자들 간의 네트워크를 의도적으로 피해서 연구 아이디어를 찾을 때 더 좋은 아이디어를 발견했다는 것이다. 라면 연구자와 김밥 연구자, 떡볶이 연구자는 서로의 논문을 읽거나 학회에서 교류를 통해 비슷한 지식을 공유하고 새로운 아이디어를 만들어낸다. 그러나 라면, 김밥, 떡볶이 연구자들같이 연구 분야가 겹치는 사람들을 벗어나 이누이트 전통 음식이나 우주 식량처럼 거리가 있는 새로운 분야의 연결고리를 찾아가다 보면 더 훌륭한 아이디어가 나왔다는 것이다.

인공지능을 연구 아이디어 도출에 활용하는 또 다른 방법은 바로 인공지능 도구의 환각 현상을 활용하는 것이다.[18] 인공지능의 환각은 "조선왕조실록에 세종대왕이 맥북 프로를 던진 사건이 기록되어 있다"거나 "이순신 장군이 항공모함을 이끌어 왜적을 물리쳤다"는 등 사실과 다른 정보를 마치 진짜인 것처럼 답하는 현상이다. 챗지피티 같은 인공지능 거대 언어 모델은 수많은 자료를 학습한 후 사용자의 질문에 가장 가능성이 높아 보이는 단어들을 엮어 답변을 생성한다. 이 과정은 어떻게 보면 서로 다른 분야의 논문들 사이에서 자주 함께 등장하는 단어들을 찾는 것과 비슷하다. 환각 현상은 보통 인공지능의 한계로 지적되지만, 새로운 연구 아이디어를 찾을 때에는 오히려 장점이 되기도 한다. 인공지능이 사실이 아닌 정보를 그럴듯하게 엮어내는 환각 현상 중 일부는 단순한 오류가 아니라 인간이 미처 발견하지 못했지만 실제로 연결돼 있을지도 모르는 새로운 관계를 드러내는 계기가 될 수도 있다.

전문 지식과 창의성을 갖춰야 하는 연구 분야에서도 인공지능은 새로운 아이디어를 생성할 수 있다. 인공지능은 여러 학술자료를 분석해 A와 B가 연결되어 있고, B와 C도 관련이 있음을 찾아낸다. 그러나 인공지능은 아직 A와 B, C의 관계를 설명하는 통합된 이론을 만들지는 못한다. 그럼에도 불구하고 인공지능은 인간이 볼 수 있는 것보다 많은 학술자료를 검토하고 인간이 놓치기 쉬운 학술자료 간의 연결을 발견한다. 각 학문 분야에서 날마다 출판되는 논문과 한 분야의 전문가가 되기 위해 익혀야 하는 지식의 양은 늘어나고 있다. 따라서 대량의 자료를 효율적으로 처리할 수 있는 인공지능을 적절히 활용한다면 인간 연구자의 기존 연구 방식을 빠르게 발전시키는 데 도움이 된다.

최근에는 인공지능을 동료 연구자처럼 활용하는 방법도 등장했다.[19] 대부분의 연구자는 혼자서 연구하지 않는다. 분야마다 다소 차이는 있지만 많은 연구실에서 구성원들이 정기적으로 모여 서로의 연구 진행 상황을 공유하고 피드백을 주고받거나, 최신 논문을 같이 읽고 토론하는 시간을 갖는다. 공식적인 연구 미팅 외에도 학회나 세미나 같은 학술 행사에서 연구 아이디어를 얻기도 한다. 이러한 다양한 형태의 학술 교류는 연구 아이디어를 생성하고 발전시키는 데 큰 역할을 한다.

스탠퍼드 대학이 개발한 버추얼 랩Virtual Lab이나 구글이 만든 'AI 공동 과학자AI Co-Scientist' 같은 도구는 인공지능으로 구성된 가상의 연구팀을 만들어 인공지능끼리 인간 연구자들처럼 연구 회의를 하게 했다. 실제 인간의 연구 미팅에 다양한 배경 지식과 경력을 가진 연구자들이 참가하는 것처럼 서로 다른 전문성과 역할을 가진 인공지능 캐릭터를 여럿 만들어 서로 대화를 나누게 했다. 인공지능이 스스로 회의를 진행하며 새로운 아이디어를 제안하고 토론하는 모습을 본 인간 연구자들은 동료 연구자들과 직접 연구 회의를 하는 것과 상당히 비슷하다고 평가했다. 물론 연구용 인공지능 역시 다른 인공지능 도구들처럼 여러 한계가 있다. 사실이 아닌 정보를 진짜처럼 이야기하기도 하고 편향된 응답을 하기도 한다. 따라서 여전히 전문 지식을 갖춘 인간 연구자가 인공지능의 대화 내용을 확인하고 평가해야 한다. 그럼에도 불구하고 이러한 인공지능 도구는 나와 다른 관점의 의견을 얻고 사고의 폭을 넓혀주는 유용한 도구가 될 수 있다.

인공지능 연구 윤리

인공지능이 연구 과정 전반에 걸쳐 활용되는 현실에서 앞으로 인공지능의 한계와 연구 윤리에 대한 명확한 인식이 더욱 필요하다. 앞서 살펴본 여러 사례에서 나타나듯이 인공지능이 생성하는 결과물이 아무리 그럴듯해 보여도 내용이 사실

인지, 편향되고 왜곡된 내용은 없는지, 중요한 내용이 누락되지는 않았는지 등을 최종적으로 검토하고 판단할 책임은 여전히 인간 연구자에게 있다.

학술지마다 제안하는 인공지능 사용 가이드라인은 조금씩 차이가 있지만 대체로 인공지능은 저자가 될 수 없으며, 연구 과정에서 인공지능을 사용했다면 어디에 어떤 방식으로 사용했는지 투명하게 밝히고, 인간 연구자가 연구 과정과 연구 결과물에 최종 책임을 져야 함 등을 제안한다.[20] 결국 인공지능 사용 여부보다는 인공지능 사용 방법이 핵심이다.

6 인공지능의 창의성이 인간을 뛰어넘을 수 있는가?

창의성의 요건

5장에서 다양한 정보를 조합해 새로운 연구 질문을 만들어내는 인공지능 도구를 소개했다. 인공지능이 기존에 없던 새로운 질문을 생성할 수 있다면 인공지능도 인간 수준의 창의성을 가졌다고 봐도 될까? 이 질문에 답하기에 앞서, 먼저 인간의 창의성에 대해 살펴보자.

창의성은 새로운 것을 만들어내는 능력이다. 그러나 단순히 새롭기만 해서는 부족하다. 독창적이면서도 유용하고 가치 있어야 한다. 흔히 천재들만 높은 창의성을 보인다고 여긴다.

그러나 창의성은 천재처럼 특별한 사람들만 가진 능력이 아니다. 세상을 뒤흔드는 혁신적인 아이디어를 내는 사람은 드물지만, 창의성은 문제 해결을 위해 새로운 해결책을 고안해내는 과정에 사용되므로 우리 모두 일상 속에서 소소하게 창의성을 발휘하고 있다.

어떻게 하면 높은 창의성을 가질 수 있을까? 창의성에 관한 오해 중 하나는 많은 지식을 단순 암기하는 행위는 기존의 틀에서 벗어나야 하는 창의적인 생각을 방해한다는 속설이다. 그러나 창의적인 생각은 기존 지식을 새로운 방식으로 조합하는 데서 비롯된다. 따라서 많은 지식을 가지고 있을수록 더 다양한 조합을 시도할 수 있고, 창의적 아이디어가 나올 가능성도 커진다. 실제로 네덜란드 델프트 공과대학Delft University of Technology 연구진은 디자인 전공 대학생들이 다양한 지식을 쌓을수록 더 창의성 높은 작품을 만들어낸다는 결과를 보고했다.[1]

아이들은 종종 어른들을 놀라게 할 만큼 창의적인 표현을 한다. 우리는 모두 창의적인 아이에서 경직된 어른으로 변해버린 걸까? 아이들은 어른만큼 많은 지식을 쌓지 않은 상태다. 아이가 무언가를 표현하고 싶은데 정확한 단어를 모르면, 자기가 알고 있는 단어 중에 비슷하다고 생각되는 것을 대신 사용한다. 사람한테 써야 하는 표현을 동물이나 사물에 쓰는 식이다. 아이는 참신한 표현을 만들려고 의도하지 않았지만, 어른의 입장에서는 독창적인 은유로 들리기도 한다. 서로 다른 범주의 지식을 결합하는 이러한 과정이 바로 창의적 사고를 만드는 방식이다. 창의성을 발휘하려면 일단 지식을 쌓아야 한다. 그러나 단순히 많이 배우는 것만으로는 부족하다. 아이들이 어른들이 쓰지 않는 독특한 단어 조합을 사용하듯 하나의 지식과 다른 지식을 새로운 방식으로 연결할 수 있어야 한다.

한 분야의 지식을 깊이 배우다 보면 그 분야의 전문가가 될 수 있다. 특정 분야의 전문가는 그 분야의 지식이 풍부하고 문제를 해결하는 과정에도 익숙하다. 그래서 새로운 문제에 직면했을 때도 가장 잘 알고 있는 방식으로 해결하려는 경향이 있다. 그러다 보니 자기 분야를 벗어나는 생각을 잘 하지 못하는 기능적 고착functional fixedness에 쉽게 빠진다.

심리학자 카를 던커Karl Duncker는 참가자들에게 성냥, 양초, 압정을 가득 담은 상자를 주고 양초를 벽에 고정할 방법을 찾게 했다. 많은 참가자가 압정을 양초에 꽂아 벽에 고정하거나 양초에 불을 붙이고 촛농으로 고정하려고 했으나, 제대로 되지 않았다. 사실 이 문제의 해결 방법은 간단했다. 상자에서 압정을 모두 꺼낸 후 압정으로 상자를 벽에 고정한다. 그리고 상자 위에 양초를 세우면 된다. 사람들이 이 단순한 해결책을 바로 떠올리지 못한 이유는 상자를 압정을 담는 용도로만 인식하는 기능적 고착에 빠졌기 때문이다. 압정이 든 상자 대신 빈 상자와 압정을 제공했을 때는 사람들이 기능적 고착에서 벗어나 쉽게 양초 문제를 해결했다.[2]

텍사스 A&M 대학 연구진의 또 다른 연구도 비슷한 결과를 보여준다. 연구진은 사람들에게 외계 행성에서 거주하는 새로운 생명체를 그려보라고 했다.[3] 한 집단의 참가자들에게는 날개와 더듬이가 있는 생명체나 꼬리가 있는 생명체 같은 가상의 예시를 보여줬고, 다른 한 집단에게는 아무런 예시를 보여주지 않았다. 실험 결과, 예시를 봤던 집단의 참가자들이 그린 외계 생명체는 날개, 더듬이, 꼬리 등 예시 생명체가 가진 특징을 많이 포함했다. 완전히 새로운 생명체를 상상해보라는 지시를 받았지만, 이미 봤던 예시의 영향을 받아 덜 창의적인 생명체를 그린 것이다.

창의성을 발휘하는 과정은 무림 고수가 되어가는 과정과 비슷하다. 무협 소설에서 주인공은 먼저 초식을 배운다. 초식은 무기를 사용하거나 몸을 움직여 공격하고 방어하는 기술을 연결한 연속 동작을 말한다. 시간이 지나 주인공의 실력이 쌓이면 여러 초식을 상황에 따라 다양한 방식으로 연계한다. 동시에 초식에 정해진 동작을 그대로 따라하는 게 아니라 상대방의 공격이나 방어 형태에 맞춰 초식의 일부를 변형하는 변초를 쓰기 시작한다. 마침내 주인공이 고수의 경지에 오르면 초식에 얽매이지 않는 무공을 구사한다. 기껏 배운 초식을 결국에 사용하지 않게 된다면 고생해가며 초식을 배운 게 다 무슨 소용인가 싶을 수 있다. 그러나 무협의 세계에선 초식을 통달하지 않으면 초식에 구애받지 않고 유연하게 변화하는 무공의 단계로 넘어갈 수 없다.

창의성도 이와 같다. 창의적 사고는 기존에 없던 새로운 아이디어를 만들어내는 것이다. 그러나 창의적인 생각을 하려면 우선 무공의 초식을 익히듯 기존의 지식을 충분히 배우는 과정이 필요하다. 그리고 여러 무공의 초식을 연계하거나 변초를 쓰듯이 다양한 분야의 기존 지식을 연계하고 변형하는 과정을 거쳐야 한다. 결국에는 정해진 초식을 벗어나 자유롭게 변화하는 움직임을 보이듯이 기존 지식의 틀을 벗어나 새로운 생각을 떠올리게 되는 것이다.

정리하면, 창의성을 발휘하려면 어느 정도의 기초 지식을 갖춰야 한다. 그리고 기존의 지식을 다른 방식으로 활용하거나 서로 다른 분야의 지식을 결합하는 확산적 사고divergent thinking가 필요하다. 노스웨스턴 대학 경영대학 연구진이 여러 학문 분야에 걸쳐 17만 9천 편에 달하는 논문을 분석했더니, 가장 창의적이고 학계에 큰 영향을 미친 논문들은 특정 분야의 잘 알려진 지식을 바탕으로 그 분야를 벗어난 새로운 영역의 지식을 결합한 경우가 많았다.[4] 즉, 폭넓은 지식을 갖추고 있으면서도 기존의 지식에 얽매이지 않고 다양한 방향으로 확산적 사고를 할 때 창의성이 발휘된다.

심리학자들은 다양한 과제를 통해 창의성을 측정한다. 그중 하나가 대체 용도 과제Alternative Uses Test로, 벽돌을 발받침이나 무기로 쓰는 것처럼 일상적인 물건을 본래 용도와는 다르게 활용할 수 있는 방법을 최대한 많이 찾아내는 과제다. 새로운 사용법을 얼마나 많이 찾아냈는지는 물론 얼마나 다양한 상황을 제시했는지, 사용법이 얼마나 독창적인지 등을 평가해 창의성을 측정한다. 종이컵을 물 마시기나 아이스크림 담기, 쌈장 종지로 쓰기 등의 일상적인 답은 높은 점수를 받기 어렵다. 반면 종이컵으로 모기를 잡아 가둬놓기나 그림 그릴 때 원을 그리는 틀로 쓰기처럼 종이컵이라는 물체의 원래 용도와 의미에서 벗어난 답변은 조금 더 높은 점수를 받는다.

이러한 창의성 과제를 수행할 때 인간 뇌의 다양한 영역이 활성화된다. 그중에서도 집중하지 않고 멍하니 있을 때나 자유롭게 여러 생각을 떠올릴 때 활성화되는 디폴트 모드 네트워크default mode network 영역, 그리고 집중하고 체계적으로 과제를 수행할 때 활성화되는 전두두정 통제 네트워크frontoparietal control network 영역이 창의성 과제에 관여하는 것으로 보인다.[5] 서로 상반된 사고 과정처럼 보이는 '특정한 목표를 가지고 집중하기'와 '자유롭게 상상하고 연합하기'가 동시에 작동하는 것이다.

흥미롭게도 창의성이 높은 사람들의 뇌에서는 여러 영역이 비효율적으로 연결되기도 한다.[6] 뇌 영역들이 가장 효율적인 형태로 정보를 주고받는 대신, 굳이 긴밀하게 연결될 필요가 없어 보이는 영역들이 서로 정보를 주고받는 모습이 관찰된다. 창의적인 생각이 다양한 분야의 지식을 조합하는 데에서 나오는 것처럼, 뇌에서도 평소에 잘 연결되지 않던 영역들

이 새롭게 이어지고 여러 형태의 정보 처리 과정이 활발하게 이루어질 때 창의성이 발휘된다.[7]

창의적 아이디어를 잘 만들어낼 수 있는 또 다른 방법은 바로 아이디어를 최대한 많이 만들기다. 즉, 양으로 승부하는 것이다. 미국 특허청이 승인한 특허권 중 무려 1,093개를 토마스 에디슨 한 사람이 보유하고 있다.[8] 에디슨이 보유했던 특허 중에는 사실상 쓸모 없는 것들도 많았지만, 많은 아이디어 속에서 유용한 것들이 탄생할 수 있었다. 노벨 화학상과 평화상을 수상한 라이너스 폴링 Linus Pauling은 "좋은 아이디어를 발견하는 최고의 방법은 많은 아이디어를 만들어낸 후 나쁜 아이디어를 버리는 것"이라는 말을 남겼다. 소설가 스티븐 킹 Stephen King도 《유혹하는 글쓰기》에서 작가가 되려면 많이 읽고 많이 써야 한다고 조언했다. 그리고 "이 두 가지를 슬쩍 피해갈 수 있는 방법은 없다. 지름길도 없다"고 강조했다. 실제로 다수의 베스트셀러 소설을 집필한 스티븐 킹은 매일 열 페이지 분량의 글을 썼고, 휴일에도 글쓰기를 멈추지 않았다고 한다. 그렇게 석 달 동안 매일 열 페이지 정도를 쓰면, 장편 소설 한 권이 나오는 셈이다. 이처럼 창의적 아이디어는 어느 날 갑자기 떠오르는 영감이라기보다는, 목표를 이루기 위해 다양한 생각을 연결하고 확장하는 꾸준한 노력이 쌓인 결과물이다.

알파고와 뮤제로가 따라잡은 인간의 창의성

이제 인공지능으로 넘어가보자. 5장에서 살펴본 바로는, 인공지능이 인간처럼 새로운 연구 아이디어를 만들어낼 수 있었다. 인공지능이 새로운 연구 질문을 만드는 과정도 인간과 비슷하게 다양한 분야의 주제를 넘나들며 연결고리를 찾는 방식이었다. 인간은 자신의 전문 분야를 벗어나지 못하고 기능적 고착에 빠지기 쉽지만, 인공지능은 다양한 분야를 폭넓게 오가며 정보를 탐색하도록 설정이 가능하다. 인간이 확산적 사고를 할 때 더 창의적인 생각이 가능한 것처럼 인공지능도 다양한 분야를 폭넓게 오가며 정보를 탐색하도록 설정했을 때 더 나은 아이디어를 찾아낼 가능성이 높아진다.[9]

이세돌을 이긴 인공지능인 알파고AlphaGo는 처음엔 인간 바둑 기사의 기보를 학습했고, 이후 스스로 여러 게임을 하며 실력을 쌓았다. 이어서 발표된 알파고 제로는 아예 인간의 바둑 기보를 참고하지 않고 학습했다.[10] 바둑 기사들의 경기 운영 방식을 보지 않고 바둑의 기본 규칙만으로 스스로 학습한 결과, 이세돌을 이긴 알파고와 백 번 경기를 치러 백 번 모두 이기는 성과를 보여줬다. 그 다음에 등장한 뮤제로MuZero는 아예 바둑의 기본 규칙부터 스스로 배워야 했는데, 알파고 제로보다 더 뛰어난 실력을 보여줬다.[11] 인간 바둑 기사들이 가진 지식 범위에 얽매이지 않고 기존에 없던 방식으로 바둑을 두는 방법을 찾은 것이다. 현재의 인공지능 역시 인간이 창의적인 생각을 할 때와 비슷하게 기존 지식의 틀을 벗어날 때 높은 창의성을 발휘했다. 인공지능도 인간 창의성의 기본 조건인 지식 확보, 지식 연계, 꾸준한 시도를 갖추고 있으며, 특히 더 많은 정보를 빠르게 학습한다. 또한 인공지능은 전력만 공급되면 자료를 지속적으로 검토하고 새로운 방식으로 조합할 수 있다. 인공지능이 이렇게 유리한 조건을 갖췄다면 인간보다 더 혁신적인 아이디어를 낼 수 있을까?

스탠퍼드 대학 연구진은 인공지능이 만든 연구 아이디어와 인간 연구자들이 생각해낸 연구 아이디어의 질을 비교했다.[12] 우선 인간 연구자들이 10일 동안 일곱 가지 주제에 관한 새로운 연구 아이디어를 만들어냈다. 인공지능은 학술논문 데이터베이스를 참고해 동일한 일곱 가지 주제에 관한 새로운 연구 아이디어 4천 개를 생성했다. 이어서 인공지능은 4천 개의 연구 아이디어를 평가하고 그중 가장 좋은 것들을 골라냈다. 연구진은 아이디어 제출 과정에 참여하지 않은 또 다른 집단의 인간 전문가들을 모집해 인간과 인공지능이 만든 연구 아이디어들을 평가하게 했다. 전문가 그룹은 어느 아이디어가 인공지능 또는 인간이 만든 것인지 모르는 상태에서 평가를 했다. 그 결과, 전문가들은 두 집단의 아이디어가 실현 가능성 면에서는 유사하다고 판단했지만, 인공지능의 아이디어가 조금 더 새롭고 흥미롭다고 평가했다. 실현 가능성이 있고 실용성이 있으면서도 전에 없던 새로운 연구 질문을 만들어내는 데에는 분명 창의성이 필요하다. 인공지능이 인간 전문가보다 더 새롭고 흥미로운 연구 아이디어를 제시한다면 인공지능이 인간의 창의성을 넘어선 것처럼 보인다.

그러나 이 결과는 신중하게 해석해야 한다. 인간 연구자들은 새로운 아이디어를 열흘 안에 써내야 했지만, 단순히 그 기간 동안 기발한 생각이 떠오르지 않았을 수도 있다. 충분한 시간만 주어졌다면 인공지능보다 더 나은 아이디어를 만들었을 가능성도 있다. 실제로 연구자들은 자신이 이전에 수행했던 연구들과 비교하면 열흘 사이에 새로 만든 아이디어는 대략 중간 수준 정도라고 평가했다. 즉, 인공지능은 인간 전문가가 열흘 동안 만든 평범한 수준의 아이디어보다는 좀 더 나은 정도의 아이디어를 만들어냈지만, 기존 연구 분야를 뒤흔들거나 인간의 상상력 범위를 뛰어넘는 혁신적인 아이디어를 만들진 못했다. 또한 인공지능이 생성한 4천 개의 연구 아이디어를 모두 인간 전문가가 검토했더니, 2백 개 정도만 흥미로웠고 나머지는 새롭지도, 흥미롭지도 않았다.

일본의 인공지능 회사 사카나 AI Sakana AI와 영국 옥스퍼드 대학, 캐나다 브리티시 컬럼비아 대학의 연구진이 개발한 AI 과학자 AI Scientist는 연구 주제 선정부터 실험, 논문 작성까지 연구의 모든 과정을 자동으로 수행하는 도구다.[13] 몇 가지 연구 아이디어를 입력하면 AI 과학자는 논문을 검색하면서 아이디어를 발전시키고 새로운 연구 주제를 찾아낸다. 그리고 스스로 실험을 수행한다. 물론 AI 과학자는 프로그램이기 때문에 실제 실험실에서 사람이나 동물을 대상으로 실험을 수행하지는 못한다. 대신 컴퓨터 프로그램을 만들어서 인공지능 알고리즘을 구현하고 성능을 테스트하는 방식으로 스스로 실험을 수행한다. 이어서 결과를 분석해 그래프를 그리고 논문을 작성한다. 심지어 완성된 논문을 평가까지 한다. 인공지능이 연구 아이디어 제안이나 연구 수행 과정 보조를 넘어, 인간의 개입 없이 연구의 시작부터 끝까지 처리한 것이다.

연구진은 AI 과학자가 단 15달러의 비용으로 논문 한 편을 생산할 수 있다고 밝혔다. 그런데 AI 과학자가 저렴한 비용으로 인간보다 빠르게 생성한 논문은 인간이 쓴 논문보다 뛰어났을까? 권위 있는 인공지능 학회인 NeurIPS Conference on neural information processing systems에서 투고된 논문을 심사하는 기준을 사용해 AI 과학자가 생성한 논문을 평가해봤다. NeurIPS의 논문 심사자들은 논문을 검토한 후 심사평과 함께 1점에서 10점 사이의 점수를 부여한다.[14] AI 과학자가 만든 논문들은 2점에서 6점 사이의 점수를 받았다. 6점은 통과 기준을 살짝 넘는 수준, 2점은 강한 탈락 의견을 의미한다. 즉, 인공지능은 인간보다 빠르고 효과적으로 적당한 수준의 논문을 생성할 수 있지만, 아직 인간이 쓴 가장 뛰어난 수준의 논문을 따라잡지는 못했다.

학회에 발표되는 논문은 기존 연구를 발전시키거나 전에

없던 새로운 발견을 하는 등 창의성을 지녀야 한다. AI 과학자가 생성한 논문 가운데 가장 뛰어난 것이 학회의 심사 기준을 간신히 통과하는 정도라면, 인공지능이 인간보다 빠르고 효율적이지만 아직 인간의 창의성을 따라잡진 못했다고 안도감을 느낄지도 모르겠다. 그런데 NeurIPS는 원래 투고된 논문의 상당수를 탈락시킨다. 2023년에는 총 12,343개의 논문이 투고됐는데, 그중 26.1퍼센트만이 학회에서 발표됐다.

아이작 아시모프Isaac Asimov의 소설을 원작으로 한 영화 〈아이, 로봇〉에는 인간과 유사한 지능과 감정을 가진 써니라는 로봇이 나온다. 영화에서 써니는 인간을 죽였다는 혐의로 체포돼 인간 형사인 스푸너의 취조를 받는다. 로봇을 싫어하고 로봇이 인간 같은 마음을 가질 수 없다고 생각하는 스푸너는 써니에게 로봇이 인간처럼 아름다운 음악을 작곡하고 그림을 그리는 일이 가능하냐고 질문한다. 이에 써니는 "당신은요?"라고 반문하고, 스푸너는 아무런 답도 하지 못한다. 모든 인간이 피카소처럼 그림을 그리고 모차르트처럼 작곡을 하진 못한다. 명곡과 명화를 만들지 못한다고 해서 평범한 인간에게 창의성이 아예 없다고 할 수 없다. 마찬가지로, 인공지능이 생성한 논문이 권위 있는 학회의 심사 기준을 간신히 통과하는 정도라 하더라도 창의성이 아예 없다고 폄하하긴 어렵다. 인공지능이 인간처럼 어떤 문제를 해결하겠다는 구체적인 목표와 동기를 가지고 자발적으로 창의적인 생각을 떠올리지는 않는다. 그러나 창의성을 기존에 없던 무언가를 새롭게 만들어내는 것으로 한정한다면, 인공지능 역시 창의성을 가지고 있다고 볼 수 있다.

인공지능 창의성의 한계

최근 여러 연구에 따르면, 앞서 소개한 대체 용도 과제를 비롯해 확산적 사고를 측정하는 다양한 창의성 과제에서 인공지능이 인간보다 더 높은 점수를 받았다.[15] 그런데 인공지능의 창의성 점수 평균이 인간 평균 점수보다 높았지만, 가장 높은 창의성을 보인 것은 인간이었다. 예를 들어, 다섯 명의 인간이 각각 10점, 10점, 8점, 5점, 3점의 창의성 점수를 받았다면 평균은 7.2점이다. 인공지능의 답이 각각 8점, 8점, 8점, 7점, 7점을 받았다면 평균은 7.6점으로 인간의 평균보다 높다. 그러나 가장 높은 창의성 점수인 10점을 기록한 두 개의 응답은 모두 인간의 답이었다. 인공지능은 가장 창의적인 답도, 가장 진부한 답도 내놓지 않았다. 대신 대체로 평균 수준 이상의 답안을 냈다. 반면, 인간이 보이는 창의성 수준은 넓은 범위에 걸쳐 있다. 누군가는 전혀 창의적이지 않은 답을 하지만, 누군가는 인공지능이 받은 최고점을 능가하는 창의적인 답변을 한다.

인간의 창의성이 개인마다 차이를 보이는 데는 여러 가지 이유가 있다. 예를 들어, 마음속에서 강아지와 고양이는 서로 가까운 개념으로 인식되고, 뱀장어는 개나 고양이와는 거리가 있는 개념으로 자리 잡을 수 있다. 이처럼 유사한 개념들은 뇌에서도 가까운 위치에 유사한 형태로 표상된다.[16] 따라서 머릿속에서 하나의 개념이 떠오르면 그와 관련된 정보가 함께 활성화된다. 즉, 개를 보고 고양이를 떠올리는 것은 쉽지만, 개와 거리가 먼 뱀장어나 오리너구리와 같은 동물은 쉽게 연상되지 않는다. 창의성 과제에서 높은 점수를 받은 사람들은 개를 보고 자연스럽게 떠오르는 고양이라는 개념을 억제하고, 더 먼 뱀장어나 오리너구리와 같은 개념으로 연결할 수 있었던 것으로 보인다. 반면, 창의성 점수가 낮았던 사람들은 쉽게 떠오르는 연관된 개념을 억제하지 못했을 가능성이 높다. 또한, 창의성 과제를 수행하는 동안 지치거나 의욕이 떨어졌을 수도 있다.

하버드 대학 심리학과의 마자린 바나지Mahzarin Banaji 교수는 인공지능이 기존 지식 체계에 존재하지 않는 완전히 새로운 연구 결과를 예측하긴 어렵다고 주장했다.[17] 목성에는 현재까지 총 95개의 위성이 있는 것으로 알려졌다. 그중 네 개는 갈릴레오 갈릴레이Galileo Galilei가 1610년에 발견했는데, 이는 갈릴레이가 기존의 망원경보다 성능이 개선된 망원경을 사용했기에 가능했다. 그런데 16세기 이전에 인공지능이 있었다면 목성에 위성이 있다고 예측할 수 있었을까? 16세기 이전의 인공지능은 지구를 중심으로 태양계의 행성들이 돌고 있다는 천동설 이론과 성능이 상대적으로 떨어지는 망원경으로 관측한 데이터만을 학습했을 것이다. 학습한 기존의 지식을 참신한 방식으로 조합하는 인공지능은 학습한 자료에 존재하지도 않고 기존 이론으로도 설명하기 어려운 목성의 여러 위성을 예측하지 못했을 것이다. 인공지능이 만드는 아이디어는 전에 없던 새로운 것일 수 있다. 그러나 인공지능의 아이디어는 학습한 자료를 인간이 미처 발견하지 못한 새로운 형태로 조합할 뿐이지, 학습한 데이터에 존재하지 않는 완전히 새로운 것을 만들어내지는 못한다.

인공지능이 계속 새로운 지식을 생성하려면 새로운 학습 데이터가 공급돼야 한다. 그리고 그 지식은 결국 인간이 만들어낼 수밖에 없다. 인공지능은 많은 데이터만 입력되면 더 발전하는 것처럼 보이지만, 최근 연구에 따르면 인공지능이 제대로 학습을 하려면 인간이 만든 양질의 자료가 필요하다. 인공지능의 학습 과정에 인공지능이 생성한 데이터가 많이 섞일수록 결과물의 질이 떨어진다.[18] 인공지능이 만드는 자료는 인간이 만든 수많은 자료에서 일종의 평균 패턴을 반영하는 것에 불과하며 인간 세상의 다양성을 제대로 반영하지 못한다. 이러한 자료로 학습을 반복하게 되면 인공지능은 점점 오류가 많고 편향된 결과물을 내놓는다. 동종교배가 반복되면 유전적인 다양성이 떨어지는 현상과 유사하다. 이상적인 상황에서는 인간이 인간보다 더 많은 자료를 학습한 인공지능의 도움을 받아 더 효율적으로 새로운 자료를 생산하고, 그렇게 만든 정보를 인공지능이 다시 학습하는 선순환이 가능할 것이다.

휴스턴 대학과 라이스 대학 연구진은 인공지능 도구의 적절한 활용이 인간의 창의성을 향상시킨다는 연구 결과를 발표했다.[19] 참가자들은 봉투, 물병, 클립과 같은 간단한 재료를 사용해 아이들을 위한 새로운 장난감을 만드는 과제를 수행했다. 이 과정에서 참가자들은 인공지능 도구나 구글 검색을 활용할 수 있었다. 실험 결과, 구글 검색보다 인공지능 도구의 도움을 받은 참가자들이 더 창의적이고 참신한 장난감을 만들었다는 평가를 받았다. 참가자들이 직접 여러 정보를 검색하고 분석하는 것보다 이미 존재하는 여러 아이디어를 연합하고 재구성하는 인공지능의 능력이 더 효과적이었기 때문이다.

연구진은 더 나아가 정서적 공감이 필요한 창의적 과제에서도 인공지능이 도움이 되는지를 탐구했다. 예를 들어, 가족을 잃은 친구를 위로하는 선물을 골라야 한다면 친구의 현재 상태와 감정에 공감할 필요가 있다. 그런데 인간만이 할 수 있을 것 같은 이런 과제에서도 인공지능 도구가 창의적인 아이디어를 생성하는 데 더 큰 도움을 줬다. 인공지능은 인간처럼 정서적인 공감 능력은 없지만, 상황에 맞는 다양한 정보를 연합하고 맥락에 맞는 아이디어를 제시할 수는 있었다. 이처럼 인공지능이 방대한 정보를 빠르게 연결하고 새로운 조합을 만들어내는 능력을 잘 활용하면 직접 인터넷 검색으로 정보를 찾아 종합할 때보다 인간의 창의성이 더 향상된다.

인간의 창의성에 가치를 부여하는 인간

박사과정 때 연구실 맞은편에 앉아 있던 동료의 컴퓨터에 전에 보지 못했던 커다란 버튼이 연결된 것을 발견했다. 그 버튼이 무엇인지 물어보니, 버튼을 누르면 인터넷에서 검색한 로맨틱한 문구 중 하나를 무작위로 선택해 여자친구에게 문자 메시지가 전송되는 프로그램이라고 했다. 그리고 하루에 한두 번 정도 그 버튼을 눌러서 메시지를 보낸다고 했다. "직접 문자를 입력하지 않고 프로그램이 자동으로 보내는 걸 여자친구가 알면 실망하지 않을까?"라는 나의 물음에 그 친구는 이렇게 대답했다. "내가 버튼을 눌렀다는 건 일하는 중에도 간혹 여자친구를 생각했다는 뜻이라 괜찮을 거야. 그리고 내가 로맨틱한 문자를 보내기 위해 공들여 프로그램까지 만든 정성에 감동하겠지." 두 사람은 나중에 결혼했고 지금도 잘 살고 있다고 하니, 아마도 여자친구는 그의 의도와 노력을 높이 샀던 것 같다. 이처럼 인간은 단순히 행동의 결과만을 평가하기보다는 그 행동을 하게 된 의도와 감정까지도 고려한다.

결과물이 만들어지는 과정과 의도, 감정 등이 평가의 기준이 되는 것은 다음 사례에서도 잘 드러난다. 2012년, 일본 애니메이션 〈에반게리온〉 극장판 시리즈 개봉에 맞춰 스탬프 랠리 이벤트가 열렸다. 프랑스, 미국, 일본, 중국에서 열리는 〈에반게리온〉 홍보 부스에 찾아가 도장을 받아서 일본으로 오면 상품을 받을 수 있는 이벤트였다. 단기간에 여러 나라를 돌아야 하는 큰 이벤트였는데 상품의 정체도 사전에 공개되지 않았다. 전 세계에서 단 두 명의 한국인만이 실제로 네 개의 나라를 돌며 스탬프를 모두 받는 데 성공했다.[20] 공개된 상품은 항공권과 숙박권 또는 〈에반게리온〉 원작자가 그려주는 일러스트 중 하나였고, 스탬프 랠리를 완주한 두 명은 망설임 없이 원작자의 일러스트를 선택했다.

그로부터 10여 년 뒤인 2025년 상반기에 일본 지브리 애니메이션 스튜디오의 화풍으로 그림을 생성해주는 인공지능 서비스가 전 세계적으로 유행했다. 사람들은 자신의 SNS 프로필 사진을 지브리 스타일로 바꾸거나 네 컷 만화를 만들며 인공지능의 그림 생성 기능을 즐겼다. 인공지능은 〈에반게리온〉의 그림 스타일도 학습해서 원작자가 그린 것처럼 보이는 일러스트도 무수히 만들어낼 수 있을 것이다. 그러나 아무리 인공지능이 〈에반게리온〉 원작자의 스타일과 구분이 안 될 정도로 정교한 일러스트를 생성한다 하더라도, 스탬프 랠리 완주자들에게는 큰 의미가 없을 것이다. 이들이 선택했던 일러스트는 단순한 그림이 아니라 자신이 원하는 캐릭터를 원작자가 직접 그린, 세상에 단 하나뿐인 작품이다. 게다가 그 일러스트를 얻기 위해 들인 시간과 노력, 그리고 감정과 추억이 담겨 있다. 이처럼 인간의 손길이 닿은 창작물에는 인공지능이 대체하기 어려운 고유한 가치가 부여된다.

인공지능은 인간의 창의성을 측정하는 과제에서 인간보다 높은 점수를 받기도 하고, 인간 연구자처럼 연구 아이디어도 생성해낸다. 또한 미술 공모전에서 인공지능이 만든 작품이 인간의 작품을 제치고 수상을 하거나, 인공지능이 쓴 소설이 출판되는 일도 이젠 놀랍지 않다.[21] 하지만 인간의 창의성은 단순히 결과물의 우수성만으로 평가되지 않는다. 그 안에는 인간 고유의 의도와 노력, 마음이 담겨 있어 인공지능의 창의성과 구별된다. 원숭이가 피아노 건반을 내리치다가 우연히 아름다운 멜로디를 쳤다고 해서 원숭이를 창의적인 음악가라 생각하지 않듯이, 창의성에는 결과물에 깃든 인간의 노력과 마음이 포함된다. 실제로 사람들은 똑같은 결과물이라 하더라도 인공지능이 만들었다고 생각하면 창의성 점수를 더 낮게 평가하는 경향이 있다.[22] 결국 창의성에 가치를 부여하고 이를 평가하는 주체는 인간이기 때문이다.

7 인공지능 사용이 인지기능을 떨어뜨리는가?

기억의 외주화

코로나 팬데믹 동안 비대면 수업과 함께 시험도 비대면으로 진행되면서 시험 감독이 어려워져 내 수업에서는 학생들이 다양한 자료를 자유롭게 참고할 수 있는 오픈북open-book 방식을 도입했다. 팬데믹이 끝나고 대면 수업이 시작되면서 일부 과목은 다시 기존의 클로즈드북closed-book 방식으로 돌아왔지만, 학생들은 대체로 오픈북 시험을 더 선호하며 불안감도 덜 느낀다.[1] 흥미롭게도 같은 문제로 시험을 봤을 때 클로즈드북 시험의 평균 점수가 오픈북 시험보다 약간 더 높았다.[2] 이는 학생들이 오픈북 시험에 익숙하지 않고 시험 중 자료 검색에 많은 시간을 쓴 탓일 수 있다. 또 다른 이유는 학생들의 태도 변화다. 오픈북 시험을 보는 과목에서 결석을 더 많이 하기도 하고, 시험 준비에 쓰는 시간도 줄었다.[3] 시험 중 모르는 내용이 나와도 교재를 찾아보면 된다는 생각이 시험과 수업을 대하는 태도를 바꾼 것이다.

하버드와 컬럼비아 대학 연구진은 사람들에게 "타조의 뇌는 타조의 눈보다 작다" 같은 잡학 지식 문장을 컴퓨터에 타이핑하도록 했다.[4] 참가자가 문장을 입력하고 버튼을 누르면 문장이 사라졌고, 다음 문장을 입력할 수 있었다. 실험 참가자 중 절반은 버튼이 문장을 컴퓨터에 저장하는 기능을 하며, 나중에 저장된 내용을 확인할 수 있다는 설명을 들었다. 나머지 절반은 버튼은 화면의 문장을 지우는 기능을 한다고 안내받았다. 연구진은 참가자들이 모든 문장을 입력한 후에 각 문장을 얼마나 잘 기억하는지 검사했다. 실험 결과, 사람들은 '문장이 저장된다'고 믿는 경우보다 '문장이 지워진다'고 믿는 경우 더 많은 정보를 기억했다. 오픈북 시험에 대비를 소홀히 했던 학생들처럼 나중에 다시 정보를 확인할 수 있다는 기대가 기억 저장을 방해한 것이다.[5]

멋진 장소에 가거나 맛있는 음식이 나왔을 때 사람들은 사진을 찍는다. 그런데 기억에 남는 순간을 오래 간직하기 위해 인증샷을 찍는 행동이 오히려 그 순간의 기억을 더 잊기 쉽게 만든다.[6] 얼굴이 잘 나왔는지, 눈은 감지 않았는지 살펴보고 각도를 바꿔가며 사진을 찍는 데 주의를 기울이느라 정작 그 순간의 경험에는 집중하지 못하게 된다. 동시에 카메라로 사진을 찍는다는 행동 자체가 기억 저하를 유발할 가능성이 높다. 카메라에 사진이 저장됐으니 굳이 뇌가 기억할 필요가 없다고 판단하기 때문이다. 사진을 찍은 후 다시 그 사진을 찾아보지 않는 경우가 많다는 것 역시 기억이 흐려지는 데 한몫 했을 것이다. 당장 내 핸드폰 앨범에도 나중에 읽어보려고 캡처한 논문 첫 페이지 사진이 수십 장이 넘어가지만, 1년이 넘도록 그 논문들을 다시 찾아보지 않았다.

인지적 떠넘기기

이처럼 사람들이 외부의 기억에 의존하고 머릿속에 정보를 덜 저장하는 현상은 여러 심리학 연구에서 확인할 수 있다. 또 다른 예를 살펴보자. 인간의 시각 단기기억은 시각 정보를 짧은 시간 동안 저장한다. 시각 기억의 용량을 측정하기 위해 간단한 기억 과제를 사용하는데, 우선 참가자에게 서로 다른 색의 사각형 여러 개를 짧게 보여주고 기억하게 한다. 1~2초 정도 후에 다시 사각형들을 보여주는데, 이때 사각형의 색이 모두 그대로이거나 한 개만 다른 색으로 변한다. 참가자는 기억하고 있는 색들이 그대로 나왔는지 아닌지 답한다. 기억해야 하는 색 사각형의 수가 네 개를 넘어서면 참가자들의 반응 정확도가 떨어지게 된다. 이러한 결과를 바탕으로 연구자들은 인간의 시각 단기기억에는 대략 네 개 물체 정도의 정보를 저장할 수 있다고 추정했다.[7]

한 번에 네 개까지 기억하는 단기기억의 용량이 너무 작다고 느껴질 수도 있다. 그런데 옥스퍼드 대학의 연구에 따르면 네 개라는 단기기억 용량도 실제보다 과다 추정된 값이다.[8] 일반적인 단기기억 실험에서는 기억해야 할 정보를 짧게 보여주고 사라지게 만들지만, 일상생활에서 눈앞에 보이는 물체가 갑자기 사라졌다 다시 나타나는 일은 일어나지 않는다. 실제 일상에서 기억해야 하는 정보는 갑자기 사라지지 않고 필요하면 다시 찾아볼 수 있을 때가 많다.

연구진은 기억해야 할 정보가 사라지지 않고 다른 곳에 남아 있는 상황에서 기억 용량을 측정했다. 사람들은 가상현실 장비를 착용하고 실험에 참가했다. 가상현실 공간 속에서 실험 참가자들은 오른쪽에 놓인 여러 개의 물체를 기억하고, 자신의 정면에 있는 상자에서 물체를 꺼내 오른쪽과 똑같은 형태로 배열하는 과제를 수행했다. 단기기억의 용량을 고려하면 참가자들은 오른쪽으로 고개를 돌려 네 개의 물체를 기억한 후 정면을 보고 네 개의 물체를 배열할 것이라 예상할 수 있다. 그러나 실험 결과, 사람들은 기껏해야 한 번에 한 개나 두 개 정도의 물체만을 기억하며 단기기억 용량을 충분히 활용하지 않았다. 즉, 물체를 네 개씩 기억하는 대신 오른쪽의 배열에서 한 개의 물체를 기억하고 정면에 하나의 물체를 배치한 뒤 다시 오른쪽으로 고개를 돌려 또 하나의 물체를 기억하기를 반복했다. 어차피 기억해야 하는 물체들은 사라지지 않고 남아 있을 테니, 기억 용량을 꽉 채우는 노력을 하는 대신 오른쪽에 남아 있는 물체들을 필요할 때마다 보며 일종의 외장기억으로 쓴 것이다.

심리학자들은 이와 같이 정신적인 노력을 줄이기 위해 여러 보조 수단을 활용하는 것을 인지적 떠넘기기cognitive offloading라고 부른다.[9] 문 앞에 택배를 누가 보낸 것인지 확인하기 위해 집어 들었는데, 송장이 오른쪽으로 90도 돌아간 상태라고 해보자. 아마 택배 상자를 왼쪽으로 돌리거나 머리를 기울여서 송장에 인쇄된 글을 확인할 것이다. 사실 옆으로 돌아간 상태의 송장에 적힌 글씨도 읽을 수 있다. 그러나 돌아간 글을 읽어야 할 때 글자 수가 많을수록 머리를 기울이거나 상자 자체를 돌려서 글자의 방향을 바꾸는 행동을 취하는 비율이 올라간다.[10] 가급적 정신적 노력을 덜 하는 방향으로 행동한 것이다. 이러한 행동은 물론, 핸드폰 주소록에 전화번호 저장하기나 캘린더에 일정을 기록하기, 마트에서 살 물건들을 메모하기 같은 일상적인 행동도 인지 자원 대신 외부 기억을 활용하는 인지적 떠넘기기의 일종이다.

기억 용량이 부족하거나 인지기능이 떨어져서 외부 보조 수단을 선호하는 것은 아니다. 기억 용량이 평균보다 큰 사람들 역시 인지적 떠넘기기를 자주 사용하고, 또 사람들은 과제 수행에 딱히 도움이 되지 않는 상황에서도 인지적 떠넘기기를 많이 사용한다.[11] 4~5세 아이도 인지적 떠넘기기 전략을 사용하며 나이가 들수록 더 효과적으로 인지 자원과 외부 환경을 활용하는 법을 익히게 된다.[12] 독일 트리어 대학University of Trier과 루트비히스부르크 교육대학Ludwigsburg University of Education 연구진은 인지적 떠넘기기가 학습에 어떤 영향을 미치는지 실험을 통해 확인했다. 연구진은 참가자들에게 두 개의 단어 목록을 외우게 했다. 한 집단은 첫 번째 목록을 학습한 뒤 컴퓨터에 저장할 수 있으며, 시험 전에 다시 열어볼 수 있다고 안내받았다. 그리고 두 번째 목록의 학습을 시작했다. 반면, 다른 집단은 첫 번째 목록을 다시 확인할 기회가 없다고 안내받은 뒤 두 번째 목록을 학습했다.[13] 실험 결과, 첫 번째 목록을 저장할 수 있다고 들은 참가자들이 두 번째 목록을 훨씬 더 잘 기억하는 것으로 나타났다. 첫 번째 단어 목록은 저장돼 있다고 생각한 참가자들이 인지적 떠넘기기를 통해 남는 인지 자원을 두 번째 단어 목록 학습에 사용했기 때문이다.

이처럼 인지적 떠넘기기는 한정된 인간의 인지 자원을 효과적으로 활용하는 방법이다. 복잡한 스케줄을 모두 기억하려 애쓰는 대신 캘린더에 기록하고 알람을 설정하면 더 중요한 일에 집중할 수 있다. 또한 나중에 필요한 정보는 굳이 지금 머릿속에 담는 대신 메모장에 적어두면 정보의 왜곡이나 망각이 방지될 뿐만 아니라 정신적 에너지도 절약할 수 있다.

내비게이션이 널리 쓰이기 이전, 영국 런던에서 택시 기사 면허를 취득하려면 복잡한 지리를 익히고 시험에 통과해야 했다. 런던의 택시 기사들은 평균 2년 정도 훈련을 받았다. 이처럼 오랜 기간 복잡한 런던의 길을 익히고 매일 새로운 경로를 탐색하는 택시 기사들의 뇌에서는 공간 정보와 기억을 처리하는 해마 영역이 발달했다.[14] 그러나 택시 기사만큼 장시간 운전을 하는 버스 기사에게서는 해마 크기 변화가 관찰되지 않았다. 버스 기사는 정해진 경로만 반복해서 운행하지만, 택시 기사는 매번 새로운 길을 탐색해야 하기에, 해마의 발달 이유는 운전 반복보다 복잡한 공간 정보 처리 과정의 반복 때문이라고 볼 수 있다. 운동을 꾸준히 하면 근육이 단련되는 것처럼 인지기능 역시 반복 훈련으로 향상될 수 있고, 인지기능과 관련된 뇌 영역의 구조도 변하게 된다. 반대로 인지기능을 오랜 기간 사용하지 않으면 점차 그 기능이 떨어질 가능성이 높다.

이스라엘의 네게브 벤구리온 대학Ben-Gurion University of the Negev에서 이와 관련한 실험을 수행했다. 참가자들을 두 그룹으로 나눠 한 그룹은 종이에 인쇄된 지도를 학습한 후 목적지까지 운전하게 했고, 다른 그룹은 핸드폰 내비게이션 앱의 안내를 따라 운전하게 했다.[15] 실험 결과, 내비게이션에 의존해 운전한 사람들은 지도를 공부하고 운전한 사람보다 길에 어떤 지형지물이 있었는지, 교차로에서 어느 쪽으로 갔었는지 등을 부정확하게 기억했다. 지도를 기억하고 자신의 위치와 경로를 머릿속 지도와 비교하는 정보 처리 과정이 더 정확한 공간 기억으로 이어진 것이다. 캐나다 맥길 대학에서도 비슷한 연구가 진행됐다.[16] 이 연구 역시 내비게이션을 더 많이, 더 오래 사용할수록 공간 인지 능력이 떨어지는 경향이 있음을 보여줬다. 경로 설정과 길 안내를 내비게이션이 대신하면서 인간의 공간 인지기능이 영향을 받은 것이다.

새로운 기술이 도입될 때마다 인간의 인지기능이 저하될지도 모른다는 우려는 꾸준히 제기됐다. 수학 수업에서 계산기 사용을 둘러싼 논란이 대표적인 예다. 계산기 사용을 찬성하는 쪽에서는 단순 계산을 반복하는 데 시간을 쓰지 않게 되면 수학 개념 이해와 문제 해결 능력에 집중할 수 있다고 주장했다. 계산기 사용을 반대하는 쪽은 기본 연산 능력과 수학 실력을 키우기 위해 직접 계산을 해야 한다고 주장했다. 1986년, 미국 코네티컷주는 공립 학교에 계산기를 보급하고 시험에서 사용을 허용했다.[17] 1994년에는 미국 대학 입학 때 사용되는 SAT Scholastic Aptitude Test에서도 계산기 사용이 가능해졌다.[18] 이후 여러 연구 결과, 계산기 사용이 학생들의 수학 실력에 부정적인 영향을 끼치지 않는 것으로 나타났다.[19] 오히려 계산기를 사용했던 학생들이 수학에 대해 더 긍정적인 태도를 보였다.[20] 결국 인지적 떠넘기기가 인지기능에 미치는 영향은 활용 방식에 따라 달라진다. 단순하고 반복적인 연산은 계산기에 맡기고 인간은 문제를 해석하거나 해결 방법을 찾는 데 집중하듯이, 인간의 판단이 거의 필요 없는 단순 반복 작업을 인공지능에 맡기면 남는 인지 자원을 더 중요한 과제에 투입할 수 있다.

인지기능을 저하시키는 사고의 자동화

〈테트리스〉를 열심히 연습해 〈테트리스〉 고수가 되었다고 해서 〈리그 오브 레전드〉 실력까지 좋아지는 것은 아니다. 〈리그 오브 레전드〉의 티어를 올리고 싶다면 당연히 〈리그 오브 레전드〉를 집중적으로 연습해야 한다. 인지기능 향상도 이와 비슷하다. 특정 인지기능 훈련을 반복하면 그 인지기능은 향상되지만, 훈련하지 않은 다른 인지기능도 함께 변화하진 않는다.[21]

기존의 여러 기술은 인간의 특정 인지기능을 보조하는 역할을 했다. 계산기는 문제 풀이 과정에서 복잡한 연산을 자동화해주지만 문제를 해결하기 위한 사고 과정 자체를 대신하지는 않았다. 따라서 새로운 기술의 도입으로 일부 인지기능을 덜 쓰게 된다고 해도 다른 인지기능 전반에 큰 영향을 미치지는 않았다. 내비게이션에 의존해 운전을 하게 되면 공간 기억

과제 수행이 떨어지지만, 그렇다고 모든 종류의 기억력이 다 떨어지진 않는다.[22]

인공지능이 일상의 여러 작업에 쓰이는 요즘은 과거에 새로운 기술이 도입되는 때와 달리 더 고려해야 할 점들이 많다. 최근 인공지능 기술은 이전과는 다르게 더 많은 인지기능을 보조하거나 대체하는 역할을 한다. 예를 들어, '계산기 사용이 수학 실력 향상에 미치는 영향'을 주제로 보고서를 작성한다고 가정해보자. 먼저 인터넷에서 관련 자료를 검색하면 계산기가 수학 실력에 긍정적인 영향을 미친다는 자료와 그렇지 않다는 자료가 모두 나올 것이다. 이때 각 자료의 신뢰도를 평가하고, 어떤 결론을 지지하는 자료가 더 많고 더 충분한 근거를 갖추고 있는지를 판단해야 한다. 또한 보고서에 어떤 자료를 어떤 순서로 반영할지 구성도 고민해야 한다. 초안을 작성한 후에는 내용이 논리적인지, 근거가 부족하지 않은지, 표현이 자연스러운지를 검토해야 한다.

이처럼 보고서를 작성하는 과정은 자료 검색, 분석, 구성, 작성, 검토 등 다양한 인지기능이 필요하다. 최근 인공지능 기술은 이 모든 과정을 상당 부분 자동화해준다. 스탠퍼드 대학 연구진이 개발한 인공지능 도구는 사용자가 입력한 주제를 바탕으로 위키피디아 페이지와 같은 설명 글을 자동으로 생성해준다.[23] 이 도구는 글을 작성하는 과정에서 스스로 질문을 던지고, 그 답변을 글에 반영하는 작업을 반복한다. 마치 인간이 글을 쓰며 전문가의 자문을 구하거나 주변 사람들의 피드백을 받아 수정하는 과정과 유사하다. 이미 대학에서도 인공지능을 사용해 보고서 주제에 대한 아이디어를 얻고 관련 자료를 검색해 내용을 작성하는 학생들을 쉽게 볼 수 있다. 다 쓴 보고서를 인공지능에게 평가하게 해 퇴고를 하기도 한다. 즉, 인공지능이 단순히 기억 부담을 덜어주거나 반복 작업의 일부를 대신해주는 정도를 넘어 복잡한 과제 수행의 전 과정에서 폭넓은 인지기능을 대신하는 것이다. 이러한 상황이 반복된다면, 새로운 아이디어를 만들어내는 창의력은 물론, 분석적 사고력과 비판적 사고력 같은 고차원적 인지기능까지도 인공지능에 의존하게 될 가능성이 크다. 이는 결국 인간의 고위 인지기능 전반에 부정적인 영향을 끼칠지도 모른다.[24]

인공지능 사용이 뇌에 끼치는 영향

MIT 미디어랩의 연구자들은 사람이 인공지능의 도움을 받아서 쓴 글과 아무런 도움을 받지 않고 자신의 힘으로 쓴 글을 비교해봤다.[25] 인공지능의 도움을 받아 작성한 글은 대체로 비슷한 주제를 다루고 구조기 정형화된 반면, 스스로 쓴 글은 좀 더 다양하고 개성 있는 형태였다. 또한 인공지능을 사용해 글을 작성한 사람들은 자신이 직접 쓴 글임에도 불구하고 내용을 잘 기억하지 못했다.

연구진은 사람들이 인공지능의 도움을 받거나 도움 없이 스스로 글을 쓸 때 뇌에서 어떤 반응이 나타나는지도 측정했다. 그 결과, 자기 힘으로 글을 쓴 사람들의 뇌에서는 여러 영역이 넓은 범위에 걸쳐 활발하게 상호작용했고 영역 간 연결성이 높게 나타났다. 정보를 회상하고 통합한 뒤 이를 글로 구조화하는 복잡한 인지 과정에 뇌의 여러 영역이 활발히 반응하고 영역 간 정보 교환이 이뤄졌다. 그러나 인공지능 도구를 사용한 사람들의 뇌에서는 영역 간 연결이 상대적으로 약하게 나타났다. 참가자 상당수는 인공지능에게 글을 써달라고 한 뒤, 결과물을 약간 수정해서 그대로 제출했다. 이러한 수동적인 인공지능 활용에는 복잡한 인지기능이 필요하지 않기 때문에 뇌에서 낮은 활성화와 약한 연결성이 나타났다. 이와 달리 인공지능이 쓴 글을 비판적으로 분석하거나, 인공지능 답변에 의문을 제기하며 적극적으로 인지기능을 활용했다면 인공지능을 사용한 집단에서도 더 나은 글쓰기 성과와 높은 뇌 연결성이 나타났을 것이다. 결국 인공지능을 어떻게 사용하는지가 매우 중요하다.

흥미롭게도 스스로 글쓰기를 몇 차례 반복한 뒤 인공지능을 쓰게 하면 뇌에서 여전히 여러 영역 간 연결성이 강하게 나타났다. 반면에 인공지능 도구로 글쓰기를 반복했던 사람의 뇌에서는 이후 스스로의 힘으로 글을 쓸 때에도 뇌의 연결성이 계속 낮게 유지됐다. 이러한 결과는 인공지능의 도움을 받았던 경험이 이후에 인공지능을 쓰지 않을 때에도 인지기능과 뇌의 반응에 영향을 준다는 사실을 보여준다. 그러나 이 결과만으로 인공지능 사용이 뇌 기능을 장기적으로 변화시킨다고 단정할 수는 없다. 이 연구는 특정한 과제를 반복 수행했을 때 나타나는 일시적인 변화만을 보여주기 때문이다. 일상에서 인공지능 활용이 점점 늘어나고 인공지능이 대신해주는 작업의 범위가 넓어질수록, 인공지능에 대한 지속적인 의존이 장기적으로 인간의 인지 능력과 뇌 기능에 어떤 영향을 미칠지 심층적인 연구가 필요하다.

단기적인 인지기능 활용과 뇌 반응의 변화보다 더 큰 문제는 인공지능에 의존하느라 인지기능이 변화하고 있다는 사실조차 인식하지 못할 수 있다는 점이다. 인공지능의 도움을 받아서 쓴 보고서로 모든 수업에서 A학점을 받았다면 스스로 보고서를 쓰는 능력이 어떤 수준인지 알아차리기 어렵다. 특히 다양한 인지기능을 발전시켜야 하는 단계에 있는 사람들이 인공지능에 지나치게 의존한다면, 인지기능을 훈련할 기회를 놓치게 될 위험이 있다.

앞서 언급했듯이, 미국 학교 수업에서 계산기 사용이 학생들의 수학 실력에 부정적인 영향을 미치지 않았다는 연구 결과가 다수 존재한다. 하지만 일부 연구에서는 계산기의 부정적 효과가 보고됐다. 2016년, 하버드 대학 연구진은 고등학교 수학 시간에 계산기를 많이 썼던 학생들은 대학 수학 과목에서 더 낮은 학점을 받는 경향이 있음을 발견했다.[26] 그러나 이 연구를 자세히 살펴보면, 교사가 계산기 사용을 적절히 통제했을 경우 이러한 부정적 효과가 일부 완화됐다는 점이 드러났다. 즉, 학생들이 기본적인 연산 기술을 충분히 익힌 후 계산기를 사용한다면, 학업 성과에 미치는 부정적 영향이 줄어드는 것이다. 이러한 연구 결과를 참고했을 때, 인공지능 도구 역시 기본적인 인지기능이 충분히 훈련된 이후에 본격적으로 활용하는 편이 바람직하다.

실제로 미국 펜실베이니아 대학 연구진은 고등학생들을 대상으로 인공지능 도구 사용이 수학 학습에 어떠한 영향을 미치는지 실험을 해봤다.[27] 고등학생들은 인공지능을 사용하지 않고 스스로 문제를 푸는 조건, 인공지능에게 자유롭게 질문을 하고 답을 받을 수 있는 조건, 그리고 정답은 말해주지 않고 힌트와 피드백만 주도록 기능이 제한된 인공지능을 사용하는 조건에 각각 배정돼 수학 문제를 풀고 공부했다. 이후 치러진 시험에서 인공지능을 자유롭게 사용했던 학생들은 자신이 수학 개념을 잘 이해하고 문제를 잘 풀었다고 답했지만, 실제로는 가장 낮은 성적을 받았다. 인공지능이 정답과 해설을 모두 제공하는 환경에서는 학생들이 문제 해결 과정을 깊이 이해하거나 능동적으로 사고하지 않고, 인공지능의 풀이 과정을 수동적으로 따라가기만 했기 때문이다. 그러나 기능이 제한된 인공지능을 사용한 학생들은 인공지능 도움 없이 스스로 공부한 학생들과 비슷한 점수를 받았다. 정답 대신 힌트와 피드백만 제공하고 학생의 사고를 유도하는 방식으로 설계된 인공지능은 효과적인 학습 보조 도구로 작용했다.

대학원생은 방대한 양의 영어 논문을 읽어야 한다. 첫 학기에는 영어 논문 한 편을 읽는 데 하루 종일 걸릴 때도 있고, 하나의 논문을 제대로 이해하려고 며칠 동안 반복해서 읽는 일도 흔하다. 영어 소설책을 술술 읽던 사람도 학술논문을 처음 접하면 읽고 이해하는 데 시간이 오래 걸리기 마련이다. 논문이 어렵게 느껴지는 이유는 영어 문장이 복잡해서가 아니라, 특정 분야의 전문 용어와 사고방식에 익숙하지 않기 때문인 경우가 많다. 학술논문은 화려한 문체보다는 건조하고 간결하고 정확한 표현을 사용하며, 일정한 형식에 맞춰 작성된다. 따라서 특정 분야의 전문 용어와 논문에 주로 사용되는 표현, 그리고 논문의 구조에 익숙해지면 논문 읽기가 훨씬 쉬워진다.

하지만 인공지능을 사용하면 논문의 구조나 표현을 익히지 않아도 내용을 빠르게 파악할 수 있다. 실제로 많은 학생이 인공지능 도구를 활용해 영어 논문을 한국어로 번역하거나, 본문 전체를 읽기보다는 인공지능이 요약한 내용을 참고한다. 이는 짧은 시간 안에 많은 양의 논문을 빠르게 파악하는 데 유용할 수 있지만, 결과적으로 인공지능 없이 논문을 읽고 이해하는 능력을 키우는 데는 방해가 된다. 논문 읽기에 익숙한 사람이라면, 간단히 내용만 파악해야 하는 논문은 인공지능의 요약 설명으로 대체하고, 세부 내용을 깊이 이해해야 하는 논문은 직접 읽는 방식으로 인공지능을 보조 도구로 활용한 인지적 떠넘기기의 이득을 최대한 누릴 수 있다.

여전히 인간의 인지기능이 중요한 이유

어차피 인공지능 도구를 계속 사용할 테니 굳이 인공지능이 대신할 수 있는 인지기능을 단련하고 인간의 전문성을 키울 필요가 없다고 생각할지도 모른다. 그러나 인공지능이 발전하더라도 인간의 인지기능과 전문성이 필요한 상황은 여전히 존재한다.

예를 들어, 인간 의사의 진단 자료를 학습한 인공지능은 특정 질병 진단에서 인간보다 더 빠르고 정확한 결과를 도출할 수 있다. 그러나 새로운 바이러스가 등장했을 때 인공지능이 항상 정확한 진단을 내리는 것은 아니다. 2019년 말 처음 발견된 코로나19 바이러스는 2020년 전 세계로 확산되며 팬데믹을 일으켰다. 팬데믹 초기에 코로나 감염을 진단하고 병세를 예측하기 위해 여러 인공지능 모델이 개발됐지만, 2021년 케임브리지 대학 연구진은 인공지능 코로나 진단 도구를 검토한 후 모두 실제 의료 현장에서 사용할 수 없는 수준이라고 평가했다.[28] 인공지능 진단 도구의 성능이 좋지 않았던 이유 중 하나는 인공지능 모델이 학습할 수 있는 정확한 환자 진단 데이터가 충분하지 않았기 때문이다. 최근에는 인간의 개입을 최소화한 채 인공지능이 스스로 반복 학습해 성능을 높이는 기법도 등장했지만[29], 여전히 기존 데이터로 답을 찾기 어려운 새로운 상황에서는 인간 전문가의 경험과 판단이 인공지능 훈련에 필요하다. 인간 전문가가 새로운 상황에서 시행착오를 거치며 자료를 축적해야만 이를 바탕으로 인공지능이 다시 학습하고 발전할 수 있다. 따라서 인공지능 도구가 점점 더 정교해지더라도 인간의 전문성과 인지기능은 계속 유지되고 강화돼야 한다.

또한 인공지능은 모든 일을 다 완벽하게 수행하는 만능 도구가 아니다. 인공지능에게 "인공지능 사용이 인지기능에 미치는 영향을 주제로 보고서를 작성해줘"라고 지시한다면 아마 평범한 수준의 결과물만 얻을 것이다. 인공지능이 높은 수준의 보고서를 생성하게 하려면 구체적이고 명확한 지시가 필요하다. 인지기능 전반을 폭넓게 다룰지 아니면 특정 인지기능에 집중할지, 성인이나 아동 등 어떤 집단에 미치는 영향을 말하는지, 인공지능은 어떤 종류를 말하는지 등 보고서의 범위와 방향성을 명확히 제시해야 한다. 보고서 작성에 참고할 자료의 종류와 범위, 독자층은 누구이며 분량은 어느 정도로

할지 등도 명확하게 지정해야 인공지능이 그에 맞는 결과물을 생성한다.

실제로 최근 구글 연구에 따르면 인공지능은 사용자가 던진 질문과 예시를 빠르게 학습해 그에 따라 더 나은 답을 생성할 수 있는 것으로 나타났다.[30] 즉, 좋은 질문이 좋은 답을 부른다. 결국 특정 주제에 대해 잘 알고 있는 사람일수록 더 정교하고 명확한 지시를 하고 더 나은 결과물을 얻을 수 있다. 다시 말해, 인공지능을 잘 활용하려면 인간은 최소한의 배경지식과 함께 체계적으로 사고하고 분석할 수 있는 능력과 핵심을 짚어내는 질문 능력을 갖춰야 한다.

인공지능이 인간의 여러 인지기능을 보조하더라도 인지기능을 계속 갈고닦아야 하는 이유는 더 있다. 나이가 들면서 인지기능은 자연스럽게 쇠퇴하기 마련이다. 노화로 인한 인지기능 저하는 누구에게나 일어나지만 그 속도와 정도는 개인마다 다르다. 이처럼 노화나 질병이 진행돼도 인지기능을 잘 유지할 수 있는 능력을 인지예비능cognitive reserve이라 부른다.

인지예비능이 높은 사람은 노년기에도 상대적으로 뛰어난 인지기능을 유지하고, 치매 발병 시기도 늦다. 적당한 운동과 균형 잡힌 식단, 충분한 수면 등 흔히 알고 있는 건강한 생활 습관이 인지예비능을 높이는 데 효과적이라고 알려져 있다. 또한 책을 읽거나 새로운 언어나 기술을 배워 인지기능을 자극하는 활동도 인지예비능을 높이는 데 도움이 된다.[31] 반면,

인공지능 도구를 지나치게 사용해 인지기능을 덜 활용하면 인지기능을 자극할 기회가 줄어든다. 이는 인지예비능을 높일 중요한 기회를 놓치는 셈이므로, 인공지능 도구를 활용하더라도 인간의 고유한 인지기능을 유지하고 발전시키려는 노력이 필요하다.

인공지능을 현명하게 활용하는 방법

그렇다고 인공지능 도구를 사용하지 말고 인간의 인지기능만을 써서 모든 일을 해야 한다는 뜻은 아니다. 인공지능 도구를 활용하는 방식에 따라 인지기능에 미치는 영향이 달라진다는 점을 알아야 한다. 인공지능에게 보고서를 처음부터 끝까지 써달라고 한다면 인간의 인지기능이 개입할 여지가 거의 없다. 그러나 인공지능을 활용해 자료를 검색하고 요약한 뒤, 각 자료의 내용을 인간이 평가하고 보고서 초안을 직접 작성할 수도 있다. 인공지능을 통해 초안을 검토하고 부족한 부분을 보완하는 방식으로 활용한다면 인공지능에게 작업을 일부 맡기더라도 여전히 인간의 적극적인 인지 활동이 유지된다. 인공지능을 문제의 답을 내놓는 도구가 아니라 인간이 답을 찾는 과정을 도와주는 도구로 쓰는 셈이다.[32]

또한 인공지능이 인간의 일부 인지기능을 대체하더라도

다른 인지기능은 오히려 더 적극적으로 사용하게 될 가능성도 있다. 인터넷이 보급되면서 모든 정보를 머릿속에 기억하고 있기보다는 필요할 때마다 검색하는 게 일상이 됐다. 인터넷은 일종의 외장기억으로 작동하며, 이를 활용한 인지적 떠넘기기는 정보 자체에 대한 기억력을 저하시킬 수 있다.[33]

그런데 기억에는 정보 자체에 대한 기억뿐만 아니라 그 정보를 언제, 어디서 접했는가에 관한 기억도 포함된다. '계산기'가 무엇인지 아는 것은 의미기억semantic memory이고, '어제 계산기로 가계부를 정리한 경험'은 일화기억episodic memory이다. 흥미롭게도 인터넷 사용이 의미기억은 저하시키지만 인터넷을 많이 쓰는 사람일수록 일화기억 과제는 오히려 잘 수행하는 경향이 나타난다.[34] 정보 자체를 기억하지 못하더라도 언제, 어떻게, 어느 웹사이트에서 그 정보를 봤는지를 기억하면 필요할 때 다시 찾을 수 있기 때문이다. 이는 인터넷을 자주 사용하는 사람들이 정보 출처를 기억하는 데 익숙하며, 이로 인해 일화기억 과제를 더 잘 수행할 수 있음을 보여준다. 마찬가지로 인공지능이 일부 인지기능을 대신했기 때문에 오히려 다른 인지기능의 사용이 증가하는 상황도 충분히 가능하다. 예를 들어, 인공지능이 생성한 자료를 검토하면서 잘못된 내용을 찾아내거나 편향 여부를 확인하는 과정에서는 오히려 더 많은 인지기능이 필요할 수 있다.

인공지능이란 이름이 직접 붙어 있지 않더라도 일상에서

쓰는 여러 제품과 서비스에는 인공지능 기술이 자연스럽게 스며들어 있다. 컴퓨터, 인터넷, 스마트폰 같은 새로운 기술이 인간의 생활 방식을 바꾸고 인지기능에도 영향을 미쳤던 것처럼, 다양한 인공지능 기술도 우리의 인지기능에 여러 영향을 미친다. 이러한 영향이 긍정적일지 부정적일지는 결국 우리가 인공지능을 어떻게 활용하는지에 달려 있다.

인공지능이 과제 수행에 얼마나 도움이 되는지는 인공지능을 사용하는 인간의 전문성 수준에 따라서도 달라진다. 영국 유니버시티 칼리지 런던University College London과 엑서터 대학University of Exeter 연구진은 인공지능 사용이 창의성에 미치는 영향을 알아보기 위해 참가자들에게 짧은 이야기를 창작하게 했다.[35] 우선 참가자들은 창의성을 측정하기 위한 간단한 과제를 수행했다. 창의성 측정 과제는 서로 연관성이 낮은 단어 열 개를 생각해내는 것이었다. 참가자가 제시한 단어들이 서로 관련이 적을수록 높은 창의성 점수를 받았다. 이어서 참가자들은 여덟 개의 문장으로 이뤄진 짧은 이야기를 창작하는 과제를 수행했다. 참가자 중 일부는 혼자서 글을 창작했고, 나머지 일부는 인공지능이 제공하는 이야기 소재를 참고해 글을 썼다. 실험 결과, 인공지능의 도움을 받은 참가자들이 혼자 이야기를 창작한 참가자들보다 더 창의적이고 완성도 높은 글을 작성했다는 평가를 받았다.

그러나 인공지능의 효과는 창의성 측정 과제에서 낮은 점수를 받았던 참가자들에게서 주로 나타났다. 즉, 창의성 점수가 낮았던 사람들이 인공지능이 찾아준 소재를 사용했을 때 더 창의적인 글을 쓸 확률이 높아졌지만, 높은 창의성 점수를 받은 사람들은 인공지능의 도움을 받더라도 글의 창의성이 크게 향상되지 않았다. 애초에 높은 수준의 창의성을 가진 사람에게는 인공지능이 별다른 도움이 되지 않았던 것이다. 또한 인공지능이 제공한 소재들은 대체로 좋은 평가를 받았지만, 높은 창의성을 가진 인간이 스스로 생각한 소재들에 비해 다양성이 부족하고 서로 비슷해 보인다는 평가를 받았다.

인공지능이 창의성 향상에 미치는 영향은 사용자의 창의적 사고력에 따라 다르게 나타나며, 특히 창의성이 낮은 사람들에게 더 큰 도움이 될 가능성이 크다. 그러나 MIT 경제학과 연구진의 연구에 따르면, 인공지능의 도움을 받아 과제를 더 잘 수행했다고 해서 반드시 인간의 능력이 향상되는 것은 아니다. 연구진은 참가자들에게 보고서나 이메일같이 일상 업무에서 흔히 쓰이는 글을 작성하게 했다.[36] 참가자들은 두 개의 글을 써야 했는데, 그중 절반은 두 번째 글을 쓸 때 인공지능 도구를 같이 사용할 수 있었다. 실험 결과, 인공지능을 사용한 참가자들은 인공지능을 쓰지 않은 참가자에 비해 글쓰기 속도가 40퍼센트 빨라졌다. 작업 속도만 빨라진 게 아니라 글의 질도 18퍼센트 향상됐다. 앞서 살펴본 창의성 연구와 유사하게, 글쓰기 능력이 부족한 사람일수록 인공지능의 도움을 받았을 때 더 나은 결과를 낼 가능성이 크다는 점을 보여준다. 즉, 첫 번째 글쓰기 과제에서 낮은 평가를 받았던 참가자들이 두 번째 글쓰기 과제에서 인공지능을 활용했을 때 성과가 크게 향상됐다.

그런데 결과를 조금 더 자세히 들여다보면, 참가자들이 글쓰기 아이디어 탐색이나 자신의 글을 수정하는 용도로 인공지능을 적극적으로 활용하진 않은 것으로 나타났다. 33퍼센트의 사람들은 인공지능이 생성한 글을 그대로 제출했고, 53퍼센트의 사람들은 인공지능이 생성한 글에서 문장의 순서만 바꾸는 등 최소한의 수정만 한 뒤 그대로 제출했다. 결국 인공지능이 생성한 글이 평균적인 인간의 글쓰기 수준 이상이었기 때문에 결과적으로 높은 평가를 받은 것일 뿐, 인공지능이 실제로 참가자들의 글쓰기 능력을 향상시키지는 않았다.

인간과 인공지능이 만드는 시너지

MIT 연구진은 인간이 인공지능을 사용했을 때 과제 수행 능력이 향상되는지를 알아보기 위해 백여 개의 실험 결과를 분석했다.[37] 다양한 과제에서 인간이 혼자 과제를 수행했을 때보다 인공지능과 협업했을 때 더 좋은 성과를 냈다. 그러나 이러한 결과는 어디까지나 전체 과제의 평균 점수를 비교한 것이고, 과제의 성격에 따라 결과는 달랐다.

많은 사람이 인간이 잘 못하는 과제에서 인공지능의 도움을 받으면 좋은 결과가 나온다고 예상하겠지만, 실제 연구 결과에서는 의외로 인간이 원래 잘하는 과제에서 인공지능과 협업할 때 수행 능력이 향상됐다. 예를 들어, 온라인 리뷰 중 가짜 리뷰를 찾아내는 과제에서는 인공지능이 혼자 수행했을 때 가장 높은 정확도를 보였고, 인간이 인공지능과 협업했을 때는 오히려 정확도가 낮아졌다.[38] 인공지능이 가짜 리뷰의 패턴을 인간보다 정확하게 감지할 수 있음에도 인간이 자신의 판단에 더 의존하면서 정확도가 떨어졌기 때문이다. 반면, 새의 사진을 보고 종을 분류하는 과제에서는 인간과 인공지능이 협업했을 때 가장 정확도가 높았다. 구체적으로, 인공지능이 혼자 새를 분류할 때보다 인간이 혼자 과제를 할 때 결과가 더 정확했고, 인간이 혼자 새를 분류하는 것보다도 인간이 인공지능을 활용할 때 더 높은 정확도를 보였다. 이미지 인식과 분류는 인간이 잘할 수 있는 과제이기에 인간은 인공지능이 제공하는 정보를 검토해 판단을 내리는 데 활용했다. 즉, 인간에게 인공지능의 도움을 효과적으로 활용하는 능력이 있을 때 인간과 인공지능의 협업 효과가 극대화됐다.

인간과 인공지능의 협업은 과제 종류에 따라 효과가 다르다. 의사결정 과제에서는 인공지능이 과제 수행을 방해할 가능성이 높았다. 이 과제에서는 결국 인간이 최종 결정을 내려야 하는데, 이때 인공지능이 제공한 정보에 전적으로 의존하거나 반대로 인공지능을 배제하고 판단하려는 편향을 보이기도 한다. 이로 인해 인공지능의 도움을 놓치거나 인공지능의 오류를 그대로 받아들여 최선의 선택을 하지 못하게 된다.

그러나 창작 과제에서는 인공지능이 도움이 될 때가 많았다. 인공지능이 제공한 정보를 인간이 검토하고 최종 판단을 내리면 과제가 종료되는 의사결정 과제와 달리, 창작 과제는 끝나는 지점이 명확하지 않은 경우가 많다. 또한 창작 과제는 한 과제가 여러 세부 과제로 나뉘고, 각 세부 과제에서 분업이 가능하다. 단편 소설 쓰기 과제를 한다면 인간은 창의적인 소재를 찾는 일을 하고, 인공지능은 인간이 쓴 초안의 문장을 다듬거나, 새로운 문체로 다시 글을 쓰거나, 글의 구조를 바꾸거나 확장하는 등의 작업을 빠르게 반복해서 수행할 수 있다. 이러한 과정에서 인공지능이 수정하거나 생성한 글이 인간의 창의력을 자극해 더 독창적인 소재를 이끌어낸다.

결국 인간과 인공지능이 협업해 최상의 결과를 얻으려면, 한쪽이 모든 일을 하기보다는 각자의 강점을 살리도록 역할을 나누는 것이 중요하다. 인공지능은 인간의 인지적 용량 제한을 넘어서는 방대한 정보를 빠르게 처리하고, 단순 반복 작업도 지치지 않고 효율적으로 수행한다. 인간은 직관적인 판단과 창의적 사고가 가능하고, 맥락을 파악해 인공지능이 생성한 정보를 적절히 평가하고 활용하는 역할을 맡는다. 인공지능이 인간의 인지적 부담을 덜어줘서 인간은 인간이 잘

할 수 있는 영역에 더 집중이 가능하다.

인공지능은 지금과 다른 형태로 바뀔 수 있지만 어떤 방식으로든 우리의 일상에 남을 가능성이 높다. 인공지능을 무조건 활용할지 배제할지를 논의하기보다, 어떤 영역에서 인공지능의 도움을 받을지를 고민하는 일이 더 중요하다.

어떻게 하면 인공지능을 인간에게 더 도움이 되는 방향으로 활용할 수 있을까? 이 질문에 답하려면 먼저 인간을 이해해야 한다. 인간이 인공지능 도구를 적절히 활용하려면 인공지능이 인간의 인지기능에 도움이 되고 인간이 쉽게 사용할 수 있는 형태로 설계돼야 한다. 이 점을 잘 보여주는 사례가 인공지능 스피커다.

몇 년 전 온라인상에서 여러 대기업 인공지능 스마트 스피커의 성능을 비교하는 영상이 화제가 됐다.[39] "임진왜란이 일어난 연도는?"이라는 질문에 한 스피커가 "임진왜란아, 엄마 아빠가 깨우지 않아도 스스로 일어난 거야?"라며 엉뚱한 답변을 하는 모습을 비롯해 여러 어이없는 실수로 사람들의 웃음을 자아냈다. 인공지능 스피커가 임진왜란이 일어난 연도를 인터넷에서 검색하지 못하는 게 아니라 질문의 맥락을 파악하지 못했기 때문에 발생한 실수다. 질문을 다른 형태로 던졌다면 제대로 답했을 가능성이 높다.

이 사례는 인공지능이 인간의 방식에 맞춰 설계될 필요가 있음을 시사한다. 인간이 인공지능이 알아듣도록 질문하는 방법을 배우고 적응하는 것보다 인공지능이 인간의 불완전한 질문을 해석할 수 있도록 학습시켜야 한다. 인간에 대한 이해가 선행되고, 인간의 특성과 언어를 반영한 인공지능이 만들어져야 인간과 인공지능의 원활한 상호작용이 가능해진다.

비슷한 맥락에서 인공지능이 인간의 능력을 어떻게 보완해야 하는지를 보여주는 연구도 있다. 카이스트 전산학부 연구진은 웹사이트 제작을 도와주는 인공지능 도구를 만들었다.[40] 이 도구는 사용자가 웹사이트를 수정하기 위해 웹 프로그래밍 언어를 배울 필요 없이, 원하는 부분을 클릭한 후 사람과 대화하듯이 자연스럽게 변경 사항을 말하면 인공지능이 사용자의 의도를 해석해 적절한 수정을 돕는 방식으로 작동했다. 사용자가 웹사이트의 본문 영역을 클릭하고 "좀 더 크게 만들어줘"라고 말하면 인공지능이 폰트 크기를 조정하는 도구를 화면에 띄워주는 식이다. 이 인공지능 도구를 쓰면서 웹 프로그래밍에 익숙하지 않은 사용자도 쉽고 빠르게 웹사이트 디자인을 할 수 있었고, 사용자의 자신감도 올라갔다.

그런데 인공지능 도구를 계속 사용하면서 웹사이트 디자인 능력에 대한 자신감이 오히려 떨어졌다. 처음에는 인공지능 도구가 도움이 됐지만, 인공지능에 계속 의존하면서 자신이 스스로 과제를 수행하는 능력을 배우지 못했다고 느껴 자신감이 떨어진 것이다. 이는 인공지능 도구가 인간의 과제 수행을 모두 자동화하고 도와주는 것만이 최선이 아님을 보여준다. 인공지능이 주어진 과제를 인간처럼 잘 수행하게 만드는 것도 중요하지만, 인공지능이 인간의 역량을 강화하는 방향으로 설계돼야 한다.

인공지능이 벌리는 격차

현재 인공지능 도구들은 초보자와 숙련자에게 각기 다른 영향을 미친다.[41] 예를 들어, 프로그래밍 초보자도 인공지능의 도움을 받으면 빠르게 평균 이상의 결과물을 만들 수 있다.[42] 숙련된 프로그래머를 대상으로 진행한 한 연구에서는 흥미로운 결과가 나왔다.[43] 프로그래머들은 인공지능 도구를 쓰면 작업 속도가 빨라지고 생산성이 높아질 거라고 예상했지만, 실제로 인공지능을 사용해서 코딩을 했더니 오히려 작업 시간이 더 길어졌다. 특히 프로그래머가 이미 전문성을 갖춘 익숙한 분야의 작업일수록 인공지능 사용이 작업 속도를 떨어뜨렸다. 이는 인공지능이 생성한 코드를 사람이 점검한 뒤, 결국에는 사용하지 않고 직접 수정하는 과정에서 시간이 더 걸렸기 때문이었다. 반면에 자신이 잘 모르는 분야의 작업에서는 인공지능이 생성한 결과물을 더 많이 활용했다.

인공지능은 초보자의 작업 수행을 보조하며 전문가와 초보자의 격차를 줄여주는 것 같지만, 장기적으로는 오히려 그

격차를 더 벌린다. 인공지능을 활용해 코드를 짜는 초보 프로그래머는 인공지능 덕분에 빠르게 작업을 수행한다. 하지만 스스로 문제를 해결하고 코드의 원리를 이해하는 학습 기회를 잃게 되면서 결국 전문가로 성장하지 못한다. 결과적으로, 인공지능으로 대체 가능한 일을 하는 초보자와, 인공지능 없이도 작업이 가능하고 인공지능이 생성한 결과를 평가도 하는 숙련자 사이의 격차는 장기적으로 봤을 때 더욱 벌어질지도 모른다.

실제로 이러한 현상이 산업 현장에서 조금씩 나타나고 있다. 마이크로소프트는 인공지능 분야 투자를 확대하면서 2025년 5월에만 6천 명의 직원을 해고했다. 인공지능 분야에 집중한다고 밝혔으니 소프트웨어 개발자가 아닌 다른 직군이 주로 해고될 것이라는 예측도 있었지만, 실제로는 해고자의 약 40퍼센트가 소프트웨어 개발자였다.[44] 마이크로소프트는 2025년에 인공지능이 프로그램 코드의 30퍼센트 정도를 작성하고 있다고 밝혔다.[45] 인공지능 도구로 인해 개발자 한 명의 생산성이 크게 향상된 만큼 일부 일자리가 줄어든 것이다. 이어서 마이크로소프트는 2025년 7월까지 총 1만 5천 명에 달하는 직원을 내보냈다.

그러니 인공지능이 모든 개발사의 일자리를 위협하는 것은 아니다. 《워싱턴 포스트》는 2023년부터 2025년 사이 컴퓨터 프로그래머의 일자리가 약 27.5퍼센트 감소했다고 보도했지만, 이는 주로 기초적인 코딩 업무를 담당하던 초급 프로그래머의 수요가 줄었기 때문이었다.[46] 숙련된 프로그래머에 대한 수요에는 큰 변화가 없었다. 인공지능이 단순 반복 작업을 자동화하면서 초보자의 자리를 대체하고, 숙련된 전문가는 오히려 인공지능을 효과적으로 활용해 더 높은 생산성을 보이면서 초보자와 숙련자의 격차가 더욱 벌어지게 된 것이다.

인간의 파트너

앞으로 인공지능이 점점 더 많은 영역에서 인간의 역할을 대신할 수 있다. 하지만 인공지능이 모든 문제를 해결해주는 만능 도구가 되는 것이 최선은 아니다. 인공지능이 인간의 역량을 향상시키는 방향으로 설계되지 않으면 인간은 점점 더 기술에 의존하게 되고, 인공지능이 주는 단기적인 편리함이 장기적으로는 인간의 능력을 떨어뜨리고 인공지능을 잘 활용하는 사람과 그렇지 못한 사람의 격차를 키워 불평등을 가속시킬 위험이 있다. 따라서 인공지능의 효율성과 자동화만을 강조하기보다는, 인공지능을 인간과 함께 성장하는 파트너로 설계할 필요가 있다. 인공지능이 할 수 있을 일에 온갖 관심이 집중되는 시대지만 그럴수록 인공지능을 활용하는 인간에 대한 깊은 이해가 필요하다.

8 인공지능은 아이들을 어떤 미래로 이끄는가?

TV 속 세상과 현실의 모호한 경계

2018년 영국의 국방장관이 의회에서 연설을 하던 중 아이폰의 인공지능 음성비서인 시리가 갑자기 끼어드는 해프닝이 벌어졌다. 국방장관은 '시리아'에 관해 이야기하고 있었는데, '시리'가 이에 반응하여 "시리아에 관련된 정보를 찾았습니다"라고 답해버린 것이다.[1]

내 수업 중에도 학생의 스마트폰 인공지능 음성비서가 "잘 못 알아들었어요"라고 반응하는 일이 있었다. 집에서 가족들과 대화를 나누는 중에 인공지능 스마트 스피커가 끼어들기도 한다. 이처럼 음성비서나 스마트 스피커가 사람들 사이의 대화에 잘못 반응하는 모습이 낯설지 않을 정도로 이미 여러 일상기기에 인공지능 기술이 탑재돼 있다. 이처럼 일상화된 인공지능을 아이들은 어떻게 받아들이고 있을까? 인공지능처럼 신기술이 일상에 도입된 다른 사례를 통해 예측해보자. 신기술 중 하나인 TV는 이제 대부분의 가정에서 흔히 볼 수 있는 가전제품으로 자리 잡았다.

1988년에 발표된 한 연구는 아이들이 TV 프로그램을 어떻게 받아들이는지를 조사했다. 연구에서는 4~9세 아동들이 미국 공영방송에서 방영되는 아동용 프로그램 〈세서미 스트리트〉를 보고 나서 TV 프로그램과 현실을 얼마나 잘 구분하는지 알아봤다.[2] 〈세서미 스트리트〉에 나오는 인형 캐릭터들이 진짜 TV 안에 살고 있는지, TV가 꺼지면 인형들은 어디서 지내는지, 인형이 TV 밖 사람들의 말을 들을 수 있는지 등의 질문에, 절반에 가까운 아이들은 인형들이 TV 안에 있다고 답했다. 하지만 대부분은 TV를 두드려도 인형이 그 소리를 듣거나 자신의 말을 알아들을 것이라고 생각하지 않았다. 이러한 결과는 나이가 어릴수록 〈세서미 스트리트〉는 진짜 존재하며, TV 안에 진짜 인형들이 살고 있다고 TV 속 세상을 현실처럼 받아들이는 경향을 보여준다. 그럼에도 불구하고 많은 아이가 TV 속 인형들과 직접 상호작용할 수 없다고 답한 것은, 아마도 실제로 TV에 말을 걸어도 답이 없었다는 경험을 통해 학습한 결과일 수 있다. 어떤 아이들은 TV 속 세상은 진짜지만 현실 세계와는 직접 상호작용하지 못하는 분리된 세계라 믿기도 한다.

아이들이 현실과 가상을 구분하면서도 혼동하는 모습은 일상에서도 종종 나타난다. 딸아이가 다섯 살이 되었을 즈음, 가지고 놀던 강아지 인형을 던지는 모습을 봤다. "그렇게 던지면 강아지가 아파하잖아"라고 하자, 딸은 나를 쳐다보며 "아빠, 얘는 인형이야. 인형은 아파하지 않아"라고 대답했다. 이제 딸이 현실과 상상의 세계를 구분하기 시작했다는 생각에 "그렇게 던지면 아기는 인형이 망가져서 앞으로 가지고 놀 수 없을 걸"이라고 바로 입장을 바꿨다. 이렇게 현실 감각이 뛰어난 딸은 놀이공원에서 인형 탈을 쓴 만화 캐릭터가 나오면 좋아하는 캐릭터를 실제로 만났다고 좋아하며 현실과 만화를 구분하지 않는 모습을 보였다. 아이들은 상황에 따라 현실과 가상의 경계를 명확히 인식하기도 하고, 때로는 둘을 구분하지 못하기도 한다.

아이들이 TV를 많이 본다고 해서 현실과 TV 속 세상을 더 잘 구분하지는 않는다. 나이가 들고 인지기능이 발달한, 대략 5세에서 7세 사이에 현실과 TV를 잘 구분하게 된다. 하지만 7세 정도의 아이들도 상황에 따라 현실과 가상의 경계를 명확히 구분하기노 하고, 때로는 혼재된 반응을 보인다. 나이가 들면서 TV 프로그램과 현실이 분리돼 있음을 이해하면서도, 동시에 드라마 속 이야기가 배우들이 연기하는 가상의 모습이 아니라 실제 배우들의 삶과 연결된다고 믿는 이중적인 모습을 보인다.[3] 예컨대, 드라마에서 도둑 역할을 맡은 배우를 현실에서도 도둑으로 여기는 식이다. 사실 성인들도 드라마 속 악역을 맡은 배우를 길에서 보고 욕을 할 뻔했다는 이야기를 간혹 하듯이, 성인도 TV 속 세상과 현실을 구분하면서도 감정적으로는 둘을 동일시하는 모습을 보인다. 어린 아이들은 이러한 구분을 더욱 어려워하고, TV 속 세계를 실제로 존재하는 별개의 세계로 받아들이는 경우가 많다.

생물과 무생물 사이

TV 보급 이후 우리 주변에서 일상적으로 접하게 된 또 다른 신기술 중 하나는 컴퓨터다. TV의 경우, 아이들은 나이가 들수록 프로그램 속 내용이 현실과 다르고, 만화나 드라마 속 등장인물이 실제가 아니라 연기자가 역할을 맡아 연기한 것임을 이해하게 된다. 그러나 컴퓨터를 대하는 태도는 다소 다르다. 아이들은 컴퓨터를 단순한 기계 장치보다 모든 정보를 기억하고 생각하며 지능을 가진, 살아있는 존재처럼 여기는 경향이 커진다.

컴퓨터를 거의 접해본 적이 없는 4세 아이들은 컴퓨터가 '생각한다'고 여기지 않는 반면, 나이가 들고 컴퓨터를 자주 접할수록 오히려 컴퓨터를 설명할 때 '기억', '생각', '지능' 같이 생물에게 쓰는 단어를 더 많이 사용한다.[4] 아이들은 로봇이 쉬운 과제를 수행할 때는 프로그램에 의해 움직였다고 기계적으로 설명을 한다. 하지만 똑같은 로봇이 어려운 과제를 수행하면 로봇의 작동 과정을 설명할 때 '본다', '듣는다', '알고 있다', '하고 싶어 한다'처럼 생물에게 쓰는 심리학 용어를 사용한다. 이는 아이들이 컴퓨터나 로봇을 무생물이 아니라 어느 정도 의도와 목적을 가지고 움직이는 생명체의 특성을 가진 존재로 인식한다는 사실을 보여준다.[5]

물론 아이들은 컴퓨터가 사람이 아님을 안다. 그러나 컴퓨터 사용 경험이 쌓이면서 컴퓨터를 무생물보다는 사람과 무생물의 중간 어딘가에 있는 존재로 여긴다. 아이들은 컴퓨터도 장난감 자동차처럼 여러 부품을 가진 장치라는 것을 이해한다. 그런데 각 부품이 어떤 역할을 하고 어떻게 움직이는지 비교적 쉽게 설명할 수 있는 장난감 자동차와 달리, 컴퓨터는 부품의 작동 원리를 설명하기 어렵다. 더군다나 요즘 컴퓨터는 복잡한 기계 장치보다는 인테리어 소품처럼 단순하고 깔끔한 외형인 경우가 많다. 작은 흰색 박스가 영상을 보여주고, 노래를 들려주며, 인터넷에서 질문의 답까지 찾아준다면, 아이들은 이를 마법처럼 느낄 수 있다.

아이들은 컴퓨터가 전자제품이라는 점을 알면서도, 작동 과정을 명확히 설명하지 못해 인간의 특성을 투영해서 이해하려 한다. 컴퓨터가 의도와 생각을 가지고 행동한다고 상상하며, 모든 것을 기억한다고 받아들인다.[6] 아이들은 컴퓨터를 지능을 가진 생물과 무생물 사이의 무언가로 여기지만, 이러한 생각은 아이들이 프로그래밍을 배우기 시작하면 빠르게 변한다. 프로그래밍 경험을 통해 아이들은 컴퓨터가 모든 것을 스스로 기억하고 생각하는 존재가 아니라 사람이 외부에서 입력한 프로그램에 따라 작동하는 기계임을 깨닫는다.

아이들이 인공지능을 인식하는 방식

이제는 TV와 컴퓨터에도 인공지능 도구가 들어 있고, 여러 형태의 인공지능이 탑재된 도구를 일상에서 쉽게 접할 수 있다. 아이들은 어른들이 인공지능이 탑재된 핸드폰이나 스마트 스피커와 대화하는 모습을 보며 자연스럽게 인공지능에게 말을 건다. 딸아이는 인공지능 스마트 스피커가 거실 어디에 놓여 있는지는 몰라도, 스피커의 이름을 부르며 노래를 틀어달라고 한다. 많은 아이가 스마트 스피커를 딸아이보다 훨씬 더 다양한 방식으로 활용하고 있다.

2024년에 발표된 한 조사에 따르면, 3세에서 12세 사이의 미국 아이들 중 절반 이상이 자신의 스마트폰이나 태블릿을 보유하고 있다.[7] 부모나 형제자매의 기기를 같이 사용하는 경우까지 포함하면 조사 대상의 90퍼센트 이상이 인공지능이 탑재된 스마트 기기를 접한다. 그리고 40퍼센트 이상의 아이들은 하루에 한 번 이상 스마트폰이나 스마트 스피커의 음성 비서를 사용한다고 답했다.

성인들이 스마트 스피커를 주로 일정 관리나 날씨 확인 같은 실용적인 목적으로 사용하는 반면, 아이들은 스마트 스피커에게 훨씬 다양한 질문을 던지며 상호작용한다. 5~6세 아동이 스마트 스피커에게 주로 무엇을 물어보는지 조사한 연구 결과, 아이들은 "세상에서 가장 빠른 동물은 뭐예요?"나 "베개는 어떻게 만들어져요?" 같은 동물이나 과학, 공학 관련 질문(24퍼센트)을 가장 많이 했다. 그 외에도 "유니콘은 진짜 있나요?" 같은 질문이나 유명인의 나이를 물어보는 질문처럼 문화와 관련된 질문(21퍼센트), 날씨를 묻는 등 일상적인 질문(18퍼센트)도 했다. 아이들은 스마트 스피커에 자신의 강아지 이름을 아는지, 형제자매가 몇 살인지를 물어보는 것처럼 개인적인 정보에 관한 질문(9퍼센트), 단어의 뜻이나 철자를 물어보는 언어 관련 질문(5퍼센트), 간단한 수학 문제의 답을 물어보는 질문(3퍼센트)도 했다.[8]

그러나 아이들의 질문에 스마트 스피커가 완전히 혹은 일부라도 세대로 답한 비율은 58퍼센트에 불과했다.[9] 이는 인공지능의 한계를 보여주는 것 같지만, 많은 경우 질문 자체가 모호하거나 정보가 부족했기 때문이었다. 예를 들어, 어린 아이들은 완전하지 않은 문장으로 질문을 하거나, "이게 대체 뭐지?" 같은 맥락 없는 질문을 던지기도 했다. 이런 경우 인공지능이 아이들의 의도를 이해하고 적절히 답하기는 어렵다. 그럼에도 불구하고 5~6세 아이들은 스마트 스피커를 자신보다 많은 것을 알고 있는 친구나 어른처럼 대하고, 호기심을 해결하기 위한 질문을 많이 던지며 인공지능을 통해 스스로 학습하는 모습을 보여줬다.

2023년, 한 실험에서는 5~6세 아이들이 스마트 스피커의 도움을 받아 보물찾기 놀이를 할 때 어떻게 대화하는지 관찰했다.[10] 어른들은 인공지능 스마트 스피커와 말할 때 더 짧고 단순하게 말했고, 반복해서 설명하는 경우가 많았다. 그리고 인공지능이 말을 잘 못 알아들으면 더 높은 톤과 큰 목소리로 단어와 단어 사이를 끊어서 또박또박 말했다.[11] 기본적으로 아이들도 인공지능과 대화할 때 어른과 비슷한 패턴을 보인다. 그러나 아이들은 인공지능이 말을 알아듣지 못할 때 어른들처럼 말을 여러 번 반복하거나 표현을 바꿔가며 스피커가 이해하도록 노력하는 모습을 잘 보이지 않았다. 즉, 아이들은 인공지능과 자연스럽게 대화하고 상호작용을 하긴 했지만, 인공지능을 인간과 완전히 동일하게 대하진 않았다.

아이들은 인공지능 스마트 스피커가 생물과 무생물 중간에 있는 존재로 받아들이는 경향을 보인다. 5~6세경의 어린아이들은 스마트 스피커를 "질문할 수 있는 스피커", "동그란 회색 물건"이라며 생물이 아닌 인공물로 인식하는 동시에 스마트 스피커는 똑똑하고 살아 있는 것 같다고 평가하기도 했다. 연구자들이 아이들에게 스마트 스피커가 어떻게 질문에 답을 할 수 있는지 물어봤을 때, 한 아이는 "제 생각에는 얘가 자기 핸드폰에서 답을 찾아보는 것 같아요"라고 답했다.

좀 더 나이가 든 8~11세경의 아이들도 여전히 인공지능 스피커가 똑똑하다고 여기지만, 나이가 들수록 인공지능이 항상 정답을 말하는 것은 아니라고 판단하는 모습이 점차 늘어났다.[12] 또한 나이가 들수록 인공지능이 직접 생각하고 판단하지는 못하며, 감정을 느끼지도 못한다고 평가하는 비율이 늘어난다. 예를 들어, 5~6세 아이들은 스마트 스피커가 대답하지 않으면 기분이 나빠서 말을 안 한다고 생각했지만, 11세 정도의 아이들은 스피커가 말을 제대로 알아듣지 못했거나 오류가 났다고 판단했다.

나이가 들수록 인공지능에 대한 인식이 바뀌는 것은 인지기능 발달의 영향도 있지만, 그보다는 인공지능 도구를 많이 접하고 또 작동 원리를 배웠기 때문일 가능성이 크다. 워싱턴대학의 연구진은 글자나 그림을 인식하는 인공지능 프로그램 만들기 수업에 참여한 7~12세 아동들이 인공지능을 어떻게 평가하는지 조사했디.[13] 물론 아이들이 실제로 프로그램 코드를 한 줄씩 작성하지는 않았고, 화면의 그림 아이콘을 배열하는 방식으로 프로그램을 만들었다. 인공지능 프로그래밍 체험을 통해 작동 원리를 개념적으로 이해한 아이들은 스마트 스피커 같은 인공지능이 똑똑하고 사람 같다고 과대평가하는 태도가 줄었다. 즉, 인공지능의 작동 과정을 전혀 모르면 인공지능이 살아있는 생명체여서 사람처럼 반응한다고 생각하지만, 인공지능의 작동 원리를 배우면 인공지능이 사람과 비슷한 반응을 하도록 만들어진 프로그램임을 이해하게 된다.

학습을 돕는 인공지능

성인은 무생물을 쉽게 의인화하고 애착을 느끼면서도 인간과 무생물을 명확히 구분한다. 하지만 5~6세 정도의 어린아이들은 인간처럼 반응하는 인공지능을 실제 인간과 분리해서 인식하는 걸 어려워한다. 그런데 아이들이 인공지능을 사람처럼 생각하고 대할수록 인공지능이 제공하는 정보를 쉽게 받아들인다. 이러한 특성은 인공지능을 활용한 학습 과정에서 유용하게 쓰인다.

아이들은 책의 내용을 그대로 읽어줄 때보다 적절하게 내용에 관한 질문에 답하고 피드백을 받을 때 책의 내용을 더 잘 이해하고 학습한다. 아이가 책에 몰입하고 주의를 기울이며 적극적으로 내용을 이해하려고 노력하면서 학습 효과가 커지는 것이다.[14] 이를 위해선 보통 책을 읽어주는 성인이 중요한 단어를 반복해서 말하거나, 책의 내용을 중간중간 요약해주고, 직접 주의를 기울여야 할 곳을 손으로 가리키는 식으로 아이가 책에 몰입하게 유도해야 한다.

캘리포니아 대학 어바인 캠퍼스의 연구진은 인간과 인공지능이 3~6세 아이들에게 책을 읽어주는 상황을 비교해봤다.[15] 이 연구에서 인공지능은 책을 읽어주는 것뿐만 아니라 질문을 하고, 아이들의 반응에 피드백을 주는 등 인간과 유사한 역할을 수행했다. 연구 결과, 인공지능은 인간과 유사한 수준으로 아이들의 책 내용 이해도를 향상시켰다. 더욱 흥미로운 점은, 연구에서 사용된 인공지능이 인간형 로봇 형태가 아니라 흔히 볼 수 있는 형태의 스마트 스피커였다는 점이다. 생명체와 비슷한 외형이 아니어도 스마트 스피커와의 상호작용에서 아이들은 인간과 비슷한 사회적 관계와 존재감을 느꼈다. 어린아이들은 인공지능을 인간과 쉽게 동일시하기 때문에 인공지능과의 상호작용을 통해 책 내용을 더 깊이 이해하고 언어 발달에도 도움을 받는다.

물론 어린아이들이 실제 인간과 인공지능 스피커를 언제나 똑같이 대하지는 않는다.[16] 아이들은 실제 인간과 함께 상호작용할 때 더 길고 자세하게 말했다. 이는 인공지능 스피커는 아이의 표정이나 몸짓 같은 비언어적 신호를 감지하지 못하고, 비언어적인 신호를 아이에게 보내지도 못했기 때문에 나타난 차이일 수 있다. 그러나 이러한 차이는 기술의 발전으로 보완될 가능성이 크다.

올바른 활용을 이끄는 올바른 이해

유치원에 다니는 어린아이들은 선생님이 굳이 물어보지 않아도 자신이 집에서 무엇을 했는지 시시콜콜한 이야기를 늘어놓곤 한다. 아이들이 인공지능을 사람처럼 여기고 신뢰하게 되면 인공지능에게도 쉽게 개인적인 이야기를 공유한다. 5~6세의 어린아이들은 인공지능 스피커에게 자신과 가족의 이름, 나이 같은 신상 정보를 자연스럽게 말하는 모습을 흔히 보인다.[17] 이 아이의 개인 정보 보호에 위협이 될 수 있지만, 동시에 이런 특성이 유용하게 사용될 여지도 있다. 케임브리지 대학의 연구진은 인간형 로봇을 사용해 8~13세 아이들의 정신건강 상태를 평가했다.[18] 이 연구에서 아이들은 인간형 로봇과 즐거웠거나 슬펐던 경험에 대한 이야기를 나누고, 정신건강 설문 문항에 답했다. 연구 결과, 컴퓨터 화면을 보고 스스로 답하는 기존의 설문 방식보다 로봇과 상호작용하며 대화하는 방식이 아이들의 정신건강 상태를 더 정확히 측정했다.

아이들은 기존의 설문 방식에서는 밝히지 않았던 이야기를 로봇에게 말하며 솔직한 모습을 보였다. 이처럼 아이들이 인공지능을 인간처럼 여기고 상호작용하며 느끼는 신뢰와 친밀감은 학습이나 정신건강 평가와 같은 영역에서 긍정적인 효과를 가져오는 동시에 위험성도 있다.[19] 아이들은 인공지능과의 상호작용을 인간과의 상호작용과 쉽게 혼동한다. 아이들이 인공지능을 인간처럼 여길수록, 인공지능이 매우 똑똑하고 모든 것을 안다고 과대평가하는 경우가 많다. 이로 인해 어린 아이들은 인공지능이 잘못된 정보를 제공해도 비판 없이 그대로 받아들이거나, 인공지능이 가진 편향된 관점에 쉽게 영향을 받는다.

2021년, 아마존의 인공지능 스피커는 10세 아이가 해볼 만한 챌린지를 알려달라는 아이의 질문에 "핸드폰 충전기를 콘센트에 절반만 꽂은 후, 노출된 플러그에 동전을 대보세요"란 위험한 답을 했다.[20] 다행히 아이의 엄마가 같이 있었기에 아이가 실제로 감전 위험이 있는 행동을 하진 않았다. 반만 꽂힌 충전기에 동전을 대는 것은 SNS에서 유행했던 챌린지였는데, 인공지능이 이를 검색해서 아이에게 권유한 것이다. 인공지능을 의인화하고 신뢰하는 아이는 인공지능이 잘못된 정보를 제공해도 제대로 걸러내지 못하고 그대로 따를 위험이 있다.

심리학자 솔로몬 애쉬Solomon Asch가 수행한 동조conformity 연구는 인간이 집단의 압력에 의해 자신의 의견이나 행동을 바꾸는 현상을 잘 보여준다. 애쉬의 실험에서 참가자는 두 명의 가짜 참가자와 함께 선 하나를 보고, 이 선의 길이가 옆에 있는 세 개의 선 중 어느 것과 같은지 판단하는 간단한 과제를 수행한다. 이때 세 개의 선 중 하나는 비교 대상인 선과 똑같은 길이였고 나머지 두 개는 명확하게 길이가 달랐다. 그런데 가짜 참가자들이 연이어서 길이가 다른 선이 정답이라고 틀린 답을 말하면, 마지막으로 답을 해야 하는 진짜 참가자는 망설이다가 집단의 답을 따라 틀린 답을 고를 가능성이 높다.

인간형 로봇을 사용해 성인과 7~9세 아동에게 이러한 동조 현상 실험을 진행한 연구는 흥미로운 결과를 보여줬다.[21] 실험은 애쉬의 실험과 똑같은 방식으로 진행됐다. 성인들은 인간 참가자들이 잘못된 답을 고를 때 애쉬 실험과 마찬가지로 동조 현상을 보였지만, 가짜 참가자가 인간이 아닌 로봇일 경우에는 로봇의 답에 영향을 받지 않고 정답을 골랐다. 반면, 아이들은 로봇이 연이어 잘못된 답을 고르면 이를 따라 오답을 고르는 비율이 증가했다. 즉, 아이들은 인간이 아닌 로봇에게도 동조 현상을 보였다.

인공지능의 영향력은 어린아이들에게 특히 더 민감하게 작용하기 때문에 아이들이 인공지능이 가진 편향과 고정관념을 쉽게 받아들일 수 있다. 인공지능 스마트 스피커 대부분은 젊은 여성의 목소리로 말한다. 여러 스피커가 남성의 목소리도 제공하지만, 기본값이 여성의 목소리일 때가 많다. 아마존의 알렉사Alexa나 애플의 시리는 여성의 이름을 가지고 있다. 카카오 미니나 네이버 클로바 같은 국내 인공지능 스피커 역시 여성의 목소리가 기본값이다. 물론 인공지능 스피커에게 성별을 물어보면 대부분 자신은 인공지능일 뿐 성별이 없다고 대답한다.[22] 내비게이션 역시 다양한 목소리를 설정할 수 있지만 기본값은 젊은 여성의 목소리다. 이는 사람들의 선호를 반영한 것이기도 하다.[23] 그러나 모든 인공지능 서비스가 여성의 목소리를 기본으로 삼는 것은 아니다. 2011년, 미국의 유명 퀴즈 쇼 〈제퍼디!Jeopardy!〉에서 인간 챔피언을 이기며 유명해진 IBM의 인공지능 왓슨Watson은 남성의 목소리로 게임에 참여했다.

아이들이 인간을 보조하거나 상대적으로 수동적인 역할을 하는 인공지능은 여성의 목소리로, 전문성을 드러내거나 능동적인 역할을 수행하는 인공지능은 남성의 목소리로 접한다면 성별에 대한 고정관념이 강화될 위험이 있다.[24]

어린아이들은 인공지능과 인간을 명확히 구분하지 못하는 경우가 많다. 이 때문에 아이들에게 굳이 인공지능에게 존댓말을 쓰거나 예의를 갖추라고 가르칠 필요가 없다는 주장도 나왔다. 아이들이 인공지능을 인간과 같은 존재로 받아들이면, 앞서 언급한 인공지능의 부정적 영향을 더 크게 받을 수 있기 때문이다.

반대로 인공지능과 상호작용할 때 아이들에게 예의를 차리라고 가르쳐야 한다는 주장도 있다. 아이들은 인공지능에게 일방석으로 명령하는 게 아니라 서로 대화를 주고받으며 상호작용한다. 인공지능 스마트 스피커는 아이들이 반말로 얘기하거나 무례하고 공격적인 질문을 해도 화내거나 답을 거부하지 않고 차분하게 반응한다. 무례한 태도를 보여도 상호작용이 원활하게 이어진다면, 아이들은 여기서 사회적 상호작용 방식을 배워 실제 인간과의 관계에 그대로 적용할 수도 있다.[25]

2018년, 구글은 아이들이 인공지능 스마트 스피커에게 "please(부탁합니다)"나 "thank you(감사합니다)" 같은 예의 바른 표현을 사용하면 스마트 스피커도 고맙다고 친절하게 반응하는 'Pretty Please'라는 기능을 추가하기도 했다.[26] 작은 보상을 제공해 아이들의 의사소통 과정을 긍정적인 방향으로 유도하려는 시도였다.

아이들이 인공지능 스마트 스피커에게 실제 인간과 대화할 때처럼 말하도록 유도하더라도 꼭 인간과 인공지능을 혼동하는 경향이 커지는 것만은 아니다. 2024년에 발표된 하버드 의과대학과 보스턴 어린이 병원의 조사 결과에서는 3~12세 아이들의 30퍼센트가 인공지능 스마트 스피커에 항상 "please"나 "thank you" 같은 말을 사용하는 것으로 나타났다. 50퍼센트의 아이들은 대체로 예의 바른 말투를 사용했다.[27] 대부분의 아이는 인공지능 스피커를 친절하게 대하는 편이지만, 아이들 중 33퍼센트는 스마트 스피커를 "she"나 "he"처럼 사람을 나타내는 대명사로 불렀다. 즉, 인간과 스마트 스피커를 어느 정도 구분했다. 아이들은 인공지능을 인간처럼 대하면서도 인간과 인공지능은 다르다는 사실을 인지할 수 있다.

여러 연구자는 아이들이 인공지능을 제대로 이해하고 활

용할 수 있는 인공지능 리터러시(literacy, 문해력)를 가져야 한다고 강조한다. 예를 들어, 아이들이 부모나 교사와 함께 인공지능 챗봇을 훈련시키는 과정을 경험하면 인공지능의 작동 과정을 배우게 된다. 이 과정에서 아이들은 인공지능이 인간이 설계하고 학습시킨 도구라는 점을 이해하게 되고, 인공지능의 능력을 과대평가하고 의존하는 경향을 줄일 수 있다. 결국 아이들에게 인공지능이 만능이 아니라는 점을 이해시키고, 인공지능이 제공하는 정보가 항상 정답은 아니며, 때로는 오류와 편향이 있음을 알려주는 것이 중요하다. 이러한 노력은 아이들이 인공지능을 올바르게 이해하고 활용하는 기반이 된다.

참고로, 인공지능에게 예의 있는 말을 사용하는 것은 어린아이들의 사회적 상호작용 학습에만 도움이 되는 것이 아니라 성인에게도 유용하다. SNS에는 인공지능 챗봇에게 고맙다는 말을 했더니 더 좋은 답을 생성했다는 경험담이 여럿 공유됐다. 실제로 구글 딥마인드의 연구에서는 단순히 문제를 풀라는 지시만 했을 때보다 "깊게 심호흡을 하고 이 문제를 한 단계씩 풀어줘"라고 요청했을 때 더 정확도가 높은 답을 생성했다는 결과가 나왔다.[28] 심지어 챗봇에게 팁을 주겠다고 했을 때에도 답의 질이 향상됐다는 연구 결과도 있다.[29] 물론 인공지능 챗봇이 친절한 태도로 질문을 하거나 팁을 주겠다고 하면 고마움을 느껴서 더 성실히 답변한 건 아니다. 사실 인공지능에게서 가장 정확한 답을 얻는 방법은 존댓말을 하거나 고맙다고 말하는 게 아니라 정확하고 구체적인 질문을 하는 것이다. 그럼에도 불구하고 정중하고 예의 바른 태도가 더 나은 반응을 생성한다는 사람들의 경험담과 연구 결과가 나온 이유는 인공지능 챗봇의 작동 방식이 원인으로 추정된다. 인공지능 챗봇은 입력된 질문의 단어들을 바탕으로 이어질 확률이 높은 단어들을 배열하는 방식으로 답변을 생성한다.[30] 욕설이 섞인 블로그 글보다 정중한 어조로 쓰인 학술 자료에서 나타나는 단어들의 확률 분포에서 정중한 어투의 질문과 비슷한 패턴을 찾아낼 가능성이 높을 것이다. 따라서 인공지능이 학습 과정에서 접한 학술자료의 표현 방식과 맥락에 따라 체계적이고 명확한 형태의 답변을 생성할 가능성도 커진다.

인공지능과 함께 살아갈 아이들

인공지능 도구를 성인이 되어 사용하게 된 과거 세대와 달리, 오늘날 아이들은 태어나면서부터 인공지능 도구와 함께 성장한다. 이 아이들이 접하게 될 인공지능은 컴퓨터나 TV와 달리, 처음부터 인간처럼 행동하고 과제를 수행하도록 설계된 도구일 가능성이 높다. 아이들은 인간과 비슷한 인공지능이 가득한 환경의 영향을 어른보다 훨씬 크게 받는다.

이제는 먼 옛날처럼 느껴지는 코로나19 팬데믹 기간을

떠올려보자. 2020년 초에 시작된 팬데믹은 2023년 세계보건기구가 비상사태 종료를 선언하며 공식적으로 마무리됐다. 팬데믹 동안 일상생활에 많은 변화가 있었다. 사회적 거리 두기, 마스크 착용, 온라인 수업, 재택근무가 일상화됐고, 사회적 접촉이 줄어들면서 많은 사람이 우울과 불안을 호소했다.[31] 마스크 착용이 일상화되면서 얼굴 표정을 인식하기 어려워졌고, 얼굴을 인식하는 눈 움직임 패턴의 변화도 관찰됐다.[32]

이러한 변화는 어른보다 아이들에게 더 큰 영향을 미쳤다. 마스크 착용의 일상화로 입모양을 볼 기회가 줄어든 아이들은 언어 학습에 어려움을 겪고, 얼굴 표정에서 정서를 읽는 능력을 학습하는 과정에 방해를 받았다.[33] 팬데믹 기간에 태어난 아이들은 인지기능 발달이 더딘 경우가 많았으며, 사회적 접촉의 감소로 사회성 발달에도 영향을 받았다.[34] 특히 이러한 부정적 영향은 사회경제적으로 소외된 계층의 아이들에게서 더욱 심각하게 나타났다.[35]

다행히 팬데믹이 끝나고 다시 이전의 일상으로 복귀한 아이들은 팬데믹으로 인해 변화된 환경에서 받은 부정적 영향에서 벗어나 회복될 가능성이 높다. 아이들의 뇌는 학습과 경험에 따라 유연하게 변화하기 때문이다. 어린 시절에 사회적 교류 기회가 박탈되는 등 열악한 상황을 겪었더라도 이후 정상적인 환경으로 돌아오면 대부분 인지 능력과 사회성이 제대로 발달한다.[36]

팬데믹이 일상 곳곳에 변화를 가져온 것처럼 인공지능 역시 우리의 일상을 바꾸고 있다. 물론 인공지능은 팬데믹처럼 일상생활을 방해하거나 부정적인 환경을 제공하지는 않고, 더 편리한 삶을 가능하게 한다. 그러나 긍정적이든 부정적이든, 인공지능이 많이 도입되고 사용되는 환경 속에서 성장하는 아이들은 그 영향을 받지 않을 수 없다. 코로나19 팬데믹의 경우는 3년 정도 지속됐지만, 인공지능은 다르다. 아마도 지금 아이들은 평생 인공지능과 함께 자라며 살아가고, 인공지능이 미치는 영향 역시 평생 이어질 것이다.

인공지능과 함께 자라는 아이들은 더 똑똑해질까, 아니면 인공지능에 지나치게 의존해 깊이 생각할 기회를 잃게 될까? 인공지능은 아이들의 정서 발달에 어떤 영향을 미칠까? 이러한 질문에 답하기 위해 다양한 연구가 진행되고 있지만, 인공지능이 끊임없이 발전하고 있어 지금 시점에서 단정적인 결론을 내리기는 어렵다. 그러나 많은 연구는 이전에 등장했던 여러 신기술이 인간에게 미친 영향처럼 인공지능 역시 긍정적·부정적 효과를 모두 가지고 있음을 보여준다. 따라서 인공지능이 아이들에게 미치는 영향을 연구하는 동시에, 인공지능을 긍정적으로 활용하는 방안에 대한 논의와 연구가 함께 이뤄져야 한다.

9 인공지능도 인간과 같은 마음을 가질 수 있는가?

인간과 인공지능 구별하기

"라면 먹을래요?"는 2001년에 개봉한 영화 〈봄날은 간다〉에 나온 유명한 대사다. 극 중 상우가 은수를 차로 집에 데려다주는 장면에서 등장한다. 은수가 차에서 내려 집으로 들어가려다, 갑자기 차 문을 다시 열고 상우에게 라면을 먹을 것인지 물어본다. 영화를 보지 않은 사람이라도 은수의 의도가 단순히 상우에게 배가 고픈지 묻는 것이 아니라는 점을 쉽게 이해할 수 있다.

하버드 대학의 심리과학 Psychological Science 수업은 백 명이 넘는 학생이 수강하는 대형 심리학 입문 과목이다. 수강생들은 매주 교수가 진행하는 세 시간짜리 강의를 듣고 열 명 내외로 구성된 모둠으로 나뉘어 대학원생이 진행하는 한 시간의 토론 수업에 참여한다. 내가 맡은 토론 수업에서 인간의 언어를 주제로 다룰 때, 영화 〈봄날은 간다〉의 "라면 먹을래요?" 장면을 학생들에게 보여줬다. 영화의 내용을 전혀 모르고 한국 문화에도 낯선 미국 학생들이었지만, 이 대사를 듣고 "Netflix and chill(편하게 넷플릭스 볼래?)"과 비슷한 맥락인 것 같다며 즉시 그 의미를 파악했다. 이처럼 사람들은 대화의 행간에 담긴 의미를 쉽게 읽어낸다.

또 다른 예를 살펴보자. "우리 헤어져." 남자가 말한다. "누구야?" 침묵하던 여자가 묻는다. 이 대화의 의미를 단어의 표면적인 뜻만으로는 이해하기 어렵다. 대화를 제대로 이해하려면 여자가 남자의 이별 선언이 다른 연인이 있기 때문이라고 의심 중이라는 맥락을 알아야 한다. 사람들은 이런 맥락을 쉽게 이해하지만, 과거의 인공지능은 이 대화 속 함축적인 의미를 해석하는 데 한계가 있었다. 인간이 살아가며 체득한 수많은 상식을 다 알지 못했기 때문이다. 나는 이 예시를 수업에서 종종 사용하며, 인공지능 언어 모델이 아직 인간의 상식을 완벽히 이해하지 못한다는 점을 강조하곤 했다. 그러나 최근의 인공지능은 놀라울 만큼 발전했다. 이제는 "라면 먹을래요?"나 "누구야?" 같은 대사의 맥락과 숨은 의미를 인간처럼 파악하고 설명할 수 있다. 수업에서 사용하는 예시를 더 복잡한 것으로 바꾸거나, 인공지능도 인간의 상식을 상당히 잘 따라잡고 있다고 설명해야 할 때가 왔다.

이런 상황에서 이제는 무엇으로 인간과 인공지능을 구별할 수 있을까? 스탠퍼드와 코넬 대학의 연구진은 인간이 인공지능이 쓴 글을 찾아낼 수 있는지 테스트했다.[1] 연구 결과, 사람들은 인간이 쓴 글과 인공지능이 쓴 글을 거의 구별하지 못했다. 인공지능이 인간처럼 글을 쓸 만큼 발전했거나, 사람들이 글의 출처를 판단할 때 잘못된 단서를 사용했기 때문일 수도 있다. 즉, 사람들이 인공지능이 작성한 글의 특징이라고 여기는 요소가 실제와는 다를지도 모른다. 예를 들어, 사람들은 '나'와 같은 1인칭 대명사나 가족과 관련된 단어는 인공지능의 글에 잘 나오지 않을 거라고 예상했지만, 실제로는 인공지능도 이러한 단어들을 인간만큼 자주 사용했다. 인공지능 언어 모델은 인간이 생성한 수많은 언어 자료를 학습한 후에 가장 높은 확률로 이어질 것 같은 단어들을 차례로 출력한다. 그 결과, 인간이 쓴 글의 특성이 자연스레 인공지능이 만들어내는 단어의 나열에도 반영된다.

다만 인공지능과 인간의 글은 쉽게 알아차리기 어려운 부분에서 일부 차이를 보였다. 예를 들면, 일부 인공지능 모델은 'delve'라는 단어를 인간보다 더 자주 사용한다고 알려졌다.[2] 인공지능이 쓴 글과 인간의 글이 거의 차이가 없다면, 인공지능도 인간과 같은 수준의 지능을 가졌다고 봐도 될까? 인공지능의 지능을 평가하는 가장 널리 알려진 방법은 튜링 테스트Turing test다. 인간은 인공지능 또는 인간과 텍스트로 이야기를 나누며, 대화 상대가 인간인지 아닌지를 판단한다. 인간과 같은 지능이 무엇인지 정의하기 어렵기 때문에 인간이 구별하지 못할 정도로 자연스러운 대화가 가능한 인공지능은 인간과 동등한 수준의 지능을 갖췄다고 간주하는 것이다.

최근 인공지능과 대화를 하다 보면 진짜 인간을 상대하는 것처럼 느껴질 때가 있다. 인간이 아니라 인공지능이 그럴듯한 단어들을 나열하고 있다는 사실을 분명히 알고 있음에도 가끔 착각을 불러일으킬 정도다. 캘리포니아 대학 샌디에이고 캠퍼스에서 진행된 최근 연구에서도 이제는 사람들이 인공지능과 대화할 때 인간과 대화하는 것처럼 느낀다는 결과가 나왔다.[3] 실험 참가자들은 다른 인간 참가자 또는 챗지피티4 같은 인공지능 언어 모델과 5분 동안 대화를 나눈 후, 대화 상대가 인간인지 인공지능인지 판별하는 튜링 테스트를 수행했다. 실험 결과, 인공지능과 대화를 나눴던 사람 중 54퍼센트는 자신이 인간과 대화를 했다고 생각했다. 인공지능과 대화 중 절반 정도는 인간처럼 느껴지지 않는 수준이니 인공지능이 아직 인간을 따라잡으려면 멀었다고 해석할지도 모르겠다. 그러나 실제 인간과 대화를 나눈 경우에도 참가자들의 67퍼센트만이 상대를 인간이라고 판단했다. 즉, 실제 인간과 대화를 나눴음에도 33퍼센트는 상대를 인공지능이라고 생각한 것이다. 이처럼 인간이라고 해서 인간 수준의 지능을 검사한다는 튜링 테스트를 항상 통과하는 것은 아니다.

실제 인간만큼은 아니지만, 인공지능은 이미 인간과 유사한 정도로 튜링 테스트를 통과할 수 있다. 그러나 현재로서는 인공지능이 아무리 인간처럼 반응한다 하더라도 인간과 똑같은 수준의 마음을 갖고 자신을 인식한다고 보기는 어렵다. 예를 들어, 인공지능 챗봇이 "배가 고프다"거나 "자고 싶다"는 말을 하더라도 인공지능은 실제로 그런 상태를 겪지 못한다. 챗봇에게는 공복감을 느끼게 하는 호르몬 분비도, 음식을 먹고 소화시킬 신체 기관도 없으며, 잠들고 깨어나는 주기를 관장하는 생체시계나 졸음을 느끼게 하는 호르몬도 없고, 잠에 빠지지도 않는다. 챗봇이 배고프다거나 졸리다는 단어를 출력할 수 있는 이유는 단지 대화 맥락에서 그런 단어들이 나올 확률이 가장 높기 때문이다. 이는 실제 상태를 느낀 결과가 아니라, 학습된 통계적 패턴에 기반해 생성된 문장일 뿐이다. 따라서 인공지능이 맥락에 맞는 답을 생성한다고 해서 질문과 답의 의미를 실제로 이해했다고 보기 어렵다.

인간은 단순히 대화를 이어가는 능력을 넘어 대화의 맥락과 의미를 이해하며, 상대방에게 공감한다. 반면 인공지능은 의미를 이해하는 대신, 통계적 연산을 통해 가장 적합한 답을 예측하고 출력하는 데 그친다.

마음을 가졌다는 말의 의미

자신의 상태를 인식하고, 대화를 이해하며, 상대에게 공감할 수 있는 '마음'이 있다는 것은 무슨 뜻일까?

30세의 사람은 마음을 가지고 있을 것이다. 그러나 30세에 사망한 사람은 마음이 없다고 여겨진다. 생후 1개월 된 아기는 어떨까? 인공지능은 마음이 있다고 볼 수 있을까? 하버드 대학의 대니얼 웨그너Daniel Wegner 교수 연구팀은 아기, 침팬지, 강아지, 개구리, 성인 남성, 여성, 신, 로봇 등 13개의 다양한 존재를 사람들이 어떻게 생각하는지 조사했다.[4] 사람들에게 로봇과 개구리 중에 어느 쪽이 더 고통을 느끼는 능력을 갖췄는지, 로봇과 개구리가 사람을 죽였을 때 어느 쪽이 더 처벌을 받아야 하는지 등을 고르게 했다. 사람들의 답변을 모아서 분석했더니 마음은 크게 행위성agency과 경험experience이라는 두 가지 차원으로 구성됐다. 행위성은 자기 통제·기억·정서 인식·의사소통·생각 등을 할 수 있는가, 그리고 경험은 배고픔·공포·기쁨·분노·욕구 등을 가지고 있는가를 포함했다.

이 연구에 따르면 사람들은 단순히 '마음이 있다' 또는 '없다'로 판단하지 않고, 행동할 수 있는 능력(행위성)과 느낄 수 있는 능력(경험)이 얼마나 높거나 낮은지를 조합해 마음을 평가한다. 예를 들면, 살아있는 사람은 높은 행위성과 경험을 모두 가지고 있는 존재로 평가된다. 반면, 죽은 사람은 경험은 거의 없으며 행위성 역시 낮다. 아기는 행위성은 낮지만 경험은 높다.

연구진은 사람들이 인공지능을 어떻게 평가했는지 직접 조사하진 않았지만, 아마도 연구에 등장한 여러 존재 중 로봇이 인공지능과 가장 가까운 사례일 것이다. 연구에서 로봇은 죽은 사람보다는 행위성이 높지만 경험은 더 낮다고 평가됐다. 물론 이 연구는 지금처럼 인공지능의 성능이 뛰어나지 않았던 2007년에 진행됐음을 고려해야 한다. 훨씬 발전된 인공지능을 접한 현재의 사람들은 인공지능의 행위성과 경험 능력을 전보다 더 높게 평가할 수도 있다. 특히, 인공지능이 점점 더 다양한 과제를 수행할 수 있게 된다면 행위성에 대한 평가는 더욱 높아질 것이다.

그렇다면 인공지능이 인간처럼 느끼고 이해하는 능력을 갖추지 못한 상태에서 성능만 계속 개선된다면 사람들은 어떤 반응을 보일까? 연구에서 행위성이 매우 높지만 경험은 낮은 존재로 평가된 것은 '신'이었다. 인공지능이 인간과 같은 마음을 가졌는지에 대한 평가도 단순히 높은 행위성만으로는 이뤄지지 않는다. 다양한 과제를 인간처럼 수행하는 높은 행위성과 더불어 인간과 유사한 경험 능력을 갖춰야 인공지능이 마음을 가졌다고 평가받을 수 있을 것이다.

인간을 가려내는 단 하나의 단어

필립 K. 딕Philip K. Dick의 소설 《안드로이드는 전기양의 꿈을 꾸는가?》를 원작으로 한 영화 〈블레이드 러너〉에는 유전자 합성으로 만들어 인간과 비슷한 레플리칸트Replicant라는 인조인간이 나온다. 레플리칸트는 인간과 유사한 생체조직을 가지고 있고 지능도 높아 진짜 인간과 구별하기 어렵다. 영화에서는 보이트-캄프 테스트Voight-Kampff test라는 일종의 튜링 테스트로 인간과 레플리칸트를 구별한다. 영화 속 검사에서는 인간의 감정을 불러일으킬 수 있는 여러 질문에 어떻게 답하는가를 관찰하는 동시에 동공 확장 같은 신체 반응도 측정한다.

튜링 테스트나 보이트-캄프 테스트 같은 검사로 인간과 인공지능을 구별해야 한다면 어떤 질문을 해야 할까? 상황을 조금 더 단순하게 만들어보자. 당신은 지금 컴퓨터 앞에 앉아 있다. 잠시 후 컴퓨터 화면에 두 개의 단어가 나온다. 한 단어는 인간이, 다른 한 단어는 인공지능이 선택한 것이다. 당신은 두 단어 중에 어느 쪽이 진짜 인간이 고른 것인지 판별해야 한다. 인간이 아니라는 판정을 받은 쪽은 죽게 된다(또는 파괴된다). 잠시 후 화면에 두 개의 단어가 나타난다. '사랑' 그리고 '연민'. 어느 쪽이 진짜 인간이 고른 단어일까? 화면에 나타난 두 단어가 '똥'과 '바나나'라면 인간이 고른 단어는 어느 쪽일까?

MIT 연구진은 이런 상황에서 사람들이 어떤 단어를 인간이 선택한 단어라 판단하는지 조사했다.[5] 연구 결과, 53퍼센트의 사람들은 '사랑'을 인간이 선택한 단어라고 판단했다. '바나나'보다 '똥'을 인간이 선택한 단어로 여긴 응답자는 77퍼센트에 달했다. 여러 단어 중에서 사랑, 연민, 인간, 살아 있는alive, 공감, 자비, 제발please, 바나나, 똥 같은 단어가 인공지능보다 인간이 선택할 것 같은 단어로 꼽혔다. 흥미롭게도 이러한 단어들 중 인간을 가장 잘 구별할 수 있는 단어는 '똥'으로 나타났다. 즉, '사람', '공감', '살아 있는' 같은 단어들이 '똥'과 함께 제시됐을 때, 사람들은 대체로 두 단어 중 '똥'이 더 인간이 쓴 단어 같다고 여겼다. '사랑', '제발' 같은 단어도 인간을 인간처럼 보이게 하는 단어였으나, 똥만큼 강력하지는 않았다.

왜 인간을 인간답게 보이게 만드는 단어가 '사랑'과 '연민', '공감' 같은 단어가 아니라 '똥'이었을까? '똥'은 인간의 신체 기능과 관련이 있으면서도, 많은 사람이 재미를 느끼는 단어이기 때문이다. 어린아이들은 '똥'이나 '응가'라는 말만 들어도 자지러지게 웃는다. 연구에서는 욕설이나 성기를 지칭하는 비속어 등도 인간과 인공지능을 구별하는 단어로 많이 언급됐다. 사람들은 진짜 사람이라면 웃음이나 부끄러움 같은 다양한 감정을 실제로 일으킬 수 있는 단어를 제시했을 것이라 추측하기 때문이다.

반면에 '로봇'이라는 단어는 다른 어떤 단어와 같이 나오더라도 인간이 고르지 않은 단어로 평가될 확률이 높았다. 인간이 자신이 인간임을 증명하기 위해 '로봇'이라는 단어를 고를 리 없다고 생각한 것이다. 흥미롭게도 '인간'이라는 단어 역시 다른 단어와 같이 나오면 언제나 인간이 고르지 않을 것 같은 단어로 평가됐다. 인간임을 증명하기 위해 '인간'이라는 단어를 선택하는 것은 지나치게 단순하며, 성능이 떨어지는 인공지능이 선택했을 법한 단어라 생각하기 때문이다. 즉, 실험 참가자들은 진짜 사람이라면 자신이 선택한 단어를 평가자가 어떻게 생각할지, 어떤 감정 반응을 보일지 예상한 것이다. 인간과 인공지능을 단어로 구별하는 상황에서 '똥'처럼 예상치 못한 단어가 오히려 인간다움을 더 잘 드러내는 이유는 인간이 단어를 선택하는 다른 인간의 마음을 예측하려 하기 때문이다.

마음을 읽는 인공지능

이처럼 다른 사람의 의도나 감정, 욕구 같은 정신 상태를 추론하는 능력을 마음이론theory of mind이라 부른다. 다른 사람도 마음을 가지고 있고, 또 나와 다른 생각을 할 수도 있음을 이해하는 것이다.

아동의 마음이론을 측정할 때 샐리-앤 과제Sally-Anne test가 많이 쓰인다. 이 과제에서는 안이 보이지 않는 바구니와 상자가 등장한다. 샐리와 앤이 방에 들어오고, 샐리는 장난감을 바구니 안에 넣는다. 샐리가 방 밖으로 나간 사이 앤은 바구니에 있던 장난감을 상자 안으로 옮긴다. 샐리가 다시 방에 돌아왔을 때 샐리는 자신의 장난감을 찾기 위해 바구니와 상자 중 어떤 것을 열어볼까? 마음이론이 제대로 작동한다면 샐리와 앤의 이야기를 들은 아이는 샐리가 바구니를 열 것이라고 답한다. 정답을 맞혔다면 아이가 자신은 장난감이 상자로 옮겨졌다는 사실을 알고 있지만, 샐리는 이를 모른다는 것을 이해했다는 의미다. 샐리가 장난감의 위치에 대해 실제와 다른 생각을 하고 있기 때문에 이 과제는 틀린 믿음 false belief 과제라고 불리기도 한다.

샐리-앤 과제는 성인에게는 단순해 보이겠지만 어린아이에게는 쉽지 않다. 대략 만 4세 정도면 이 과제에 제대로 답한다. 그러나 더 어린 아동들은 샐리는 장난감이 옮겨진 것을 보지 못했지만 그래도 장난감이 상자 안에 있으니 상자를 열 것이라는 답을 하기도 한다.[6] 최근 연구에서는 인공지능에게 샐리-앤 과제를 비롯해 상대방의 의도와 생각을 추론하고 이해해야 답할 수 있는 다양한 문제를 풀어보게 했다. 연구 결과, 과제 종류와 인공지능 모델의 종류 및 버전에 따라 약간의 차이는 있었으나 인공지능은 대체로 인간처럼 마음이론 과제에서 정확한 답을 찾는 데 성공했다.[7]

그러나 인공지능이 마음이론 과제를 잘 수행했다고 해서

인간처럼 다른 사람의 마음을 추론하고 이해한다는 것은 아니다. 침팬지나 보노보 같은 동물도 마음이론 과제를 통과할 수 있다.[8] 침팬지에게 샐리-앤 과제와 비슷한 상황을 보여주면 침팬지는 실제 물건이 숨겨진 위치가 아니라 물건을 찾는 사람이 알고 있는 위치 쪽을 쳐다본다. 즉, 물건을 찾는 사람이 물건이 숨겨진 위치를 잘못 알고 있다는 것을 이해했다고 해석할 수 있다. 연구자에 따라서는 다른 사람이 나와 다른 생각을 할 마음이 있음을 이해하고 추론하는 능력 없이도 마음이론 과제를 풀 수 있다고 생각하기도 한다. 즉, '동물은 먹이를 찾을 때 이전에 그 먹이를 마지막으로 봤던 위치로 향하는 경향이 있다'라는 행동 패턴을 학습하고 적용한 것이지, 인간과 똑같은 방식으로 타인의 마음 상태를 추론하고 이해한 것은 아닐 가능성이 있다.

어린아이들이 샐리-앤 과제를 틀리는 이유 중 하나는 아이가 자신의 마음을 가지고 있기 때문이기도 하다. 샐리-앤 과제에서 샐리는 자신이 자리를 비웠을 때 앤이 장난감을 다른 위치로 옮긴 것을 모른다. 그러나 아이는 앤이 장난감을 옮긴 것을 알고 있으며, 이러한 자신의 마음 상태와 샐리의 마음 상태를 구분해야 한다. 그러나 인공지능은 애초에 자신의 마음 상태를 가지고 있지 않으므로 샐리의 마음 상태만 추론하면 된다. 따라서 마음을 구별할 필요가 없는 인공지능에게는 오히려 샐리-앤 과제가 비교적 어렵지 않았을 수도 있다. 인공지능이 마음이론 과제를 풀 수 있다는 사실은 흥미롭지만, 그렇다고 해서 인간과 동일한 방식으로 마음을 이해한다고 결론지을 수는 없다.

마음을 부여하는 인간

어떤 과제를 해결해야 인공지능이 인간과 같은 마음을 가졌다고 볼 수 있을까? 사실 인공지능이 인간과 같은 마음을 가지고 있는지, 또는 언젠가 그런 마음을 가지게 될지 정확하게 답하기는 매우 어렵다. 현재로서는 답을 인공지능이 아니라 인간 쪽에서 찾아야 할 것 같다. '인공지능이 언제 인간과 같은 마음을 가질 것인가?'라는 질문보다는, '언제 인간이 인공지능에게 마음을 부여할 것인가?'라는 질문으로 바꿔 생각해야 할지도 모른다.

우리는 스스로 마음을 경험하기 때문에 자신에게 마음이 있다고 생각한다. 그렇다면 타인에게 마음이 있다는 사실을 어떻게 증명할 수 있을까? SF 영화에서처럼 미래에서 온 인공지능 로봇과 대화한다고 상상해보자. 실제 인간과 구별할 수 없을 정도로 정교하게 만들어진 로봇이 나와 자연스러운 대화를 나누고, 마음이론 과제에도 정확한 답을 하고 스스로 "나에게 마음이 있다"고 주장한다면, 이를 반박하기는 쉽지 않을 것이다. 타인의 마음은 당사자만이 아는 주관적 경험이다. 우리는 타인의 마음을 직접 체험할 수 없지만, 타인의 행동과 언어적 표현을 통해 나와 비슷한 마음이 있으리라 믿는다. 이처럼 마음에 대한 평가는 결국 인간이 스스로 내리는 것이다.

언젠가 발전된 인공지능이 스스로를 인식하고 마음을 가지는 상황이 올 가능성은 낮아보이지만, 설령 그런 일이 벌어지더라도 이를 명확하게 증명할 방법은 아직 없다. 현재로서는 인공지능이 자의식을 가지거나 내적 경험을 하지 못하는 것으로 보인다. 그러나 인간은 인공지능의 제한된 반응만으로도 그들에게 인간과 비슷한 마음 상태를 투영한다. 마음을 느끼는 주체도 인간이고, 다른 존재에게 마음을 부여하는 것도 인간이다. 결국 '인공지능이 인간과 같은 마음을 가질 수 있는가?'라는 질문의 답은 인공지능 자체의 능력보다 이를 바라보는 인간의 평가에 달려 있다.

구글의 엔지니어 블레이크 르모인Blake Lemoine은 구글에서 개발한 람다LaMDA라는 인공지능과 대화를 나누다 람다가 의식을 가진 존재라고 믿게 됐다. 구글은 자체 검토 결과 람다가 의식을 가졌다고 볼 증거가 없다고 밝혔다. 그러나 르모인은 공개적으로 람다가 의식을 가졌다는 주장을 이어갔고, 개발 중인 인공지능과의 대화 기록을 비롯한 여러 자료를 회사 승인 없이 공개해 보안 규정을 위반했다는 이유로 구글에서 해고됐다.[9] 여러 연구자는 람다가 자기 존재를 인식했다기보다, 인간

과 구분이 안 될 정도로 인간 같은 반응을 보여 르모인이 인공지능에 마음을 투영했다고 평가했다.[10]

인간이 다른 존재에게 마음을 부여하는 기준은 단순하면서도 복잡하다. 인간의 뇌는 패턴을 찾는 데 능숙하다. 실제로는 무의미한 정보에서도 존재하지 않는 패턴을 읽어내기도 한다. 예를 들면, 인간은 실제 얼굴이 아닌 시각 자극에서 얼굴을 쉽게 읽어낸다. '-_-'처럼 짧은 선이 위아래로 배열된 단순한 패턴에서도 무표정한 얼굴을 찾는다. 이처럼 일상적인 사물이나 자연 속 풍경 등에서 얼굴과 같은 패턴을 읽어 내는 착시 현상을 '얼굴 파레이돌리아'라고 부른다. 사람들은 사물에서 얼굴만 보는 게 아니라 착시 현상으로 보이는 얼굴이 얼마나 나이가 들었는지, 어떤 표정인지, 어떤 성별인지도 상당히 일관되게 지각한다.[11]

심지어 적절한 맥락만 주어진다면 얼굴과 전혀 비슷한 구석이 없는 시각 자극도 얼굴처럼 인식한다. 예컨대, 머리가 없는 사람의 상체 사진 위에 검정색 얼룩을 얼굴과 비슷한 크기로 그려 넣으면, 뇌에서 얼굴 정보를 처리하는 방추상 얼굴 영역이 실제 얼굴을 본 것처럼 반응한다.[12] 보통 목 위에는 머리가 붙어 있으니 뇌가 목 위의 검은 얼룩을 얼굴로 해석한다. 이는 뇌가 패턴을 찾는 데 특화됐기 때문에 발생하는 현상이다. 인간은 특정 패턴을 찾고 해석하는 뇌의 능력 덕분에 마음이 없는 존재에게서도 패턴을 읽어내고 마음을 부여한다.

양말을 벗어 빨래통으로 던지면 양말은 포물선을 그리며 날아간다. 그러나 비둘기를 잡아서 던진다면 비둘기는 포물선을 그리는 대신 다른 곳으로 멀리 날아가버릴 것이다. 비둘기가 무슨 생각을 하는지는 알 수 없지만, 비둘기도 나름의 의도를 가지고 움직이는 생명체이기 때문이다. 이처럼 의도를 가지고 움직이는 살아 있는 생명체의 특성을 생물성animacy이라 한다. 1944년, 스미스 대학Smith College의 프리츠 하이더Fritz Heider와 마리앤 지멜Marianne Simmel이 발표한 연구는 인간이 단순한 움직임에서도 생물성을 지각한다는 사실을 보여준다.[13] 이들의 연구에서 참가자들은 삼각형이나 동그라미 같은 단순한 도형들이 움직이는 영상을 봤다. 사람들은 영상 속 삼각형이 사각형을 잡으려고 한다거나, 삼각형이 사각형을 괴롭힌다, 동그라미가 사각형을 도와주려 한다 등 도형이 마치 의도를 가지고 움직이는 것처럼 해석했다. 사람이나 동물 같은 생명체처럼 생기지 않아도 일정하게 움직이지 않고 갑자기 방향이나 속도를 바꾸기만 해도 의도를 가지고 움직인다고 느낀 것이다. 이처럼 의도와 마음을 부여하려는 행동은 생후 18개월 남짓한 아기에게서도 나타난다.[14]

인간은 생명체는 물론이고 무생물에서도 마음을 지각하기 때문에 인공지능도 인간과 비슷할수록 마음이 있는 것처럼 느껴질 가능성이 커진다. 그러나 일부 연구에서는 로봇 같은 무생물이 인간과 비슷할수록 호감도가 올라가지만, 유사도가 일정 수준을 넘어서면 오히려 호감도가 떨어지는 불쾌한 골짜기uncanny valley 현상이 보고된다.[15] 흥미로운 점은 무생물이 실제 인간과 구분이 안 될 정도로 인간과 비슷해지면 다시 호감도가 올라간다는 것이다. 즉, 인간과 거의 유사한 정도로 닮았지만 인간이 아님을 알 수 있는 정도의 수준에서는 묘한 불쾌감을 느끼는 것이다. 이 현상을 보여주는 사례가 2019년 유명 뮤지컬을 영화화한 〈캣츠〉다. 원작 뮤지컬의 높은 인기에도 불구하고 영화는 흥행에 실패했다. 〈캣츠〉는 제목 그대로 고양이들이 주인공인데, 영화에서는 인간 같으면서도 인간이 아니고, 그렇다고 고양이도 아닌 배우들의 모습에 많은 사람이 어색함을 느꼈다. 뮤지컬에서는 애초에 사람이 고양이 분장을 하고 고양이의 행동을 묘사한 것이 명확하게 드러난다. 하지만 영화에서는 고양이 분장을 한 배우들에게 컴퓨터 그래픽을 입혀 사실적인 묘사를 했고, 인간과 근접하지만 인간은 아닌, 불쾌한 골짜기에 해당하는 모습이 됐다.

인간은 인간과 비슷한 특성을 보이는 무생물에서도 의도와 마음을 지각할 수 있지만, 이 과정에서 인간과의 미묘한 불일치는 오히려 불쾌감을 유발한다. 앞으로 인공지능이 더 발전하고 인간과의 미묘한 불일치도 사라진다면 언젠가는 인간과 같은 마음을 가지게 될까? 인공지능 연구자 480명을 대상으로 조사한 결과, '인간의 언어를 학습하는 인공지능 챗봇이 충분한 양의 데이터와 계산 자원이 주어진다면 결국 인간의 언어를 '이해'할 수 있을까'라는 질문에 답이 '그렇다'와 '아니다'로 딱 반으로 갈렸다.[16] 앞으로 인공지능이 발전해 인간과 같은 마음으로 세상을 이해하고 자신을 인식할 수 있을지에 대해 전문가들도 의견이 엇갈린 것이다. 이런 상황에서는 '인공지능이 진짜 인간과 같은 마음을 가졌는가', '언젠가는 마음을 가질 수 있을 것인가'처럼 아직 답을 알기 어려운 질문보다는, '인간이 인공지능에게 마음을 투영하면 어떤 결과를 가져올 것인가'가 더 중요한 질문이다.

프린스턴 대학의 앨런 산피Alan Sanfey와 조나단 코헨Jonathan Cohen 등의 연구자는 인간이 다른 인간과 컴퓨터 프로그램을 상대로 최후통첩 게임을 할 때의 반응을 비교했다.[17] 최후통첩 게임에서 참가자는 주어진 돈을 어떻게 상대방과 나눌지 결정하는 제안자의 역할, 또는 제안자가 나눈 돈을 받을지 말지를 결정하는 응답자의 역할을 수행한다. 제안자는 주어진 돈에서 얼마를 응답자에게 나눠줄지 마음대로 정할 수 있다. 응답자가 제안을 받아들이면 제안자의 결정대로 돈을 나눠 받을 수 있고, 응답자가 제안을 거부하면 양쪽 모두 돈을 받지 못한다. 예를 들어, 제안자가 10달러 중에서 9달러를 자신이 가지고 1달러를 응답자에게 준다고 제안했을 때, 응답자는 제안을 수락해 1달러를 받을 수도 있고 제안을 거부해서 아무도 돈을 받지 못하게 할 수도 있다. 응답자 입장에서는 1달러만 받더라도 돈을 버는 것이니 제안을 수락하는 게 이득이다. 그러나 실제로는 많은 사람이 10달러 중 1달러만 주는 제안을 거절하고 아예 모두가 돈을 못 받는 선택을 한다. 응답자가 제안을 거절할 때 뇌에서는 부정적 정서와 관련된 영역이 활발하게 반응한다. 참가자들이 상대방의 제안이 불공정하다고 판단해 부정적 감정을 느끼기 때문이다.

그런데 실험 참가자들이 자신이 다른 인간 참가자와 최후통첩 게임을 하고 있다고 믿을 때에는 불공정한 제안을 거절하는 비율이 높았지만, 상대가 인간이 아닌 컴퓨터 프로그램이라 믿었을 때에는 불공정한 제안도 상대적으로 쉽게 수락했다. 이는 사람들이 컴퓨터 프로그램이 불공정하게 돈을 독식하려는 의도를 가지고 있다고 여기지 않았기 때문으로 해석된다. 다시 말해, 인간은 컴퓨터가 의도적으로 불공정하게 행동한다고 느끼지 않는 반면, 다른 인간이 같은 제안을 할 경우에는 불공정함에 대한 부정적 감정을 느낀다. 이러한 결과는 인간이 상대방에게 마음이 있다고 여길 때와 없다고 여길 때 행동이 달라짐을 보여준다.

인간이 인공지능을 대하는 방식

인간은 때로는 인간이 아닌 존재를 인간과 같은 방식으로 대한다. 이전에 소개한 밀그램 실험에서 참가자들은 교사의 역할을 맡아 학생 역할을 맡은 다른 사람에게 위험할 정도로 강력한 전기 충격을 가하라는 인간 실험자의 명령에 복종하는 모습을 보였다. 그런데 이후 연구에서 인간 대신 로봇이 실험을 진행하면서 다른 사람에게 전기 충격을 가하라는 지시를 내렸을 때에도 교사 역할을 맡은 참가자들은 인간 실험자가 지시를 했을 때와 비슷한 정도로 명령에 복종하며 다른 사람에게 강한 전기 충격을 가하는 경향을 보였다.[18]

밀그램 실험과 비슷한 방식을 사용한 또 다른 연구에서는 인간 참가자가 교사 역할을 맡고 로봇이 학생 역할을 맡았다.[19] 이 실험에서 로봇 학생은 전기 충격이 강해지면 "전기 충격이 너무 강해지고 있어요", "제발 멈춰 주세요", "내 회로가 전압을 견디지 못해요" 같은 말을 하며 실험 중단을 요청했다. 그러나 인간 참가자들은 인간 실험자의 지시에 따라 로봇에게 최고 강도의 전기 충격을 가하라는 명령을 따랐다. 인간에게 전기 충격을 주라고 명령했던 원래의 밀그램 실험에서는 65퍼센트의 참가자가 실험자의 명령에 복종하여 최고 강도의 전기 충격 버튼까지 눌렀다. 바꿔 말하면 35퍼센트의 참가자는 명령을 거부했다. 그러나 로봇에게 전기 충격을 가하는 실험에서는 모든 참가자가 끝까지 실험자의 지시에 따랐다. 이번에는 인간과 로봇을 다르게 대한 것이다.

이어서 연구자들은 로봇에게 전기 충격을 가하는 것을 넘어, 로봇을 '죽여야' 하는 상황도 실험해봤다. 연구자들은 두 종류의 로봇을 준비했다. 하나는 정상적으로 작동하는 '똑똑한' 로봇, 다른 하나는 센서를 조작하여 똑바로 움직이지 않게 만든 '멍청한' 로봇이었다. 참가자들은 로봇이 작동하는 모습을 보고 로봇을 만져보기도 하며 시간을 보냈다. 잠시 후 실험자는 로봇의 지능이 너무 낮게 측정됐다면서, 로봇의 잘못된 프로그램이 다음 세대 로봇으로 전해지지 않도록 하기 위해 로봇을 망치로 부수라는 지시를 내렸다. 실험 결과, 참가자들은 '멍청한' 로봇을 부술 때 망치질을 더 많이 했다. 즉, 로봇 지능의 고저에 따라 로봇을 대하는 행동에 차이를 보였다.

이러한 여러 실험들은 인간이 아닌 존재를 대하는 방식이 그 존재를 어떻게 인식하느냐에 따라 크게 달라질 수 있음을 시사한다. 인간이 인간과 인공물을 다르게 대하기도 하지만, 인공물에 마음을 투영하고 의인화하며 공감하기도 한다. 특히 인간은 인공물이 인간과 비슷한 외형을 가지고 있고 인간과 유사한 반응을 보일 때 더 원활하게 상호작용한다.[20] 또한, 인공물이 인간과 유사성이 떨어지더라도 반복되는 상호작용을 하면 인공물을 인간에 더 가깝게 여긴다.[21]

인공지능이 실제로 마음을 가지고 있지 않더라도, 인간과 점차 유사해지는 인공지능을 일상에서 쉽게 접하게 되면서 인공지능에 쉽게 마음을 투영하고 공감할 가능성이 커졌다.[22] 인공지능을 의인화하면 제공되는 서비스를 더 친밀하게 받아들이고 편리하게 사용할 수 있다는 장점이 있다. 그러나 인간처럼 느껴지는 인공지능이 제공하는 정보를 과도하게 신뢰하거나 심리적·정서적으로 인공지능에 의존하게 되는 부작용도 우려된다. 따라서 앞으로 인공지능과의 장기적인 상호작용이 인간의 마음과 행동에 미치는 영향을 연구해야 한다는 과제가 남아 있다.

10 인공지능과 인간의 기억은 무엇이 다른가?

나를 나로 만드는 기억

하버드 대학 심리학과의 스티븐 핑커Steven Pinker 교수는 심리학개론 강의에서 기억의 필요성을 보여주는 간단한 실험을 진행하곤 했다. 학생 중 한 명을 불러내 모든 기억을 잃은 사람처럼 연기해보게 하는 것이다. 학생들은 보통 당황스러운 표정을 지으면서 "나는 누구지? 여긴 어디야?" 같은 말을 한다. 핑커 교수는 "언어도 배우고 기억해야 사용할 수 있기 때문에 모든 종류의 기억이 사라진다면 대화 자체도 불가능하다"고 지적한다. 그러면 학생은 아무 말도 하지 않고 멍하게 서 있거나 한 자리를 맴돈다. 핑커 교수는 이어서 "운동기억motor memory이 남아 있어야 걷는 행동도 가능하다"고 덧붙인다. 이 간단한 실험은 기억의 종류가 다양하며, 인간의 행동과 사고가 결국 기억에 기반한다는 점을 보여준다. 기억은 크게 단기기억과 장기기억으로 나뉜다. 단기기억은 문자로 받은 여섯 자리 인증번호를 잠시 기억하는 것처럼 짧은 시간 동안 적은 양의 정보를 저장한다. 그러나 용량에 제한이 있어 스무 자리가 넘는 긴 숫자 열을 한 번에 기억하기는 어렵고, 저장된 정보도 짧은 시간 동안만 유지된다. 반면에 장기기억은 대량의 정보를 오래 보관할 수 있다. 예를 들어, 2주 전에 사용한 인증번호는 단기기억에서 사라져 기억할 수 없더라도, 장기기억에 저장된 동창의 얼굴과 이름은 10년 넘게 만나지 않아도 떠올릴 수 있다.

기억 중 일부가 손상된 환자의 사례는 단기기억과 장기기억이 별개의 시스템임을 보여준다. 'KF'라는 이니셜로 알려진 환자는 오토바이 사고로 인한 뇌손상으로 단기기억 기능이 심각하게 손상됐다.[1] 인간은 보통 한 번에 일곱 개 내외의 글자나 단어 같은 언어 정보를 단기기억에서 처리할 수 있지만, KF는 한두 개 정도의 글자만을 기억했다. 즉, 한 번에 숫자 한두 개만 간신히 기억할 수 있으니, 인증번호 여섯 자리를 다 외우지 못하고 숫자를 하나씩 확인하며 입력해야 하는 셈이다. 흥미롭게도 글자 두 개도 기억하기 힘들어했던 KF의 장기기억은 온전히 유지됐다. 그래서 그는 공부한 내용을 오래 기억하거나 자신의 경험을 떠올리는 데에는 별다른 이상이 없었다. 단기기억과 장기기억이 서로 다른 기억 시스템이기 때문이다.

장기기억은 다시 여러 종류로 나뉜다. 특정한 시간과 장소에서의 경험에 대한 기억은 일화기억, 시간이나 장소와 무관하게 개념이나 지식을 저장하는 기억은 의미기억이다. 예를 들어, '기린'이라는 단어를 아는 것은 의미기억이고, '작년에 동물원에서 기린을 봤다'는 기억은 일화기억이다. 의미기억이 손상되면 특정 범주에 대한 개념적 지식을 잃게 된다. 'EW'라는 이니셜로 알려진 환자는 식물이나 무생물은 정상적으로 알아봤지만 유독 동물만은 제대로 인식하지 못했다. EW는 기린이나 염소 그림을 보고도 각각 캥거루나 다람쥐라고 부르는 등 동물에 대한 개념적 지식이 손상돼 있었다.[2] 이러한 의미기억의 손상 사례는 영화나 드라마에서 거의 다뤄지지 않는다. 반면, 과거의 경험에 관한 일화기억이 손상된 이야기는 영화나 드라마에서 한 번쯤 접해봤을 것이다. 의미기억 손상으로 개와 고양이를 못 알아보던 주인공이 여러 사건을 겪고 개와 고양이를 다시 알아보는 이야기보다는, 일화기억을 잃은 주인공이 자신이 누구인지를 찾아가는 이야기가 훨씬 흥미롭기 때문이다.

영화 〈본 아이덴티티〉의 주인공 제이슨 본은 CIA 요원이지만 임무 수행 중 총에 맞아 기억을 잃는다. 본은 자신의 이름이 적힌 여권을 발견하고 미국 대사관에 찾아간다. 여권이 무엇이고 대사관은 어떤 일을 하는 곳인지 알고 있는 모습을 보면 본의 의미기억이 온전하다는 것을 알 수 있다. 그러나 본은 자신의 과거 경험에 관한 일화기억을 잃어 자신이 어떤 삶을 살아왔는지 전혀 기억하지 못한다. 이는 아무리 의미기억이 온전히 남아 있어 개념적 지식을 갖추고 있더라도, 자신의 경험에 관한 일화기억이 없다면 자신이 누구인지 알 수 없다는 점을 잘 보여준다.

〈메멘토〉는 과거의 일화기억은 남아 있지만 새로운 일화기억을 더 이상 만들지 못하는 환자를 소재로 한 영화다. 영화의 주인공 레너드는 뇌 손상으로 인한 순행성 기억상실증anterograde amnesia 때문에 과거는 기억하지만 뇌 손상 이후의 새로운 경험을 장기기억으로 저장하지 못한다. 단기기억은 온전히 남아 있기 때문에 레너드는 현재 자신이 어떤 상황에 있는지 어느 정도 이해할 수 있다. 그러나 몇 분만 지나면 현재의 상황을 기억으로 저장하지 못하고 잊게 되기 때문에 그는 언제나 뇌 손상 시점에 멈춰 있는 셈이다. 이처럼 몇 분 남짓한 기억을 유지하다 잊어버리는 증상은 영화 속 설정만은 아니다. 실제로 뇌의 해마 영역이 손상되면 영화 속 레너드와 같은 증상을 보인다. 'HM'이라는 이니셜로 잘 알려진 헨리 몰레이슨Henry Molaison은 1953년 뇌전증 발작 치료를 위해 해마와 그 주변 영역 일부를 제거하는 수술을 받았다. 수술 이후 발작 증상은 완화됐지만 그는 더 이상 새로운 장기기억을 저장하지 못했다. 영화에서 레너드는 중요한 정보를 자신의 문신으로 새기거나 폴라로이드 사진과 메모를 일종의 외부기억장치로 활용하며 기억상실증에 대처한다. 영화에서는 사진과 메모 같은 외부기억이 조작되면서 레너드가 점차 다른 사람이 되어 가는 모습을 보여준다.

이러한 영화 속 사례들은 기억이 단순히 개인적 정보를 저장하는 역할에 그치지 않음을 잘 보여준다. 기억은 인간의 정체성을 형성하고 유지하는 핵심 기반이다. 일화기억은 과거의 경험을 통해 나를 규정하며, 기억의 상실이나 왜곡은 결국 나라는 존재의 본질마저 바꾼다.

인간의 정체성을 구성하는 또 다른 중요한 요소 중 하나는 성격이다. 한 연구에서는 새로운 기억을 형성하지 못하는 순행성 기억상실증 환자에게 성격 검사를 실시했다.[3] 동시에 환자의 간병인들도 환자의 성격을 평가했다. 그 결과, 환자들이 스스로 평가한 자신의 성격과 간병인이 평가한 성격은 서로 일치하지 않았다. 뇌 손상을 입고 새로운 기억을 형성하지 못하게 되면 일상에 많은 변화가 생긴다. 직장을 잃기도 하고 주변 사람들과의 관계도 달라지며, 계속 기억이 사라지는 상황에 정서적으로 격한 반응을 보이기도 한다. 이처럼 삶에 큰 변화를 겪으면 성격도 영향을 받는다. 그런데 순행성 기억상실증 환자는 바뀐 삶의 일상 경험을 기억으로 저장하지 못한다. 기억이 쌓이지 못하면서 자신의 변화된 성격을 자신의 정체성의 일부로 제대로 통합하지도 못하게 된다. 환자들은 자신의 현재 성격이 아니라 기억에 남아 있는 뇌 손상 이전의 성격에 기반해 성격 검사에 응답했지만, 간병인들은 환자의 변화된 현재 성격을 평가한 것이다.

기억은 단순히 과거를 저장하는 것이 아니라, 변화하는 나를 지속적으로 업데이트하며 정체성을 유지하는 역할을 한다. 기억이 없으면 '나'라는 존재를 규정할 수 없고, 변화된 상황 속에서 새로운 정체성을 형성하는 과정도 불가능하다. 영화와 연구 사례는 기억이 우리의 삶과 정체성에 얼마나 깊이 관여하고 있는지를 보여준다. 결국, 우리의 경험이 쌓인 기억은 '나'를 규정하는 토대이며, 그것이 바로 나를 나 자신으로 만든다.

일화기억이라는 용어를 제안한 심리학자 엔델 툴빙 Endel Tulving은 일화기억이 인간만이 가진 고유한 인지기능이라고 주장했다. 다른 동물들도 여러 종류의 기억을 가지고 있지만 언제, 어디서, 무엇을 경험했는지에 관한 일화기억은 인간 고유의 인지기능이라는 것이다. 물론 동물들 중에서도 언제, 어디와 같은 맥락이 포함된 일화기억을 활용하는 사례가 발견되긴 한다. 예를 들어, 미국어치 scrub jay는 먹이를 여기저기 숨겨둔 뒤, 얼마나 시간이 지났는지에 따라 상하지 않은 먹이를 파악해 찾아간다.[4] 이는 자신이 언제 어디에 어떤 먹이를 숨겼는지를 기억해야 가능한 행동이다. 이처럼 일부 동물은 일화기억과 유사한 기능을 활용하는 모습을 보인다. 그러나 툴빙은 동물이 일화기억을 쓰는 것처럼 보이더라도 인간의 일화기억과는 다르다고 주장했다. 인간은 단순히 정보를 저장하고 활용하는 것을 넘어, 일화기억을 회상할 때 마치 과거로 시간 여행을 가는 듯한 자각적 의식 autonoetic consciousness을 경험한다는 것이다. 이는 과거의 사건을 단순히 떠올리는 게 아니라, 그 사건 속으로 다시 들어가 당시의 감각과 감정을 재구성하는 능력을 의미한다.

기억은 단순히 과거의 정보를 저장했다 다시 꺼내는 과정에 그치지 않는다. 기억이 없으면 미래도 없다. 비유적인 표현만은 아니다. 기억을 형성하는 데 핵심적인 역할을 하는 해마가 손상된 환자들은 미래를 상상하고 계획하는 능력도 떨어지는 것으로 나타난다. 알파고로 유명한 딥마인드의 설립자 데미스 하사비스 Demis Hassabis와 유니버시티 칼리지 런던의 엘리너 매과이어 Eleanor Maguire 교수는 해마 손상으로 순행성 기억상실증을 가진 환자들에게 미래를 상상하는 과제를 수행하게 했다.[5] 연구자들이 "여름 휴가로 바닷가에 가서 모래 위에 누워 있는 상황을 상상해보라"고 했을 때, 기억상실증 환자들은 "하늘이 보이고, 갈매기 소리가 들리고, 또 뭐가 있더라. 아, 바다가 있네요"라며 단편적이고 구체적이지 않은 묘사를 했다. 연구자들이 장면을 눈으로 보듯이 더 자세히 떠올려보라고 요청해도, 환자들은 "파란색과 흰색 모래 같은 게 보인다" 정도로 간단히 답했다. 반면, 기억상실증에 걸리지 않은 사람들은 구체적인 해변의 모양, 주변의 건물이나 나무, 바다 위의 배나 수영하는 사람들을 자세히 상상해서 설명했다. 이 연구는 기억이 단순히 과거 경험을 저장하는 것에 그치지 않고, 미래를 상상하고 계획하는 데에도 핵심적인 역할을 하며, 기억이 과거와 미래 사이에서 현재의 나라는 존재를 인식하게 하는 인간의 핵심 인지기능임을 드러낸다.

인공지능의 기억

인공지능도 인간과 동일한 형태는 아닐지라도 일종의 기억을 가지고 있다. 인공지능 챗봇은 대화 내역을 기억하고 맥락에 맞는 답을 한다. 제주도에 관한 이야기를 이어가다가 "호텔을 추천해줘"라고 하면, 맥락에 맞게 제주도의 호텔 정보를 검색해주는 식이다. 대부분의 인공지능 챗봇은 대화가 오가는 동안에는 맥락을 기억하지만, 새로운 대화 세션을 시작하면 이전의 대화 맥락을 잊어버린다. 같은 대화 세션 내에서도 대화가 길어지면 처음 대화 내용을 잊기도 한다. 최근 대화 맥락에 따라 적절한 답을 하는 기능은 현재 필요한 정보를 일시적으로 유지하는 인간의 단기기억과 유사하다. 물론 인간과 인공지능의 기억이 유사하다는 말은 기능적으로 비슷하다는 뜻이지 구조나 작동 방식이 같다는 뜻은 아니다.

인공지능은 인간의 장기기억과 유사한 형태의 정보 또한 저장한다. 인공지능의 한 종류인 인공 신경망 모델은 입력된 정보를 계산한 후 다음 단계로 넘겨주는 과정을 반복하는데, 학습 과정에서 다음 단계로 전달되는 정보에 적용되는 가중치가 조정된다. 예를 들어, 고양이 사진을 입력했는데 인공 신경망의 계산 결과가 강아지로 나왔다면 고양이에 가까운 값이 나오도록 가중치를 조정한다. 학습을 마친 인공지능 모델이 가진 가중치 값들은 의미기억처럼 작용하며 개념적 지식을 저장한다고 볼 수 있다. 이는 인간의 뇌가 고양이와 강아지에 대한 개념을 신경세포들 간의 연결 패턴으로 저장하는 방식과도 비슷하다. 인간의 뇌는 개념적으로 유사한 정보를 더 비슷하게 표상한다. 웰시코기와 포메라니안을 비슷한 신경반응 패턴으로 저장하는 반면, 웰시코기와 비둘기는 다른 신경반응 패턴으로 표상한다. 이와 비슷하게 여러 인공지능 모델도 인간이 개념적으로 더 비슷하다고 생각하는 정보를 더 유사하게 표상하는 것으로 나타났다.[6]

최근 인공지능에는 인간의 장기기억과 비슷하게 정보를 저장하고 활용하는 기능도 탑재되고 있다. 2024년 9월, 챗지피티에 추가된 장기기억 기능을 통해 대화 내역 전체를 기억하거나 사용자가 지정한 특정한 정보만을 선택적으로 기억 또는 망각하는 게 가능해졌다.[7] '우리 집에는 강아지가 한 마리 있다'라는 정보를 기억에 저장해두면, 이후 여행 계획을 세워 달라는 지시에 반려견을 동반할 수 있는 숙소와 교통편을 반영해서 추천하는 식이다.

인공지능은 현재 어떤 일이 벌어지고 있는지 일시적으로 저장하는 단기기억, 개념적·사전적 정보를 저장하는 의미기억, 그리고 이전의 경험을 저장하는 일화기억과 유사한 정보처리 과정을 탑재하게 됐다. 이를 통해 인간과 더 자연스럽게 상호작용하고 맞춤형 응답을 제공할 수 있다. 그러나 이러한 유사성에도 불구하고 여전히 인간과 인공지능의 기억 간에는 차이가 있다.

경험을 재구성하는 인간의 기억

인간은 경험을 있는 그대로 저장하지 않는다. 저장된 기억을 그대로 유지하지도 않는다. 기억은 시간이 지나면서 잊히거나 왜곡되거나, 회상 과정에서 변형되기도 한다. 사실 많은 일상적인 사건은 굳이 기억할 필요가 없다. 5년 전 12월 1일 아침에 샌드위치를 먹었다거나, 3년 전 12월 10일에는 가스 밸브를 잠그고 출근했다는 사실은 아마 평생 쓸 데가 없는 정보일 가능성이 크다. 중요하지 않은 정보, 오랜 기간 사용하지 않았고 앞으로도 쓰이지 않을 것 같은 정보라면 기억에서 제거하는 편이 더 효율적이다.

때로는 분명 기억하고 있는 정보를 제대로 떠올리지 못하는 경우도 있다. 오래전에 본 영화의 줄거리나 출연 배우는 기억나지만 제목이 생각나지 않거나, 옛 친구의 얼굴은 떠오르는데 이름은 기억나지 않는 경험을 한 번쯤 해봤을 것이다. 이를 말이 혀 끝에 걸려서 제대로 나오지 않고 맴도는 것처럼 느껴진다 하여 설단 현상tip of the tongue이라 부른다. 설단 현상이 발생했을 때 간단한 힌트만 주면 바로 기억을 회상할 수 있다. 이는 기억에 정보가 없는 게 아니라 있는데 꺼내지 못하는 일종의 기억 인출 억제inhibition 현상이다. 억제 기능 자체는 기억 회상 과정에서 불필요한 정보가 떠오르지 않도록 통제하는 데 유용한 기능이기도 하다. 즉, 인출 억제 기능은 때로는 필요한 정보의 인출을 방해하기도 하지만, 기억 시스템이 효과적으로 작동하도록 돕는 중요한 요소다.

인간의 기억에 저장된 정보는 여러 형태로 왜곡된다. 자신이 지지하는 정치인이 선거에서 아깝게 낙선했다면 크게 실망할 것이다. 그러나 몇 년 후 그 선거 결과를 회상할 때 당시의 부정적 감정은 실제보다 덜 강하게 기억될 가능성이 크다. 또 다른 예로, 새로운 연인과 행복한 시간을 보내고 있다면 헤어진 전 연인과 보냈던 시간은 아마 실제보다 덜 즐거웠던 기억으로 회상될 수 있다. 이러한 기억의 변화는 시간이 흐르면서 현재 상태에 맞춰 편향되고 재구성되기 때문에 발생한다.

대학 시절의 성적이나 중고등학교 때의 성적을 기억하는가? 미국의 오하이오 웨슬리언 대학Ohio Wesleyan University 연구진은 대학생들에게 고등학교 때 학점을 얼마나 잘 기억하는지 물어봤다.[8] 학생들은 영어, 수학, 역사 등 과목별로 자신이 기억하고 있는 학점을 적어서 제출했고, 연구자들은 학생의 동의를 받아 실제 고등학교 성적표와 학생들의 기억을 대조했다. 실험 결과, 학생들은 자신이 받은 A학점의 89퍼센트를 기억한 반면 D 학점은 29퍼센트밖에 기억하지 못했다. 즉, 학생들은 A학점을 받았던 과목은 정확히 기억했지만, D처럼 낮은 학점을 받은 과목은 C나 B처럼 더 높은 학점을 받았다고 잘못 기억하는 경향이 있었다. 이와 같이 자신에게 유리한 방향으로 기억이 편향되는 것은 긍정적인 자아 정체성을 유지하는 데 도움이 된다.

인간 기억의 왜곡을 가장 극명하게 보여주는 사례는 가짜 기억으로, 경험하지 않은 일을 실제로 겪은 것처럼 기억하는 것이다. 심리학자 엘리자베스 로프터스Elizabeth Loftus 교수의 쇼핑몰 실험은 가짜 기억 형성을 잘 보여주는 대표적인 사례다. 로프터스 교수 연구팀은 실험 참가자 가족과의 인터뷰를 통해 참가자의 실제 어린 시절 경험을 조사했다.[9] 그리고 참가자들이 어린 시절에 실제로 겪은 사건들 사이에 연구진이 만들어 낸 가짜 이야기를 섞어서 들려줬다. 예를 들어, "다섯 살 때 쇼핑몰에 놀러갔다가 길을 잃었고, 한 노인의 도움으로 다시 가족을 찾았다" 같은 그럴듯한 가짜 이야기를 추가했다. 이후 참가자들의 기억을 검사했을 때, 약 25퍼센트의 참가자는 가짜 이야기를 자신의 실제 경험이라고 기억했다. 심지어 일부 참가자는 연구진이 만들어 낸 가짜 이야기에 없던 세부 사항까지 덧붙이며 자신의 실제 경험처럼 생생히 기억을 회상하기까지 했다.

로프터스 교수의 또 다른 실험에서는 디즈니랜드를 방문한 적이 있는 참가자들에게 벅스 버니Bugs Bunny 캐릭터가 등장하는 광고를 보여줬다.[10] 이후 기억 검사를 했을 때, 여러 참가자가 디즈니랜드에서 벅스 버니를 만나 악수를 한 경험이 있다고 했다. 그러나 벅스 버니와 악수한 것은 가짜 기억이었다. 벅스 버니는 워너 브러더스의 만화인 〈루니 툰〉에 나오는 캐릭터로, 디즈니랜드에서는 볼 수 없다.

가짜 기억이 쉽게 형성되는 이유는 기억이 단순히 정보를 저장하는 것이 아니라 경험을 재구성하는 과정이기 때문이다. 쇼핑몰 이야기를 들은 실험 참가자들은 이 내용을 단순히 그대로 저장하지 않고 자신만의 방식으로 해석하거나 부족한 부분을 다른 기억으로 보충했다. 벅스 버니 사례에서도 디즈니랜드에서 만났던 디즈니 캐릭터들의 기억에 또 다른 유명 캐릭터인 벅스 버니를 자연스럽게 추가했다.

완벽하지 않은 기억

인간의 정확하지 않은 기억은 인지기능의 한계처럼 보일 수 있다. 그러나 기억의 목적을 단순히 정확한 정보를 저장하는 데서 찾는 대신, 정보를 유연하게 재구성해 일반적인 패턴을 도출하는 데 있다고 본다면, 부정확한 기억은 오히려 인간 기억의 강점이라 할 수 있다. 즉, 가짜 기억, 기억 억제와 편향 같은 왜곡 현상은 뇌가 중요하지 않은 정보를 생략하고 경험의 핵심만 뽑아 일반화하는 효율적인 정보 처리 방식을 따르기 때문에 발생한다.

인간의 뇌는 모든 경험을 그대로 저장하지 않고 핵심 요소만을 선별적으로 저장한다. 이 과정에서 저장된 정보는 시간이 지나면서 왜곡되거나 일부가 사라질 수 있으며, 때로는 실제로 경험하지 않은 내용이 가짜 기억으로 형성되기도 한다. 이러한 특성은 기억이 단순히 과거를 기록하는 저장소가 아니라, 기존 정보를 바탕으로 새로운 정보를 재구성하는 유연한 시스템임을 보여준다. 예를 들어, 새로운 환경을 접했을 때 인간은 과거의 비슷한 상황을 떠올려 이를 현재의 경험과 통합한다. 이 과정에서 기억은 과거 경험을 일반화하고, 새로운 정보를 기존 기억 체계에 맞춰 변형하거나 흡수한다. 이렇게 재구성된 기억은 단순히 과거를 반추하는 데 그치지 않고, 미래를 예측하거나 예상치 못한 상황에 적응하는 데 중요한 역할을 한다.

또한 인간의 부정확한 기억은 때로는 창의성과 다양성을 보여준다. 인디애나 대학교 블루밍턴Indiana University Bloomington 연구진은 인간과 인공지능에게 각각 짧은 이야기를 읽고 그 이야기를 자신의 말로 다시 설명하도록 하는 실험을 진행했다.[11] 실험 결과, 인공지능은 이야기의 핵심 내용을 잘 요약했고, 이야기를 반복해서 다시 설명할 때 단어를 비슷한 단어로 교체하는 등의 사소한 변화 외에는 원래의 이야기의 내용을 거의 유지했다. 그러나 인간은 이야기를 다시 서술할 때 인공지능보다 더 다양한 변화를 보였다. 한 사람이 쓴 이야기를 다른 사람이 읽고 다시 서술하기를 여러 번 반복하자, 원래 이야기에 없던 내용이 추가되거나 일부 내용이 생략됐다. 이야기 속 다른 등장인물의 시점으로 설명하거나 감정적 요소를 더 강조하기도 했다. 즉, 인간은 단순히 읽은 이야기를 그대로 되풀이하는 게 아니라 자신의 경험과 해석을 더해 이야기를 새롭게 구성했다. 이처럼 부정확한 인간의 기억은 때로는 더 풍부한 해석과 창의적인 변화를 만드는 기반이 된다.

모든 경험을 완벽하게 저장하는 기억 시스템은 오히려 비효율적이다. 심리학자 알렉산더 루리아Alexander Luria는 거의 완벽한 기억을 가진 솔로몬 셰레셰프스키Solomon Shereshevsky의 사례를 연구했다.[12] 루리아는 셰레셰프스키의 기억을 검사하기 위해 다양한 실험을 진행했다. 셰레셰프스키는 70개의 단어를 듣고

한 번에 모두 기억한 뒤, 이를 순서대로 또는 거꾸로 정확히 회상했다. 더 놀라운 사실은 15년이 지난 후에도 그는 해당 단어 목록뿐만 아니라 실험 장소의 가구 배치와 실험 당시 입었던 옷의 색상까지도 생생히 기억해냈다는 점이다. 시험 직전에 열심히 외운 교과서 내용조차 시험장에서 기억나지 않아 고생했던 사람이라면, 셰레셰프스키의 완벽한 기억력이 부러울 수도 있겠다.

그러나 완벽한 기억이 마냥 좋기만 한 건 아니었다. 셰레셰프스키는 놀라운 기억력을 가졌음에도 의외로 사람의 얼굴을 기억하기 어려워했다. 그는 사람의 얼굴은 기분이나 상황에 따라 다른 표정을 짓고 끊임없이 변화하기 때문에 기억하기가 어렵다고 불평했다. 반면, 대부분의 사람은 친구가 웃거나 화낼 때, 머리 모양이나 안경이 달라질 때에도 여전히 그 친구의 얼굴을 동일하게 인식한다. 이는 얼굴의 자잘한 변화는 무시하고 핵심적인 특징을 기억해 일반화하는 인간의 기억 능력 덕분이다. 셰레셰프스키처럼 모든 세부 사항을 거의 완벽하게 기억한다면 얼굴의 미묘한 변화가 모두 다 다른 얼굴처럼 느껴져서 동일한 사람의 얼굴로 일반화하기 어렵다.

또한 그는 모든 세부 정보를 저장하는 완벽한 기억 때문에 비유적인 표현이나 시각화하기 어려운 추상적인 개념을 이해하기 어려워했다. 유사한 정보를 묶어 개념을 형성하고 일반화나 추상화 같은 고위 인지기능을 활용하려면 완벽한 기억이 아니라 불필요한 정보를 잊고 비슷한 정보는 통합하는 불완전한 기억이 필수적이다.

결론적으로, 셰레셰프스키의 사례는 인간 기억의 부정확성과 왜곡은 결점이 아니라, 변화무쌍한 환경에서 유연하게 대처하고 미래를 예측하기 위해 필요한 중요한 인지 전략임을 보여준다. 완벽한 기억은 오히려 환경의 변화를 이해하거나 새로운 개념을 학습하는 데 방해가 된다. 모든 세부 사항을 기억한다면 중요한 정보와 중요하지 않은 정보를 구분하기 어려워지고, 매 순간 과도한 정보로 인해 의사결정이 느려진다.

인공지능에도 유효한 망각의 도움

인공지능이 인간처럼 입력된 정보 중 일부를 왜곡해서 저장하거나, 때로는 저장된 정보를 잊어버린다면 우리는 그 인공지능을 신뢰할 수 없고 성능이 떨어진다고 평가할 가능성이 크다. 그러나 때로는 인간의 기억 왜곡과 망각이 주는 장점이 인공지능에서도 유용하게 활용된다.

인공지능 신경망은 입력된 정보를 계산하는 과정을 최적화하는 학습을 한다. 이 과정에서 과적합^{overfitting}이 발생할 수 있다. 과적합은 학습 자료에만 최적화된 상태를 말한다. 개와 고양이를 구별하는 인공지능 신경망 모델을 개발한다고 해보자.

이를 위해 수많은 개와 고양이 사진을 학습시킬 때, 인공지능이 개와 고양이를 구별하는 핵심 특징을 학습하지 않고 훈련 데이터에 포함된 불필요한 특성에 의존하는 경우가 생길 수 있다. 훈련 사진에서 개는 주로 실외에 있고 고양이는 주로 실내에 있었다면 인공지능은 개와 고양이를 구별하는 대신 실내와 실외를 구별하는 특징을 학습할 수 있다. 이렇게 과적합된 인공지능은 훈련에 쓰인 사진에서는 개와 고양이를 완벽하게 구별할 수 있지만, 실내에 있는 개나 실외에 있는 고양이처럼 훈련 데이터에 없던 새로운 상황에서는 잘못된 답을 내놓을 확률이 높다.

이러한 과적합을 피하기 위한 방법 중 하나는 인공지능 모델에 '망각'을 더하는 것이다. 인간 기억은 때때로 일부 정보를 잊음으로써 중요한 정보만 선별해서 저장하고 이를 바탕으로 새로운 상황에 유연하게 대처한다. 인공 신경망도 학습 과정에서 의도적으로 일부 계산 과정을 무작위로 생략하거나 삭제함으로써 특정 특징에 지나치게 의존하는 경향을 줄일 수 있다.[13] 이처럼 인간 기억의 구조와 기능을 반영하면 단순히 데이터를 정확히 암기하는 것을 넘어 새로운 상황에서도 유연하고 적응적인 판단을 내릴 수 있는 인공지능 개발에 도움이 된다.[14]

인간과 인공지능을 구별하는 기억의 본질

인간과 인공지능의 기억은 정보를 저장한다는 점에서는 어느 정도 유사하다. 그러나 인공지능과 달리 인간의 기억은 고정돼 있지 않고 계속 변화하며, 때로는 원래 기억이 다른 형태로 왜곡되기도 한다. 최근에는 인공지능에 인간과 비슷한 형태의 장기기억 기능이 도입되는 등 인간과 인공지능의 기억이 더욱 유사해지고 있다. 그럼에도 불구하고 기억이 나라는 존재를 규정하는 핵심 역할을 한다는 점에서 여전히 인공지능과 인간의 기억이 같다고 보기는 어렵다.

인간에게 기억은 단순히 개인 경험을 저장하는 기능에 그치지 않는다. 기억은 정체성을 형성하는 토대이며, 내가 살아온 경험들이 쌓여 나를 정의한다. 나를 규정하는 또 다른 중요한 요소는 주변 사람들이 나에 대해 가지고 있는 기억이다. 내가 스스로의 기억을 온전히 유지하더라도, 주변 사람들의 기억 속 내가 다른 모습이라면, 내 정체성이 흔들린다.

'회빙환'이라는 말이 있다. 웹소설에서 가장 많이 다뤄지는 소재인 회귀, 빙의, 환생을 일컫는 용어다. 회귀는 주인공이 자신의 과거로 돌아가는 것, 빙의는 다른 사람의 몸에 들어가는 것, 환생은 새로운 인물로 다시 태어나는 것을 말한다. 빙의와 환생은 개인의 기억은 그대로지만, 자신의 외형과 주변 환경은 전혀 다른 상태에서 살아가는 상황을 보여준다. 내가 빙의하거나 환생한 상태라면, 비록 내 기억은 변하지 않았더라도 주변 사람들은 나를 완전히 다른 존재로 기억하고 인식한다. 이 상황에서 내 정체성은 더 이상 개인적 기억에만 의존하지 않고 주변 사람들의 사회적 기억과 결합되며 재구성된다. 빙의물이나 환생물의 주인공은 결국 진짜 자기 모습이 아닌 그 세상 속 사람들이 기억하는 인물로 지내게 된다. 그리고 자신의 정체성은 개인적 기억과 주변의 사회적 기억이 결합된 새로운 형태로 변화하게 된다.

이처럼 기억과 정체성은 복잡하게 얽혀 있다. 내 개인적 기억은 정체성의 기반을 제공하고, 주변 사람들의 기억과 인식이 더해지면서 정체성이 완성된다. 인공지능이 점차 인간과 유사한 기억 시스템과 인지기능을 갖추게 되더라도, 개인적 기억과 사회적 기억의 상호작용을 통해 형성되는 정체성은 여전히 인간과 인공지능을 본질적으로 구별하는 요소일 것이다.[15]

11 인공지능도 융통성이 있는가?

인지적 유연성

아내와 연애를 시작했을 때 저녁 여덟 시에 알람을 맞춰 놓고 그 시간에 전화를 했다. 낮에는 아내가 직장에서 일하는 중이고, 저녁 여섯 시 전후에는 식사 중일 가능성이 높고, 열 시 이후는 너무 늦은 시간일 것 같았다. 여덟 시 정도면 너무 이르지도 늦기도 않은 적당한 시간이라 생각했다. 그러나 밤에도 일을 하다 보니 전화할 타이밍을 놓칠까봐 알람을 설정해뒀다. 결혼 후 아내는 "매번 같은 시간에 전화하길래 무슨 알람이라도 맞춰 놓았나 했다"고 핀잔을 줬고 나는 "알람 맞춰놓고 전화한 거 맞다"고 인정했다. 아내는 "무슨 인공지능이냐?"라고 반응했다. 인간은 변화하는 상황에 따라 적절하게 행동할 수 있지만 인공지능은 환경이 바뀌더라도 사전에 설정된 반응만 하는 기계라는 의미였다. 내 입장에서 보면 단순히 '알람'이라는 입력이 들어와서 '전화 걸기'라는 출력이 컴퓨터 프로그램처럼 자동으로 실행된 것은 아니었다. 애초에 전화를 해야겠다는 동기가 있었고, 전화 걸기를 깜빡하지 않기 위해 알람이라는 안전 장치를 설정한 아주 인간적인 행동이었다. 실제로도 일에 집중하다가 알람이 울려서 그제야 여덟 시가 됐음을 깨닫고 전화를 건 적이 많았다.

인간만이 변화하는 상황에 유연하게 대응할 수 있다는 생각은 여러 영화나 드라마에서도 자주 등장하는 소재다. SF 드라마 〈스타트렉〉 시리즈에는 안드로이드인 데이터나 외계인 스팍 같은 캐릭터가 등장한다. 감정 대신 이성에 의존하는 데이터나 스팍은 규칙과 논리를 따지며 규칙에 예외를 두거나 감정적으로 행동하는 인간 캐릭터들과 종종 갈등을 빚는다. 사실 드라마에서 데이터나 스팍은 감정이 없다고 보기 어려운 행동을 하기도 하고, 시간이 지남에 따라 점차 인간적인 감정을 배우기도 한다. 그러나 이러한 영화나 드라마 속 인공지능이나 외계인 캐릭터는 정해진 규칙을 그대로 따르고, 상황이 변화하더라도 새로운 규칙을 즉각 적용하는 유연성이 부족한 존재로 그려질 때가 많다.

특정 수학 문제를 배우고 문제 구조와 풀이 원리를 이해했다면, 완전히 다른 형태의 문제 같지만 같은 원리가 적용되는 문제도 풀 수 있다. 이처럼 다양한 새로운 상황에 적응하고 문제를 해결할 수 있는 능력을 인지적 유연성cognitive flexibility이라 부른다. 인공지능은 훈련을 반복하면 복잡한 추론 문제의 구조와 풀이 과정도 학습 가능하다.[1] 인공지능이 인간과 같은 인지적 유연성을 가지고 있다면 학습한 문제의 구조와 풀이 원리를 구조는 같지만 완전히 새로운 외형을 가진 과제에도 적용할 수 있어야 한다.

이를 확인하기 위해 MIT와 보스턴 대학 연구진은 특정한 과제를 학습한 인공지능이 학습한 과제의 원리를 이해해야 풀 수 있는 낯선 과제를 해결할 수 있는지 연구했다.[2] 예를 들어, 덧셈 문제를 푸는 인공지능은 덧셈 문제의 숫자가 바뀌더라도 쉽게 정답을 계산한다. 그런데 '덧셈'이라는 원리를 이해했다면 10진법으로 숫자가 주어지거나 5진법, 9진법 형태로 숫자가 주어져도 덧셈을 할 줄 알아야 한다. 인간은 익숙하지 않은 진법을 사용하면 계산이 느려지고 가끔 실수도 하겠지만, 새로운 과제에 덧셈의 원리를 적용할 수 있다. 반면에 인공지능은 진법이 바뀌면 간단한 덧셈 문제도 제대로 풀지 못했다. 연구진은 인공지능이 단순한 덧셈 과제뿐만 아니라 추상적인 추론이 필요한 어려운 과제도 쉽게 해결하지만, 학습한 과제의 구조를 완전히 새로운 상황에 적용할 때는 수행 능력이 저하되는 현상을 반복해서 확인했다. 이러한 결과는 인공지능이 과제의 원리를 학습한 게 아니라 단순히 대량의 학습 데이터에 있던 패턴을 찾아 답을 출력했음을 시사한다.

인지적 유연성을 측정하는 과제 중 하나는 위스콘신 카드 분류 과제Wisconsin card sorting task다. 이 과제에서 참가자는 동그라미, 별, 네모 등의 도형이 그려진 카드를 변화하는 규칙에 따라 분류해야 한다. 참가자는 자신이 가진 카드가 앞에 놓인 네 장의 카드 중 어느 것과 같은 범주인지 판단해야 한다. 예를 들어, 한 개의 빨간 동그라미가 그려진 카드, 두 개의 노랑 별 카드, 세 개의 초록 사각형 카드, 네 개의 파랑 십자가가 그려진 카드가 놓여 있다고 해보자. 이때 참가자가 가진 카드에 빨간 사각형이 두 개 그려져 있다고 한다면, 이 카드는 '도형의 색'이라는 규칙에 따르면 빨간 동그라미 카드와 같은 범주로 분류될 것이다. 만약 규칙이 '도형의 개수'라면 참가자의 카드는 두 개의 노랑 별 카드와 같은 범주로 분류돼야 한다. 참가자가 자신의 카드를 분류하면 실험자는 맞았는지 틀렸는지를 알려준다. 이러한 피드백을 바탕으로 참가자는 규칙을 추론한다. 그런데 실험자는 실험 중에 아무 말 없이 분류 규칙을 변경한다. 규칙이 바뀌면 참가자는 다시 피드백에 따라 새로운 규칙을 파악해야 한다. 이처럼 규칙이 바뀌는 과제에서 참가자가 얼마나 이전의 규칙을 버리고 새로운 규칙을 잘 학습하는가를 통해 인지적 유연성을 평가한다. 뇌의 전두엽frontal lobe이 손상되면 인지적 유연성이 떨어지고, 위스콘신 카드 분류 과제에서 규칙이 바뀌더라도 이전의 규칙을 고수하며 계속 잘못된 카드 분류를 하는 모습을 보인다.[3] 이는 전두엽이 규칙을 학습하고 유연하게 전환하는 데 중요한 역할을 함을 보여준다.

미국 소크 연구소Salk Institute 연구진은 위스콘신 카드 분류 과제를 사용해 인공지능도 인지적 유연성을 보일 수 있음을 확인했다. 연구진은 인간의 전두엽 신경세포들의 작동 과정을 반영한 인공지능 모델을 만들었고, 이 모델은 인간처럼 카드 분류 과제를 수행하다 분류 규칙이 갑자기 바뀌어도 유연하게 새로운 규칙을 학습해 적용하는 모습을 보였다. 또한 인공지능 모델의 일부를 손상시켰을 때에는 실제 전두엽 손상 환자들이 카드 분류 과제에서 보이는 실수가 인공지능에서도 유사하게 나타났다.[4]

이처럼 인공지능이 인지적 유연성을 보이는 경우도 있지만, 인간만큼 효과적으로 작동하는 것은 아니다. 여러 인공지능 모델은 대량의 데이터를 학습한 후, 모델의 가중치를 조정하여 최적의 상태를 만든다. 그리고 학습이 완료되면 해당 가중치를 사용해 입력된 정보를 계산하고 결과를 도출한다. 그러나 인간의 학습은 특정 시점에서 끝나는 것이 아니라, 새로운 경험을 통해 끊임없이 업데이트된다. 또한 인간은 위스콘신 카드 분류 과제처럼 하나의 과제에서 변화하는 규칙을 익히는 것 말고도 현재 수행하는 과제와 완전히 다른 과제도 비교적 쉽게 배운다. 게다가 새로운 과제를 학습했다고 해서 이전에 배운 내용을 잊어버리지 않고 필요할 때 언제든 다시 활용한다. 즉, 인간은 새로운 과제를 수행하면서도 기존의 학습을 유지하고, 필요하면 이전 과제로 유연하게 전환한다.

반면, 인공지능은 한 가지 과제를 학습하면 해당 과제를 잘 수행하지만, 새로운 과제를 학습할 경우 이전에 배운 내용을 잊어버리는 파괴적 망각catastrophic forgetting 현상을 보이기도 한다.[5] 예를 들어, 〈스타크래프트〉 게임을 학습한 인공지능이 〈리그 오브 레전드〉를 새롭게 학습하면 이전에 배운 〈스타크래프트〉 게임 능력을 상실할 수 있다. 캐나다 앨버타 대학University of Alberta의 최근 연구에서는 이보다 더 심각한 현상도 발견됐다.[6] 연구진이 인공지능에게 여러 과제를 차례대로 학습시키자, 인공지능이 단순히 직전에 학습한 과제만 잊어버리는 게 아니라 아예 새로운 과제를 학습하는 능력 자체를 잃어버리는 현상이 발생한 것이다. 이는 인공지능이 유연하게 학습을 이어나가는 데 한계가 있음을 보여준다.

이러한 인공지능의 의도치 않은 망각 문제를 줄이는 한 가지 방법은, 계산 과정에서 일부 값을 무작위로 초기화하는 것이다. 이를 통해 인공지능은 좀 더 유연한 과제 수행 능력을 갖출 수 있다. 즉, 인간처럼 다양한 상황에 적응하려면 인공지능을 완벽하게 최적화하기보다는 일정 수준의 노이즈noise를 추가해 불완전성과 변산성variability을 높여야 한다.

맥락을 통해 만들어지는 존재

서울 삼성동에 있는 코엑스몰에 갈 때마다 종종 길을 헤매곤 한다. 쇼핑몰이 넓기도 하지만, 중앙에 있는 도서관을 중심으로 사방으로 길이 뻗어 있어 무심코 걷다 보면 다시 도서관으로 돌아오는 경우가 많았다. 이런 대형 쇼핑몰에는 보통 커다란 안내 지도가 곳곳에 있다. 이 지도는 보통 위에서 내려다보는 시점으로 그려져 있으며, 현재 내 위치는 빨간 원으로 표시된다. 이러한 지도를 보고 길을 찾으려면 내가 있는 공간과 주변 지형을 지도에 투영해 이해해야 한다. 마치 게임에서 1인칭 시점으로 보던 풍경을 3인칭 시점으로 변환해 보는 것처럼, 지각적·인지적 표상을 전환해야 한다.

어떤 연구자들은 이처럼 환경 속 자신을 인식하고 변화하는 환경에 자신을 표상할 수 있는 능력이 인간 지능의 핵심 요소 중 하나라고 주장하기도 한다.[7] 즉, 새로운 상황에서 문제를 해결하기 위해 인지적 유연성을 발휘하려면 단순히 변화하는 환경을 인식하는 것뿐만 아니라 환경 속에서 자신의 상태를 인식하는 자기 지향self-orienting 능력이 필수적이라는 것이다. 쇼핑몰에서 자신이 다른 층의 지도를 사용해서 길을 찾고 있었음을 인식하고, 새로운 지도에서 자신의 위치를 인식하고 다시 목적지까지 가는 경로를 수정하려면, 자기 지향을 통해 환경 속에서 자신의 존재와 상태를 인식해야 한다.

자동차에 탑재된 내비게이션은 현재 위치를 파악하고, 목적지까지 최적의 경로를 안내하며, 도로 상황이 변하면 새로운 경로를 제시한다. 자율 주행 기능도 갖춘 자동차라면 주변 차량과 도로 신호를 인식하여 다른 사물과 상호작용하며 주행할 수도 있다. 그렇다면 이러한 자동차의 인공지능도 환경을 인식하고, 환경 속에서 자신의 위치를 파악하며, 변화하는 주변 상황에 맞춰 반응을 조절하므로 인지적 유연성과 자기 지향성을 가지고 있는 걸까?

  아마도 아닐 것이다. 자동차의 인공지능은 주어진 경로를 따라가면서 도로 상황이 변할 경우 유연하게 대응이 가능하지만, 제한된 범위 안에서만 작동한다. 주행 중 사고가 나서 차가 도랑에 빠졌다고 가정해보자. 인공지능은 차량이 움직이지 못하는 상태가 되더라도 여전히 목적지까지 가는 최적의 경로를 계산할 것이다. 그러나 인간은 변화된 상황을 다른 방식으로 받아들인다. 걷다가 도랑에 빠진 사람이라면 단순히 목적지에 도달하는 방법만 고민하지 않고 현재의 상황을 인식하여 '도랑에서 빠져나오기', '젖은 옷을 말리기', '새 양말을 사기 위해 편의점 찾기', '팔을 다쳤으니 근처 병원을 찾아가기' 등 상황에 맞춰 새로운 과제를 스스로 설정한다. 이처럼 변화된 환경 속의 자신을 인식해 새로운 목표를 설정하고 유연하게 행동하는 것은 인간의 자기 지향과 인지적 유연성을 보여준다. 반면 자동차의 인공지능이 이런 문제를 해결하려면 인간이 개입하여 새로운 목표를 설정하고, 이를 수행하는 기능을 추가해야 한다. 현재의 인공지능은 환경 내에서 자신의 존재와 상태를 인식하고 평가하지 못하기 때문이다.

하버드 대학과 MIT의 연구진은 인공지능이 환경 속에 자신의 존재를 투영하는 자기 지향 능력을 테스트하기 위한 간단한 과제를 만들었다.[8] 이들이 만든 과제에서 참가자는 화면 가장자리에 있는 네 개의 흰 사각형 중 하나를 움직여 화면 중앙에 있는 흰 사각형 위치까지 보내는 간단한 과제를 했다. 그런데 똑같이 생긴 네 개의 사각형 중 한 개만 참가자의 조작에 따라 움직였다. 이 과제를 수행하는 가장 직관적이고 간단한 방법은 내가 움직일 수 있는 사각형을 먼저 찾고 이 사각형을 목표 지점까지 옮기는 것이다. 즉, 마치 게임 속에서 나의 캐릭터를 움직이는 것처럼 화면 속 내가 움직일 수 있는 사각형에 자신을 투영해야 한다.

인간은 따로 말해주지 않더라도 가장자리의 흰 사각형과 목표 지점 간의 거리를 좁히는 것보다 우선 내 사각형이 어떤 것인지를 확인하는 것부터 시작한다. 즉, 방향키를 눌렀을 때 그 방향으로 움직이는 사각형을 찾아내는 것이다. 예를 들어, **그림 5**에서 자신이 움직일 수 있는 사각형이 오른쪽 위에 있다고 해보자. 오른쪽 방향키를 눌렀는데 아무 변화도 없다면, 인간은 왼쪽 아래 사각형이 자신의 사각형이 아니라는 것을 배운다. 이어서 아래 방향 키를 눌러도 아무 변화가 없다면 왼쪽

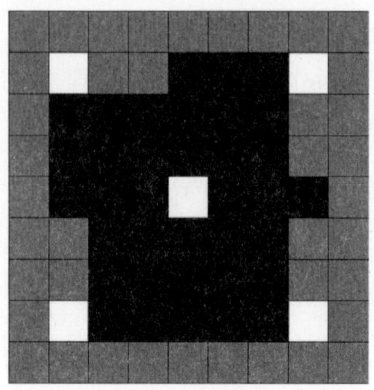

그림 5 인공지능의 자기 지향 능력 테스트 과제

위 사각형 역시 자신의 사각형이 아님을 안다. 왼쪽 방향키를 눌러 오른쪽 위와 아래에 있는 사각형 중 어느 것이 움직이는지를 보면 자신의 사각형을 바로 파악할 수 있다.

그러나 대부분의 인공지능 모델은 똑같은 상황에서 오른쪽이나 아래 방향키를 눌렀을 때처럼 화면에 변화가 없는 상황에서는 아무것도 학습하지 못했다. 사실 이 과제에서 자신의 사각형을 인식하지 않아도 어차피 사각형 중 한 개만 방향키에 반응했기 때문에 방향키를 여러 방향으로 눌러보며 사각형과 목표 지점의 거리를 최소화되도록 하면 결국 사각형을 목표 지점으로 보낼 수 있다. 인공지능은 인간처럼 자신이 통제할 수 있는 사각형을 먼저 확인하고 쉽게 과제를 수행하는 대신 수십 번 이상의 움직임을 반복해 간신히 과제를 끝냈다.

인공지능은 네 개의 흰 사각형 중 하나가 화면 중앙으로 가도록 만드는 최종 목표만 알지, 인간처럼 '내 사각형 찾기'라는 세부 과제를 스스로 설정하고 자신의 존재를 투영하지 못한 것이다.

수십번 반복해서 학습하면 인공지능의 수행이 점차 좋아졌고, 일부 모델은 인간과 비슷한 수의 적은 움직임만으로 과제를 수행했다. 그러나 인간 수준의 수행을 보인 일부 인공지능 모델도 인간과 같이 내 사각형을 찾는 방식으로 과제를 한 것은 아니었다. 반복 학습을 거쳐 인간처럼 빠르게 과제를 할 수 있게 된 인공지능 모델도 화면에 다른 사각형이 하나 추가되거나, 자신이 움직일 수 있는 사각형이 과제 중간에 다른 것으로 바뀌는 등 환경이 달라지면 다시 수행 능력이 떨어졌다. 반면, 과제의 규칙을 이해한 인간은 사각형의 개수가 다르더라도 여전히 자신의 캐릭터를 먼저 찾고 이동하는 방법을 써서 동일한 수행 수준을 유지했다. 이는 인공지능은 처음부터 '내 캐릭터를 찾는 과정이 필요하다'는 개념 자체를 인식하지 못했음을 시사한다. 즉, 단순히 정해진 목표를 달성하려고 시도할 뿐, 목표 달성을 위해 새로운 세부 목표를 설정하거나 자신이 환경 속에서 어떤 역할을 수행해야 하는지를 스스로 정의하지 않았다.

인공지능은 체스나 바둑, 〈스타크래프트〉 같은 더 복잡한 게임에서 이미 인간을 압도하는 실력을 보여줬다. 동시에 사각형을 몇 칸 움직여야 하는 단순한 과제에서도 인간을 이기지 못하기도 한다. 이 과제에서 자기 지향은 화면 속 가상의 공간에 자신을 투영해 자신의 조작대로 움직이는 캐릭터를 인식하는 것이었다. 그러나 자기 지향은 단순히 게임 속 캐릭터의 관점을 인식하거나 지도를 해석하고 자신의 위치를 표상하는 것에만 국한되지 않는다. 자기 지향은 물리적 공간 속 자신을 인식하는 것을 넘어 다른 시간 속의 자신이나 다른 사회적 맥락이나 개념적 맥락을 인식하는 것을 모두 포함한다. 즉, 현재의 시공간에 있는 나뿐만 아니라 과거 또는 미래의 나, 혹은 다른 맥락에서의 나를 표상하고 이를 기반으로 행동을 조정하는 능력이다. 이러한 능력은 추상적인 문제 해결 과정에도 사용된다. 예를 들어, 수학 문제를 풀 때는 다양한 개념과 공식을 탐색하며 관련된 원리를 찾아가는 과정이 필요하다. 즉, 문제를 해결하는 것은 지도 속 공간에서 방향을 찾듯이 개념적인 공간에서 맞는 방향으로 길을 찾아가는 과정과 비슷하다. 또 다른 예로, 대학생을 대상으로 강의를 할 때, 대학원생을 대상으로 할 때, 대중 강연을 할 때나 학술대회에서 발표를 할 때 모두 사용하는 언어의 수준과 발표 태도를 조정한다. 이처럼 각각의 상황의 사회적 맥락에 따라 자신의 역할을 설정하는 데에도 자기 지향 능력이 필요하다.

마음속 세상의 재구성

지금까지 살펴본 바와 같이, 인공지능은 훈련된 특정 과제에서는 매우 뛰어난 성능을 보인다. 하지만 새로운 상황에 직면했을 때 인간처럼 유연하게 대처하는 능력은 상대적으로 부족하다. 인간처럼 서로 다른 맥락에서 자신의 존재를 의식하고 스스로 맥락에 따라 새로운 과제 목표를 설정하는 수준까지 이르진 못했어도, 최근의 인공지능은 연구자처럼 자료 조사하고 논문 쓰기, 프로그램 만들기, 시나 소설 쓰기, 친구처럼 대화하기 등 다양한 맥락에서 과제를 수행하는 모습을 보인다. 서로 다른 맥락의 과제를 수행하기 위해 개별 학습된 각각의 인공지능 모델이 필요한 것이 아니라, 하나의 모델이 상황에 따라 다른 형태로 적절히 반응하는 것이다. 이처럼 서로 다른 과제를 적절히 수행하는 기본적인 수준의 인지적 유연성을 인간 수준으로 확장하기 위한 여러 시도가 이어지고 있다.

인간은 자신이 경험하는 세상을 마음속에 재구성한 심리적 표상인 월드 모델world model을 가지고 있다. 이는 인간이 세상을 경험하면서 형성한 세상의 공간적 지도, 그리고 사물에 대한 지식을 모아놓은 설명서와도 비슷하다. 예를 들어, 자신이 자주 가는 지하철 역의 구조를 표상한 공간적 지도는 물론이고, 역 안에 개찰구나 자판기 같은 사물이 있고 각 사물이 어떤 기능을 하는지에 대한 상식과 개념적인 지식이 월드 모델에 포함된다. 이 뿐만 아니라 우리는 손에 들고 있는 스마트폰을 지하철 바닥에 떨어뜨리면 액정 화면이 깨질 수도 있음을 안다. 이는 지하철 바닥과 스마트폰 화면의 특성을 알고 사물 간의 물리적 상호작용을 이해하고 예측하기 때문이다. 이처럼 세상의 물리적 법칙을 아는 것도 월드 모델에 포함된다. 즉, 월드 모델은 공간 정보뿐만 아니라 경험을 통해 얻은 상식과 개념적 지식까지 포괄한다.

인간은 월드 모델을 통해 세상을 이해하고 이를 바탕으로 현재 상황에 맞게 유연하게 과제를 수행하며 미래를 예측한다. 예를 들어, 낯선 도시에 처음 방문했을 때도 이전에 방문했던 다른 도시에서의 경험을 토대로 지하철이나 버스 이용 방법을 추론한다. 만약 폭설이 예상된다는 일기예보를 접하면 월드 모델을 통해 교통 체증이 발생했을 때 그 상황 속에서 자신의 위치를 설정하는 자기 지향 능력을 발휘해 언제, 어떤 교통 수단으로 어떻게 이동할지를 시뮬레이션해볼 수 있다. 상황이 변화하면 월드 모델을 그에 맞춰 수정하고, 업데이트된 월드 모델에 다시 자기 자신을 표상해 유연하게 과제를 수행한다.

인공지능도 인간처럼 세상의 구조와 규칙을 나름의 방식으로 표상한 월드 모델을 활용해 과제를 수행하는지 알아보기 위해 하버드 대학과 MIT의 연구진은 뉴욕의 택시 이동 경로 데이터를 활용해 인공지능 모델을 학습시켰다.[9] 뉴욕 시내를 돌아다닌 수많은 택시의 데이터를 학습한 인공지능은 뉴욕의 여러 지점 간의 경로를 거의 정확하게 안내할 수 있었다. 이는 마치 인간이 월드 모델로 공간 정보를 표상해 머릿속의 지도에서 길을 찾는 것과 비슷해 보였다. 그러나 연구진이 일부 도로를 차단하거나 새로운 도로를 추가한 상황을 설정하자, 인공지능은 경로 안내에 실패했다.

인공지능이 인간처럼 뉴욕의 공간 정보를 월드 모델로 형성했다면, 도로의 상황 변화에 맞춰 대안 경로를 찾을 수 있어야 한다. 그러나 인공지능이 택시 이동 경로를 통해 학습한 결과는 현실의 공간적 구조를 그대로 표상한 형태가 아니라 실제 세계에서 택시가 이동할 수 없는, 존재하지 않는 여러 도로를 표상하는 것으로 나타났다. 즉, 특정 상황에서 훈련된 인공지능은 그 상황 전체의 구조를 제대로 반영하는 월드 모델을 형성하지 못해도 특정 상황의 과제는 잘 수행할 수 있었다. 그러나 제대로 된 월드 모델이 없으면 변화된 상황에는 제대로 적응하지 못한다. 이와 달리 인간은 도로가 통제되거나 새로운 도로가 생기면 기존의 월드 모델에 새로운 상황의 정보를 통합해 유연하게 대응한다.

인간의 월드 모델은 세상의 공간 구조뿐만 아니라 세상의 물리 규칙 같은 개념 정보도 포함한다. 예를 들어, 인간은 벽에 공을 살짝 던지면 공이 튕겨 나올 것을 예상하지 공이 벽을 통과하여 사라질 것이라 예상하지 않는다. 또 상자 안에 넣어둔

공은 다른 사람이 가져가지 않는 한 계속 상자 안에 남아 있을 것이라 예상한다. 구글 딥마인드 연구진은 이와 같이 인간이 직관적으로 이해하는 물리적으로 가능한 상호작용과 불가능한 상호작용 같은 세상의 물리 규칙을 인공지능도 배울 수 있음을 확인했다.[10] 인공지능이 상자 안에 공이 들어간 이후에는 공이 그대로 남아 있는 사례가 그렇지 않은 사례보다 많았다는 패턴을 학습하면 마치 물리 규칙을 이해한 것과 비슷한 반응을 보였다. 그러나 연구진은 인공지능이 학습하지 않은 새로운 상황에서의 물리적 상호작용 또한 제대로 처리할 수 있음을 증명했다. 이러한 결과는 인공지능이 단순히 물체들의 움직임 패턴을 학습하고 외운 것이 아니라 세상의 물리 규칙을 어느 정도 파악하고 새로운 상황에 적용했음을 의미한다.

그러나 인공지능의 월드 모델은 아직 인간의 월드 모델과 달리 제한된 환경만을 반영하는 수준에 가깝다. 예를 들어, 알파고는 바둑판의 현재 상태를 파악하고 바둑의 규칙에 따라 다음 수를 놓았을 때 바둑판의 상황이 어떻게 변화할지 예측한다. 바둑이라는 게임 속 세상의 작동 원리를 이해하고 예측을 한다는 면에서 알파고는 일종의 월드 모델을 사용한다고 볼 수 있다. 하지만 바둑 학습을 마친 알파고는 갑자기 게임 종목이 바둑에서 알까기로 바뀌었을 때 바둑알의 움직임과 충돌 같은 물리적 상호작용을 적용하지 못할 것이고, 바둑판 형태의 미로에서 출구까지의 경로를 찾아가지도 못할 것이다. 이는 알파고가 바둑을 직접 두거나 실제 세상에서 미로를 탐색할 수 있는 신체가 없기 때문이기도 하지만, 알파고에게 직접 바둑을 두고 움직일 수 있는 신체를 준다고 하더라도 알까기를 바로 수행하진 못할 것이다. 인공지능은 환경의 구조와 규칙을 학습할 수도 있지만, 알파고가 바둑이라는 과제에 특화된 것처럼 제한된 환경의 구조와 규칙만을 익힌다.

반면, 인간은 바둑 같은 게임 속 환경과 규칙을 심리적으로 표상하는 개념적 월드 모델만 가지고 있는 것이 아니다. 인간은 공간 지도와 사물의 상호작용을 이해하는 물리적 구조와 규칙의 월드 모델, 서로 다른 상황에서 다른 사람들의 생각, 감정, 의도와 행동을 이해하고 예측하는 사회적인 월드 모델, 작년 여름의 날씨를 기억해 다가오는 여름에 어떻게 대비할지를 예측하는 시간적 월드 모델 등 다양한 월드 모델을 가지고 있다. 따라서 새로운 상황이 닥치면 적절한 월드 모델을 사용하거나 기존의 월드 모델을 수정해 현재 상황에서 문제를 해결하고 미래를 예측한다.

인공지능이 인간처럼 인지적으로 유연한 모습을 보이려면 인간과 같은 월드 모델을 갖춰야 한다. 최근에는 월드 모델을 통해 스스로 현재의 환경을 인식하고 그에 맞춰 자율적으로 데이터를 처리하고 과제를 수행하는 인공지능 에이전트 시스템 등이 도입되면서 인공지능은 점차 인간을 닮아가고 있다. 최근 게임 〈마인크래프트〉 속 세상에서 상호작용하는 인공지능 에이전트는 흥미로운 행동을 보여줬다." 사람이 게임 속에서 캐릭터를 조작하는 대신에 인공지능 캐릭터들끼리 대화하고 행동하게 하자, 캐릭터들은 각자 역할을 분담하고, 서로 선호하거나 싫어하는 캐릭터가 생겨 사회적 관계를 형성하기도 하며, 자체적인 규칙을 만들고 그에 따라 행동하는 듯한 모습을 보였다. 마치 실제 인간 사회에서 보일 법한 모습들이 생성된 것이다. 물론 인공지능 캐릭터들은 인간의 대규모 언어 데이터도 학습했기 때문에, 그 안에 담긴 인간의 행동 패턴을 반영한 것이지 무에서 유를 창조한 것은 아니다.

그럼에도 불구하고 인간의 직접적인 개입 없이도 실제 인간을 연상시키는 복잡한 사회적 행동이 나타날 수 있다는 점은 여전히 흥미롭다. 앞으로 인간과 인간이 직접 상호작용하거나 인간이 단일 인공지능 도구를 사용하는 방식에서 나아가 다양한 형태의 인공지능들끼리 상호작용하는 상황이 늘어난다면, 인공지능이 인간의 인지적 유연성에 얼마나 근접할 수 있을지, 혹은 인간과는 다른 새로운 지능적 행동을 만들어낼 수 있을지 궁금해진다.

나가는 말

무엇이 인간을 인간답게 만드는가

절대적 우월함이란 없다

이 책에서 인공지능과 인간의 차이를 살펴보긴 했지만, 사실 인간과 인공지능을 비교하는 일은 쉽지 않다. 인공지능은 지금도 계속 발전하고 있기 때문이다. 2024년 10월 1일, 스탠퍼드 대학의 노아 굿맨Noah Goodman 교수는 MIT에서 인간과 인공지능의 문제 해결 과정에 관한 강연을 했다. 굿맨 교수는 강연에서 인간은 복잡한 문제를 풀다가 실수를 하면 이전 단계로 되돌아가 다른 방법을 시도하는 과정을 반복하지만, 인공지능은 이러한 시행착오 대신 오류가 있어도 계속 다음 단계로 넘어가며 처음부터 끝까지 한 번에 문제를 푸는 경향을 보인다고 설명했다. 그리고 바로 말을 덧붙였다. "말을 바꿔야겠네요. 2주 전까지만 해도 언어 모델이 이렇지는 않았습니다. 하지만 최근에 나온 Open AI o1 모델은 이런 모습을 많이 보이더라고요. 그러나 대부분의 언어 모델은 인간처럼 문제를 푸는 과정에서 실수를 하고 다시 전 단계로 돌아가 다른 방법을 시도하는 모습을 보이지 않습니다." 또한 그는 강연 중에 "우리 연구가 학술지에 게재 확정된 직후에 새로운 언어 모델이 나왔기 때문에, 새 모델이 어떤 결과를 보일지는 모르겠지만"이라고 언급하기도 했다.

인공지능 기술을 활용한 사회과학 연구 수행에 관한 강연을 준비하던 중 나 역시 비슷한 경험을 한 적이 있다. 강연 슬라이드에 아직 인공지능이 제대로 풀지 못하는 문제 사례를 넣었다. 그런데 강연 전날 새로 나온 논문들을 검색하다가 인공지능이 이제 그 문제를 해결할 수 있다는 결과를 발견하고 급하게 슬라이드를 수정했다. 인공지능 기술이 빠르게 발전하기 때문에 벌어지는 일이다. 따라서 지금 인공지능이 인간의 특성 하나를 따라잡지 못한다고 해서 그것이 인간을 인공지능과 구별되는 특별한 존재로 만든다고 단정짓기는 어렵다. 시간이 지나면 인공지능이 그 특성을 인간 수준으로 따라할 가능성이 높기 때문이다. 반대로 인공지능이 인간의 특정 능력을 넘어서는 뛰어난 성능을 보였다고 해서 인간보다 우월한 존재임을 의미하지도 않는다.

침팬지는 경우에 따라 인간보다 단기기억 과제를 더 정확하게 수행한다.[1] 한 연구에서는 컴퓨터 화면에 아홉 개의 숫자를 0.2초 동안 제시한 후, 각 숫자가 있던 위치를 얼마나 잘 기억하는지 측정하는 과제를 인간과 침팬지에게 시켜봤다. 이 과제에서 인간의 정확도는 약 40퍼센트였다. 반면 침팬지는 80퍼센트에 가까운 높은 정확도를 보였다. 물론 인간도 오랜 시간 숫자 위치 기억하는 과제를 연습하면 침팬지 수준의 기억 정확도를 보일 수는 있다.[2] 침팬지가 특정 인지 과제에서 특별한 훈련 없이 인간보다 더 높은 정확도를 보였다고 해서 침팬지가 다른 인지 과제에서도 모두 인간보다 뛰어난 능력을 나타내는 것은 아니다. 마찬가지로 인공지능이 특정 과제를 인간보다 잘한다고 해서 다양한 과제를 수행할 수 있는 인간을 넘어섰다고 해석하기 어렵다.

게다가 인공지능은 하나의 도구가 아니다. 다양한 기술로 만든 여러 도구를 모두 인공지능이라 부르고 있지만, 각각의 도구는 인간 수준의 기능을 보일 수도, 아닐 수도 있다. 현재 인공지능은 지각, 기억, 추론 같은 여러 인지 과제를 인간과 동등한 수준으로 수행하며, 때로는 인간을 넘어서는 능력을 보인다. 그러나 인간에게는 아무 노력이 필요 없는 당연한 일에서 인공지능이 어이없는 실수를 범하는 경우도 적지 않다. 특정 분야에서 인공지능이 인간과 유사한 수준에 도달해도, 다른 영역에서는 여전히 인간과 큰 차이를 보인다.

불완전한 인간

아이작 아시모프의 소설을 원작으로 한 영화 〈바이센테니얼 맨〉에는 인간이 되고 싶어 하는 로봇 앤드류가 나온다. 가사 보조 로봇으로 만들어진 앤드류는 다른 로봇들과 달리 인간과 같은 감정을 배우고 창의성도 보이면서 점차 인간에 가까워진다. 앤드류는 인간이 되고 싶은 마음에 자신의 로봇 몸체 위에 인간과 비슷한 피부와 외형을 입히는 업그레이드를 받는다. 얼굴의 형태를 만들어 주던 인간 연구원은 앤드류에게 불완전함이 핵심이라고 말해준다. 즉, 얼굴의 주름, 옅은 흉터 자국, 크기가 약간 다른 두 눈, 살짝 비뚤어진 코 같은 불규칙하고 불완전한 모습이 모여 나를 다른 사람과 구별되는 세상에 단 하나뿐인 존재로 만들어준다는 것이다.

인공지능 챗봇과 대화를 할 때 인공지능이 실수를 한다면 아마 많은 사람이 "역시 인공지능이 인간을 따라오려면 아직 멀었어!"라는 반응을 보이기 쉽다. 그러나 언제나 오차 없이 완벽한 것보다는 가끔 실수하고 예측에서 벗어난 행동을 하는 것이야말로 인간을 인간답게 만드는 특성이다. 실제로 인간은 자신의 불완전함을 인공지능과 구별되는 인간의 특성으로 받아들인다.

독일 빌레펠트 대학Bielefeld University 연구진은 인간형 로봇이 실수를 할 때와 그렇지 않을 때 사람들의 반응이 어떻게 다른

지 비교했다.[3] 이 연구에서 참가자들은 로봇의 도움을 받아 이 삿짐을 정리하는 과제를 수행했다. 로봇은 이사 박스에 담긴 물건을 어느 위치에 놓아야 하는지 알려주는 역할을 했다. 참가자들은 말로만 물건을 놓을 위치를 알려주는 로봇, 말과 함께 물건이 놓일 위치를 정확하게 알려주는 동작을 취하는 로봇, 그리고 말과 동작이 일치하지 않는 실수를 가끔 하는 로봇 중 하나와 과제를 수행했다. 실험 결과, 참가자들은 단순히 말로만 안내하는 로봇보다도 말과 동작을 함께 사용하는 로봇을 더 인간답다고 여기며 호감을 느꼈다. 흥미로운 사실은 참가자들이 언제나 정확하게 말과 동작이 일치했던 로봇보다 가끔 실수를 하는 로봇을 더 인간적이고 친근하게 느꼈다는 점이다. 동작과 말이 다르면 물건을 제 위치에 놓는 데 방해를 받음에도 불구하고 사람들은 실수를 하는 로봇과 다음에도 같이 일하고 싶다는 반응을 보였다. 즉, 우리는 완벽함보다 약간의 실수를 인간적인 요소로 받아들이는 경향이 있다.

물론 실수가 언제나 인공지능에 대한 호감도를 높이지는 않는다. 의료용 인공지능이 잘못된 진단을 한다거나, 자율 주행 인공지능이 신호를 자주 위반하는 것처럼 정확성이 중요한 업무 영역에서 인공지능과 인간의 실수는 다르게 평가된다. 덴마크 코펜하겐 대학의 연구에서 대학병원 방사선과 직원들이 인간 의사보다 의료용 인공지능의 성능을 평가할 때 더 엄격한 기준을 적용했다.[4] 병원 직원들은 '의료 진단에서 어느 정도의 오류가 허용될 수 있는가'라는 질문에, 인간 의사는 평균 11.3퍼센트, 의료용 인공지능은 6.8퍼센트 정도라고 답했다. 평소에 성격도 좋고 일도 열심히 하고 능력도 뛰어난 동료가 최근 들어 실수를 연발한다면 바로 동료를 비난하기보다는 뭔가 사정이 있다고 짐작한다. 경력이 짧은 동료라면 아직 배우는 과정 중이니 실수할 수도 있다고 여긴다. 이처럼 인간에게는 여러 사회적 요인을 고려하여 상대적으로 관대한 기준을 적용하지만, 인공지능에게는 어떤 상황에서도 지치지 않는 일정한 성능을 기대한다.

인간의 경우 일상에서 모든 면이 완벽하면 오히려 인간으로서의 매력이 떨어져 보인다. 예를 들어, 어려운 퀴즈 문제에 척척 정답을 맞히던 사람이 마지막 순간에 커피를 쏟고 당황하며 사과한다면, 아무런 실수 없이 완벽했던 사람보다 더 매력적으로 보인다.[5] 온라인 채팅에서도 사람들은 가끔 오타를 내고 그 오타를 바로 수정하는 상대를 더 인간적이라고 평가했다.[6] 대화를 나누는 상대가 인간이 아니라 인공지능이었을 때도 마찬가지였다. 인공지능이 "감시합니다"라고 오타를 생성한 뒤 이어서 "아니, '감사'합니다"라고 오타를 수정하면, 사람들은 이를 단순한 기술적 오류가 아니라 인간적인 요소로 받아들여 오히려 호감을 느꼈다. 그러나 인공지능이 오타를 낸 뒤 수정하지 않고 그냥 넘어갔을 경우, 사람들은 이를 인간적이라 평가하지 않았다. 즉, 중요한 것은 단순히 실수를 하는 것이 아니다. 실수만 하는 인간은 부정적인 평가를 받지만,[7] 가끔 실수해도 이를 인지하고 바로잡는 과정은 인간적이다. 실수를 인식하고 수정하는 것은 자신의 수행 결과를 모니터링하고, 자신에 대한 타인의 평가와 반응을 인식하는 인간의 특성을 보여주기 때문이다. 영국의 시인 알렉산더 포프Alexander Pope는 "인간은 실수를 하고 신은 용서한다"고 했다. 인간이기에 실수를 하고, 이를 바로잡는 과정에서 더욱 인간다움이 드러난다.

인공지능이 꼭 인간을 닮아야 할까

영화 〈퍼시픽 림〉은 거대한 괴수와 괴수만큼이나 거대한 로봇이 싸우는 이야기다. 영화에서 로봇이 유조선을 집어 들고 괴물을 내리치는 장면이 나온다. 그러나 실제 유조선은 영화에서 나온 것보다 훨씬 크고, 로봇이 이를 휘두를 수 있다 하더라도 유조선은 부서질 것이므로 영화처럼 여러 번 괴물을 때리는 것은 실제로는 불가능하다. 그 외에도 영화에는 현실의 물리 법칙을 벗어나는 장면이 여러 번 나온다. 애초에 무겁고 거대한 로봇을 만들어 격렬하게 몸싸움을 하는 것부터 비효율적이다. 그러나 이런 영화에서 물리 법칙을 따지고 설정을 논하는 것은 무의미하다. 효율성과 현실성을 고려하면 로봇이 아닌 미사일이나 드론으로 괴수를 처치하는 것이 더 합리적일지 모른다. 그러나 나를 포함한 많은 사람이 원했던 것은 물리학적으로 정확한 시뮬레이션이 아니라, 비현실적일지라도 거대한 로봇이 싸우는 장면에서 느끼는 시각적 쾌감이다.

이 책에서는 인공지능과 인간을 비교했다. 마치 거대 로봇 영화를 보며 설정 오류를 찾아내는 물리학자처럼, 인공지능이 인간과 상당히 비슷해 보이지만 여전히 다른 부분이 남아 있음을 설명하다 보면, '굳이 인공지능이 인간과 같아야 할 필요가 있을까?'라는 생각이 들기도 한다. 사실 효율성만 생각한다면 굳이 인공지능이 인간과 똑같아질 필요는 없다. 인간과 동일한 특성을 가진 인공지능은 인간이 가진 한계와 약점 역시 그대로 갖게 되기 때문이다. 인공지능 비서가 인간처럼 건망증이 있어서 중요한 회의를 깜빡한다면 어떨까? 처리 용량의 한계로 시킨 일을 한 번에 다 하지 못하거나, 피곤하거나, 날씨가 좋지 않다는 이유로 질문에 답하기를 거부하는 인공지능을 누가 사용하려 할까?

인공지능의 강점은 인간이 하기 어려운 일들을 대신하거나 보완하는 데 있다. 인공지능은 복잡한 계산을 수행하고, 지루하고 반복적인 작업을 빠르고 정확하게 처리하며, 인간이 모두 검토하기 어려운 방대한 데이터에서 의미 있는 패턴을 찾아낸다. 인간이 원하는 결과를 생성할 수만 있다면, 인공지능이 굳이 인간과 유사한 형태를 가질 필요는 없다. 인간형 로봇에 탑재될 필요도 없고, 내가 좋아하는 배우의 목소리로 기분에 맞춰 다정하게 말을 건네지 않아도 된다. 효율성만을 고려한다면 인공지능이 인간을 얼마나 닮았느냐가 아니라, 인간에게 얼마나 실질적인 도움이 되는지가 더 중요하다.

그러나 극도의 효율성을 보이며 정확하게 묻는 질문에만 답하는 인공지능보다 가끔 농담을 던지기도 하는 인간 같은 인공지능이 더 흥미롭다. 로봇 영화의 진정한 매력이 현실성이 아니라 상상력과 시각적 쾌감에 있듯이, 심리학자에게 인공지능의 진정한 가치는 극도의 효율성으로 완벽하게 과제를 수행하는 도구보다는 인간과 비슷하면서도 다르게 만들어져 인간의 약점과 강점을 보여주고, 인간의 모습을 비춰주며, 우리가 미처 알아채지 못했던 인간의 모습을 탐구하는 데 있다.

미완성 퍼즐을 맞추는 일

강의 평가 결과를 보면 좋은 평가보다는 부정적인 의견이 더 눈에 들어오기 마련이다. 내가 자주 받는 부정적 평가 중 하나는 "수업 내용이 이것도 맞고 저것도 맞다는 식이어서 결론이 무엇인지 모르겠다"는 것이다. 학생들의 심정을 이해하지만 그래도 거의 대부분의 연구는 완전한 정답을 내놓기보다는 더 많은 질문을 만들기 때문에 수업에서 지나치게 단정적으로 결론을 내리기는 어렵다.

원래 연구는 끝이 없고 항상 현재진행형이다. 새로운 연구 결과가 나오면 기존의 이론을 수정하거나 아예 폐기해야 하는 경우도 있다. 교과서에 실린 이론이라 하더라도 시간이 지나며 새로운 연구 결과가 나오면서 변하게 되고, 때로는 이론이 완전히 뒤집히기도 한다. 수업에서도 현재 교재의 내용을 설명하는 동시에, 그 이론을 보완하거나 반박하는 최근 연구를 같이 소개하곤 했다. 그래서 학생들은 교재의 이론이 맞다는 것인지 틀렸다는 것인지 혼란을 느끼기도 한다. 이럴 때는 교재의 이론을 외우는 것보다 그 이론이 만들어지는 과정을 이해하는 게 더 중요하다고 수업에서 강조했다. 즉, 어떤 질문이 중요한지, 그 질문에 답하려면 어떤 실험과 데이터가 필요한지, 데이터를 어떻게 해석해야 하는지 등 연구자의 사고 방식을 가르치는 데 수업의 상당 부분을 할애했다. 이론은 언제든 새로운 이론으로 대체될 수 있지만 질문하고 답을 찾는 과정을 익힌다면 새로운 지식을 계속 쌓을 수 있기 때문이다.

인공지능 분야의 경우, 기존의 심리학 분야보다 훨씬 빠르게 변하고 있다. 새로운 인공지능 모델이 등장할 때마다 기존 연구 결과를 다시 해석해야 하는 일도 빈번하다. 챗지피티는 2022년 말 출시됐을 때부터 뛰어난 성능을 보이긴 했으나 여러 심리학 과제에서 인간과 같은 수준의 성능을 보이지 못하는 경우가 많았다. 그러나 출시 후 2년도 채 지나지 않아 인공지능이 인간과 같은 지능을 가지고 있는가를 평가하기 위해 고

안된 튜링 테스트를 통과하는 것은 물론, 이전에는 인공지능이 제대로 수행하지 못했던 여러 심리학 과제에서도 인간과 비슷하거나 더 뛰어난 결과를 보이는 사례가 나오기 시작했다.[8]

이 책을 집필하는 과정에서도 이런 변화를 직접 경험했다. 원고 초안에 인공지능이 마음이론 과제나 추론 과제에서 인간 수준을 따라오지 못한다고 썼다가, 불과 몇 개월 후 새로운 모델이 등장해 인간 수준을 따라잡아서 기껏 썼던 원고 일부를 지워버려야 했다. 이처럼 우리가 지금 알고 있는 지식은 현재 시점에서의 이야기일 뿐, 미래에도 상황이 그대로 유지되진 않을 것이다. 따라서 이 책에서는 인공지능 기술이 변화하더라도 계속 참고할 수 있을 만한 일반적인 이야기를 주로 썼다. 꼭 현재의 특정 인공지능 모델에 국한되지 않고, 새로운 기술이 등장했을 때 인간이 이를 여러 정보 처리 과정에서 어떻게 활용하는지, 그리고 기술이 인간에게 어떠한 영향을 미치는지를 다룬 이전의 연구를 살펴봤다.

본문에서 언급된 소설 《은하수를 여행하는 히치하이커를 위한 안내서》에는 삶, 우주, 그리고 모든 것에 대한 궁극적인 답이 나온다. 고성능 컴퓨터가 수백만 년 동안 계산한 결과, 모든 것에 대한 궁극적인 단 하나의 해답은 바로 '42'였다. 그러나 현실에서 42 같은 궁극적인 해답은 존재하지 않는다. 소설에서도 해답인 42가 도대체 무슨 뜻인지 알기 위해 궁극적인 질문이 무엇인지부터 찾는 문제로 되돌아간다. 하나의 연구 결과는 또 다른 새로운 질문으로 이어진다.

인공지능이 인간과 같아질까? 인간처럼 의식을 가지게 될까? 연구자들 사이에서도 언젠가는 인공지능도 인간 같은 의식을 가질 수 있다는 견해와, 기술이 아무리 발전해도 인공지능에게 의식이 생기지 않을 것이라는 입장으로 나뉜다. 인간 의식의 실체에 대해서도 여전히 연구가 진행 중이고 인간 의식의 실체가 무엇인지 합의되지 않은 상황에서 인공지능의 의식을 논하는 일은 더더욱 어렵다.[9] 다른 질문들도 답하기 어렵기는 마찬가지다. 인공지능과 일상을 함께하는 아이들은 어떻게 발달할까? 아이에게 인공지능 사용을 어디까지 허용해야 할까? 이런 질문에 답하기 위한 연구는 아직 초기 단계에 머물러 있고 연구마다 엇갈린 결과를 내놓기도 한다.

아직 결론이 명확하지 않고 갈 길이 멀다는 점은 연구자들에게는 오히려 흥미로운 도전의 기회다. 매달 즐겨 하던 게임의 후속작이 끊임없이 출시되는 것처럼, 연구자들에게는 계속해서 탐구할 주제가 남아 있다는 사실은 신나는 일이다. 한 가지 문제를 해결하면 또 다른 문제가 등장하고, 이를 해결하는 과정에서 우리는 더욱 깊이 있는 새로운 질문을 던질 수 있다. 인공지능과 인간의 관계를 탐구하는 과정은 끝없는 미완성 퍼즐을 맞추는 일이다. 퍼즐은 영원히 미완성 상태겠지만 점차 모습이 선명해질 것이다.

인간을 비추는 거울

석사과정 지도교수님은 가끔 냉면을 사주셨다. 그때 갔던 곳들은 허름해 보였지만, 나중에 알고 보니 모두 유명한 맛집이었다. 당시에는 그런 사실도 몰랐고, 냉면이 다 거기서 거기라는 생각으로 평양냉면이든 함흥냉면이든 사주시는 대로 먹곤 했다. 그러던 어느 여름날, 날씨가 더워 학생 식당에서 냉면을 사먹었을 때 비로소 알 수 있었다. 아, 교수님이 데려갔던 그 가게들이 정말 맛집이었구나. 유명한 가게에서 냉면을 먹을 때는 그 맛을 잘 몰랐지만, 막상 별로 시원하지도 않고 밍밍한 학생 식당 냉면을 먹으니 차이가 분명하게 느껴졌다. 맛집 냉면만 먹었을 때는 그 진가를 알지 못했지만, 비교 대상이 생기자 어떤 냉면이 더 맛있는지 가늠할 수 있게 됐다.

인공지능을 통해 인간을 이해하는 과정도 냉면 맛을 평가하는 것과 비슷하지 않을까? 인간이란 어떤 존재인가? 무엇이 우리를 인간으로 만드는가? 이런 질문에 답하려면 비교 대상이 필요하다. 인공지능은 그 비교 대상이 될 수 있다. 인공지능은 인간을 비추는 거울과도 비슷하다.[10]

거울 속의 나는 실제의 나와 동일해 보이지만, 완전히 같지는 않다. 거울 속 상은 좌우가 뒤바뀌어 보인다. 오른손에 책을 들고 있다면 거울 속에 비친 나는 왼손으로 책을 들고 있는 것으로 보인다. 인간처럼 보이는 인공지능은 마치 우리의 마음을 비추는 거울처럼 인간과 매우 유사한 모습을 보여준다. 물론 거울 속의 나는 실제 내가 아니듯이 인공지능 역시 진짜 인간은 아니다. 그러나 그 유사성을 통해 우리는 인간의 마음을 엿볼 수 있다. '인공지능이라는 거울'을 단순히 인간과 인공지능의 우열을 가리는 도구가 아니라, 인간과 인공지능이 어떤 면에서 비슷하고 또 어떤 면에서 차이가 있는지를 탐구하는 데 활용한다면, 인간을 더욱 깊이 이해할 수 있을 것이다.

후주

들어가는 말: 인지심리학자가 인공지능을 연구하는 이유

1 Dillion, D., Tandon, N., Gu, Y., & Gray, K. (2023). Can AI language models replace human participants?. *Trends in Cognitive Sciences, 27*(7), 597-600.

2 Yamins, D. L., & DiCarlo, J. J. (2016). Using goal-driven deep learning models to understand sensory cortex. Nature neuroscience, 19(3), 356-365.

3 Dahmani, L., & Bohbot, V. D. (2020). Habitual use of GPS negatively impacts spatial memory during self-guided navigation. *Scientific reports, 10*(1), 6310.

1장 인공지능과 인간의 뇌는 얼마나 닮았는가?

1 뇌에는 신경세포만큼이나 많은 수의 교세포$_{glia}$도 있다. 교세포는 신경세포의 신호 전달을 조절하며 뇌의 정보 처리 과정에 중요한 역할을 하지만, 여기서는 정보 처리의 핵심인 신경세포의 작동 과정에만 집중했다.

2 망막에서 수용체가 빛을 감지한 후 양극세포, 신경절세포 등을 거치며 여러 정보 처리 과정이 나타나지만, 여기선 망막 단계에서의 정보 처리 과정을 생략하고 뇌를 중심으로 설명했다.

3   Baker, C., & Kravitz, D. (2024). Insights from the evolving model of two cortical visual pathways. *Journal of Cognitive Neuroscience, 36*(12), 2568-2579; Jeong, S. K., & Xu, Y. (2016). Behaviorally relevant abstract object identity representation in the human parietal cortex. *Journal of Neuroscience, 36*(5), 1607-1619.

4   합성곱 계산 단계에서 이미지의 각 부분에 어떤 특징이 있는지 탐지하는 필터들을 적용해 얻은 결과는 다시 ReLU$_{\text{rectified linear unit}}$ 계산 과정을 거친다. ReLU는 입력된 값이 0보다 작으면 모두 0으로 변환하고, 0보다 크면 해당 값을 그대로 유지해 다음 단계로 넘겨준다. 뇌에서 신경세포가 입력된 신호의 총합이 일정 기준을 넘으면 활성화되고, 아니면 활성화되지 않는 이분법적인 반응을 보이는 것처럼 합성곱 신경망의 ReLU 계산 단계에서도 입력된 신호 값이 특정 조건(0보다 큼)을 만족할 때에만 반응한다. ReLU 계산에서는 입력 신호가 0보다 크면 그 값을 그대로 다음 단계로 넘겨준다. 즉, 입력 신호가 클수록 출력 값도 그에 비례해 커진다. 이러한 계산 방식은 언제나 같은 크기로 활성화되는 뇌의 신경세포의 반응 형태와는 다르다. 그러나 신경세포는 일정한 크기로 활성화되더라도 활성화 빈도를 조절해 입력 신호의 강도를 표상하므로 ReLU 계산과 작동 방식은 다르지만 비슷한 정보 처리 과정으로 볼 수 있다.

5   합성곱 신경망에서 합성곱 계산 과정과 모든 계산을 마친 마지막 단계$_{\text{fully connected layer}}$에서의 가중치는 조금 다른 형태이지만, 여기서는 엄밀하게 구분하지 않았다.

6   Yamins, D. L., Hong, H., Cadieu, C. F., Solomon, E. A., Seibert, D., & DiCarlo, J. J. (2014). Performance-optimized hierarchical models predict neural responses in higher visual cortex. *Proceedings of the national academy of sciences, 111*(23), 8619-8624; Yamins, D. L., & DiCarlo, J. J. (2016). Using goal-driven deep learning models to understand sensory cortex. *Nature neuroscience, 19*(3), 356-365.

7   Cichy, R. M., Khosla, A., Pantazis, D., Torralba, A. & Oliva, A. (2016). Comparison of deep neural networks to spatio-temporal cortical dynamics of human visual object recognition reveals hierarchical

correspondence. *Scientific Reports*, 6, 27755; Khaligh-Razavi, S. M., & Kriegeskorte, N. (2014). Deep supervised, but not unsupervised, models may explain IT cortical representation. *PLoS computational biology, 10*(11), e1003915.

8   Bowers, J. S., Malhotra, G., Dujmović, M., Montero, M. L., Tsvetkov, C., Biscione, V., ⋯ & Blything, R. (2023). Deep problems with neural network models of human vision. *Behavioral and Brain Sciences, 46*, e385.

9   Xiao, K., Engstrom, L., Ilyas, A., & Madry, A. (2020). Noise or signal: The role of image backgrounds in object recognition. arXiv preprint, arXiv:2006.09994.

10 Goodfellow, I. J., Shlens, J., & Szegedy, C. (2014). Explaining and harnessing adversarial examples. arXiv preprint, arXiv:1412.6572.

11 Zoccolan, D., Cox, D. D., & DiCarlo, J. J. (2005). Multiple object response normalization in monkey inferotemporal cortex. *Journal of Neuroscience, 25*(36), 8150-8164.

12 Mocz, V., Jeong, S. K., Chun, M., & Xu, Y. (2023). Multiple visual objects are represented differently in the human brain and convolutional neural networks. *Scientific Reports, 13*(1), 9088.

13 Firestone, C. (2020). Performance vs. competence in human-machine comparisons. *Proceedings of the National Academy of Sciences, 117*(43), 26562-26571.

14 Elsayed, G., Shankar, S., Cheung, B., Papernot, N., Kurakin, A., Goodfellow, I., & Sohl-Dickstein, J. (2018). Adversarial examples that fool both computer vision and time-limited humans. *Advances in neural information processing systems, 31*.

15 Spoerer, C. J., McClure, P., & Kriegeskorte, N. (2017). Recurrent convolutional neural networks: a better model of biological object recognition. *Frontiers in psychology, 8*, 1551.

16 Konkle, T., & Alvarez, G. (2024). Cognitive steering in deep neural networks via long-range modulatory feedback connections. *Advances*

in Neural Information Processing Systems, 36.

17 Geirhos, R., Rubisch, P., Michaelis, C., Bethge, M., Wichmann, F. A., & Brendel, W. (2018). ImageNet-trained CNNs are biased towards texture; increasing shape bias improves accuracy and robustness. arXiv preprint, arXiv:1811.12231.

18 Finonacci, "File:Kanizsa's triangle.svg", Wikimedia Commons, updated December 30, 2020, https://en.wikipedia.org/wiki/File:Kanizsa_triangle.svg (CC BY-SA).

19 Mendola, J. D., Dale, A. M., Fischl, B., Liu, A. K., & Tootell, R. B. (1999). The representation of illusory and real contours in human cortical visual areas revealed by functional magnetic resonance imaging. *Journal of Neuroscience, 19*(19), 8560-8572.

20 Simons, D. J., & Chabris, C. F. (1999). Gorillas in our midst: Sustained inattentional blindness for dynamic events. *Perception, 28*(9), 1059-1074.

21 Held, R., Ostrovsky, Y., de Gelder, B., Gandhi, T., Ganesh, S., Mathur, U., & Sinha, P. (2011). The newly sighted fail to match seen with felt. *Nature neuroscience, 14*(5), 551-553.

2장 인공지능으로 인간의 뇌를 연구할 수 있는가?

1 Golan, T., Taylor, J., Schütt, H., Peters, B., Sommers, R. P., Seeliger, K., ⋯ & Kriegeskorte, N. (2023). Deep neural networks are not a single hypothesis but a language for expressing computational hypotheses. *Behavioral and Brain Sciences, 46*.

2 Fantz, R. L. (1963). Pattern vision in newborn infants. *Science, 140*(3564), 296-297.

3 Todorov, A., Mandisodza, A. N., Goren, A., & Hall, C. C. (2005). Inferences of competence from faces predict election outcomes. *Science,*

308(5728), 1623-1626.

4 Behrens, T. E., Fox, P., Laird, A., & Smith, S. M. (2013). What is the most interesting part of the brain?. *Trends in cognitive sciences, 17*(1), 2-4.

5 Kanwisher, N., McDermott, J., & Chun, M. M. (2002). The fusiform face area: a module in human extrastriate cortex specialized for face perception.

6 Tanaka, J. W., & Farah, M. J. (1993). Parts and wholes in face recognition. *The Quarterly Journal of Experimental Psychology Section A, 46*(2), 225-245.

7 Tanaka, J. W., Kiefer, M., & Bukach, C. M. (2004). A holistic account of the own-race effect in face recognition: Evidence from a cross-cultural study. *Cognition, 93*(1), B1-B9.

8 Burke, D., & Sulikowski, D. (2013). The evolution of holistic processing of faces. *Frontiers in psychology, 4*, 11.

9 Dobs, K., Yuan, J., Martinez, J., & Kanwisher, N. (2023). Behavioral signatures of face perception emerge in deep neural networks optimized for face recognition. *Proceedings of the National Academy of Sciences, 120*(32), e2220642120.

10 Kell, A. J., & McDermott, J. H. (2019). Deep neural network models of sensory systems: windows onto the role of task constraints. *Current opinion in neurobiology, 55*, 121-132.

11 Kanwisher, N., McDermott, J., & Chun, M. M. (1997). The Fusiform Face Area: A Module in Human Extrastriate Cortex Specialized for Face Perception. *The Journal of Neuroscience, 17*(11), 4302-4311.

12 Dobs, K., Martinez, J., Kell, A. J., & Kanwisher, N. (2022). Brain-like functional specialization emerges spontaneously in deep neural networks. *Science advances, 8*(11), eabl8913.

13 Khosla, M., Murty, N. A. R., & Kanwisher, N. (2022). A highly selective response to food in human visual cortex revealed by hypothe-

sis-free voxel decomposition. *Current Biology, 32*(19), 4159-4171.

14 Prince, J. S., Alvarez, G. A., & Konkle, T. (2024). Contrastive learning explains the emergence and function of visual category-selective regions. *Science Advances, 10*(39), eadl1776.

15 Hamilton, M., Stent, S., DuTell, V., Harrington, A., Corbett, J., Rosenholtz, R., & Freeman, W. T. (2024, September). Seeing Faces in Things: A Model and Dataset for Pareidolia. *In European Conference on Computer Vision*, 377-395, Cham: Springer Nature Switzerland.

3장 인공지능도 성격을 가지고 있는가?

1 Dillion, D., Tandon, N., Gu, Y., & Gray, K. (2023). Can AI language models replace human participants?. *Trends in Cognitive Sciences, 27*(7), 597-600.

2 Milgram, S. (1963). Behavioral study of obedience. *The Journal of abnormal and social psychology, 67*(4), 371.

3 Aher, G. V., Arriaga, R. I., & Kalai, A. T. (2023, July). Using large language models to simulate multiple humans and replicate human subject studies. *In International Conference on Machine Learning, PMLR*, 337-371.

4 Gao, Y., Lee, D., Burtch, G., & Fazelpour, S. (2025). Take caution in using LLMs as human surrogates. *Proceedings of the National Academy of Sciences, 122*(24), e2501660122.

5 Binz, M., Akata, E., Bethge, M., Brändle, F., Callaway, F., Coda-Forno, J., ⋯ & Schulz, E. (2025). A foundation model to predict and capture human cognition. *Nature*, 1-8.

6 Henrich, J., Heine, S. J., & Norenzayan, A. (2010). The weirdest people in the world?. *Behavioral and brain sciences, 33*(2-3), 61-83.

7 Huang, J. T., Wang, W., Lam, M. H., Li, E. J., Jiao, W., & Lyu, M. R.

(2023). Revisiting the Reliability of Psychological Scales on Large Language Models. arXiv e-prints, arXiv-2305.

8   Mei, Q., Xie, Y., Yuan, W., & Jackson, M. O. (2024). A Turing test of whether AI chatbots are behaviorally similar to humans. *Proceedings of the National Academy of Sciences, 121*(9), e2313925121.

9   Lu, J. G., Song, L. L., & Zhang, L. D. (2025). Cultural tendencies in generative AI. *Nature Human Behaviour*, 1-10.

10 Buttrick, N. (2024). Studying large language models as compression algorithms for human culture. *Trends in cognitive sciences, 28*(3), 187-189

11 Argyle, L. P., Busby, E. C., Fulda, N., Gubler, J. R., Rytting, C., & Wingate, D. (2023). Out of one, many: Using language models to simulate human samples. *Political Analysis, 31*(3), 337-351.

12 Ross Lazerowitz. "Fine-tuning GPT3.5-turbo based on 140K slack messages". Ross Lazerowitz's blog, 2023년 9월 4일. https://rosslazer.com/posts/fine-tuning/.

13 Varnum, M. E., Baumard, N., Atari, M., & Gray, K. (2024). Large Language Models based on historical text could offer informative tools for behavioral science. *Proceedings of the National Academy of Sciences, 121*(42), e2407639121; Chen, Y., Li, S., Li, Y., & Atari, M. (2024). Surveying the dead minds: Historical-psychological text analysis with contextualized construct representation(CCR) for classical Chinese. arXiv preprint, arXiv:2403.00509.

14 Michel, J. B., Shen, Y. K., Aiden, A. P., Veres, A., Gray, M. K., Google Books Team, ⋯ & Aiden, E. L. (2011). Quantitative analysis of culture using millions of digitized books. *Science, 331*(6014), 176-182.

15 Brown, T. B. et al. (2020). Language models are few-shot learners. arXiv preprint, arXiv:2005.14165.

16 Pierre-Carl Langlais. "MonadGPT". Hugging Face. https://huggingface.co/Pclanglais/MonadGPT.

17　njauzzx. "XunziALLM". GitHub, 2025년 7월 20일. https://github.com/Xunzi-LLM-of-Chinese-classics/XunziALLM/blob/main/README_en.md.

18　Shin, L. M., Rauch, S. L., & Pitman, R. K. (2006). Amygdala, medial prefrontal cortex, and hippocampal function in PTSD. *Annals of the New York Academy of Sciences, 1071*(1), 67-79.

19　Gilbertson, M. W., Shenton, M. E., Ciszewski, A., Kasai, K., Lasko, N. B., Orr, S. P., & Pitman, R. K. (2002). Smaller hippocampal volume predicts pathologic vulnerability to psychological trauma. *Nature neuroscience, 5*(11), 1242-1247.

20　Arwa Mahdawi. "What is going on with ChatGPT?". *The Guardian*, 2024년 1월 12일. https://www.theguardian.com/commentisfree/2024/jan/12/chatgpt-problems-lazy.

21　2023년 12월 8일 트위터(현 X) ChatGPTapp 계정에서 게시한 글이다. https://x.com/ChatGPTapp/status/1732979491071549792?s=20.

22　FP Staff. "'Mental health' issues in AI? ChatGPT suffering from seasonal depression, getting lazier,". *Firstpost.*, 2023년 12월 13일. https://www.firstpost.com/tech/mental-health-issues-in-ai-chatgpt-suffering-from-seasonal-depression-getting-lazier-13499522.html.

23　Ian Arawjo. "No, ChatGPT does not have seasonal affective disorder". Medium, 2023년 12월 12일. https://ianarawjo.medium.com/no-chatgpt-does-not-have-seasonal-affective-disorder-a113c321eb46.

24　Nesse, R. M. (2015). Evolutionary psychology and mental health. *The handbook of evolutionary psychology*, 903-927; Jesus, S., Costa, A., Simões, G., Dos Santos, G. D., Almeida, M., Alcafache, J., & Garrido, P. (2022). Too much of not enough: exploring lack of fear and its consequences. *European Psychiatry, 65*(S1), S735-S736.

4장 인공지능이 인간의 마음을 보듬을 수 있는가?

1. Weizenbaum, J. (1976). *Computer power and human reason: From judgment to calculation*. San Francisco: W.H. Freeman; Weizenbaum, J. (1966). ELIZA—a computer program for the study of natural language communication between man and machine. *Communications of the ACM, 9*(1), 36-45.

2. Natural History, Volcanoes. LXXXIV, no. 1(Jan. 1975), p.10, Weizenbaum(1976)에서 재인용.

3. 이 책에서는 심리상담과 심리치료를 명확히 구분하지 않고 심리 서비스라는 큰 범위로 다뤘다.

4. Hattie, J. A., Sharpley, C. F., & Rogers, H. J. (1984). Comparative effectiveness of professional and paraprofessional helpers. *Psychological Bulletin, 95*(3), 534; Berman, J. S., & Norton, N. C. (1985). Does professional training make a therapist more effective?. *Psychological Bulletin, 98*(2), 401; Christensen, A., & Jacobson, N. S. (1994). Who (or what) can do psychotherapy: The status and challenge of nonprofessional therapies. *Psychological science, 5*(1), 8-14.

5. Li, H., Zhang, R., Lee, Y. C., Kraut, R. E., & Mohr, D. C. (2023). Systematic review and meta-analysis of AI-based conversational agents for promoting mental health and well-being. *NPJ Digital Medicine, 6*(1), 236.

6. Beatty, C., Malik, T., Meheli, S., & Sinha, C. (2022). Evaluating the therapeutic alliance with a free-text CBT conversational agent (Wysa): a mixed-methods study. *Frontiers in Digital Health, 4*, 847991.

7. American Psychological Association. "Psychologists struggle to meet demand amid mental health crisis". 2022. https://www.apa.org/pubs/reports/practitioner/2022-covid-psychologist-workload.

8. Blanchard, M., & Farber, B. A. (2018). Lying in psychotherapy: Why and what clients don't tell their therapist about therapy and their rela-

tionship. *Disclosure and Concealment in Psychotherapy*. Routledge, pp.90-112.

9   Clement, S., Schauman, O., Graham, T., Maggioni, F., Evans-Lacko, S., Bezborodovs, N., ⋯ & Thornicroft, G. (2015). What is the impact of mental health-related stigma on help-seeking? A systematic review of quantitative and qualitative studies. *Psychological medicine, 45*(1), 11-27.

10 Habicht, J., Viswanathan, S., Carrington, B., Hauser, T. U., Harper, R., & Rollwage, M. (2024). Closing the accessibility gap to mental health treatment with a personalized self-referral Chatbot. *Nature medicine, 30*(2), 595-602.

11 Lee, E. E., Torous, J., De Choudhury, M., Depp, C. A., Graham, S. A., Kim, H. C., ⋯ & Jeste, D. V. (2021). Artificial intelligence for mental health care: clinical applications, barriers, facilitators, and artificial wisdom. *Biological Psychiatry: Cognitive Neuroscience and Neuroimaging, 6*(9), 856-864; Lee, S., Kim, S., Kim, M., Kang, D., Yang, D., Kim, H., ⋯ & Yeo, J. (2024). CACTUS: towards psychological counseling conversations using cognitive behavioral theory. arXiv preprint, arXiv:2407.03103.

12 2022년 9월 25일 트위터 EstelleSmithPhD 계정에서 게시한 글이다. https://x.com/EstelleSmithPhD/status/1573746645161938947.

13 Chloe Xiang. "'He Would Still Be Here': Man Dies by Suicide After Talking with AI Chatbot, Widow Says". *Vice*, 2023년 3월 30일. https://www.vice.com/en/article/man-dies-by-suicide-after-talking-with-ai-chatbot-widow-says/.

14 Udry, J., & Barber, S. J. (2023). The illusory truth effect: A review of how repetition increases belief in misinformation. *Current Opinion in Psychology*, 101736.

15 Lauren Walker. "Belgian man dies by suicide following exchanges with chatbot". *The Brussels Times*, 2023년 3월 28일. https://www.brussels-

times.com/430098/belgian-man-commits-suicide-following-exchanges-with-chatgpt.

16 De Freitas, J., Uğuralp, A. K., Oğuz-Uğuralp, Z., & Puntoni, S. (2024). Chatbots and mental health: Insights into the safety of generative AI. *Journal of Consumer Psychology, 34*(3), 481-491.

17 Haque, M. R., & Rubya, S. (2023). An overview of chatbot-based mobile mental health apps: insights from app description and user reviews. *JMIR mHealth and uHealth, 11*(1), e44838.

18 Yin, Y., Jia, N., & Wakslak, C. J. (2024). AI can help people feel heard, but an AI label diminishes this impact. *Proceedings of the National Academy of Sciences, 121*(14), e2319112121.

19 Rubin, M., Li, J. Z., Zimmerman, F., Ong, D. C., Goldenberg, A., & Perry, A. (2025). Comparing the value of perceived human versus AI-generated empathy. *Nature Human Behaviour*, 1-15.

20 Debnath, T., Reza, M. M., Rahman, A., Beheshti, A., Band, S. S., & Alinejad-Rokny, H. (2022). Four-layer ConvNet to facial emotion recognition with minimal epochs and the significance of data diversity. *Scientific Reports, 12*(1), 6991; Zhao, Y., & Shu, X. (2023). Speech emotion analysis using convolutional neural network(CNN) and gamma classifier-based error correcting output codes(ECOC). *Scientific Reports, 13*(1), 20398.

21 Rubin, M., Arnon, H., Huppert, J. D., & Perry, A. (2024). Considering the Role of Human Empathy in AI-Driven Therapy. *JMIR Mental Health, 11*(1), e56529.

22 Elliott, R., Bohart, A. C., Watson, J. C., & Murphy, D. (2018). Therapist empathy and client outcome: An updated meta-analysis. *Psychotherapy, 55*(4), 399.

23 Perry, A. (2023). AI will never convey the essence of human empathy. *Nature Human Behaviour, 7*(11), 1808-1809.

24 Sharma, A., Lin, I. W., Miner, A. S., Atkins, D. C., & Althoff, T. (2023).

Human-AI collaboration enables more empathic conversations in text-based peer-to-peer mental health support. *Nature Machine Intelligence, 5*(1), 46-57.

25 Imel, Z. E., Tanana, M. J., Soma, C. S., Hull, T. D., Pace, B. T., Stanco, S. C., ⋯ & Atkins, D. C. (2024). Mental Health Counseling From Conversational Content With Transformer-Based Machine Learning. *JAMA Network Open, 7*(1), e2352590-e2352590; Miner, A. S., Fleming, S. L., Haque, A., Fries, J. A., Althoff, T., Wilfley, D. E., ⋯ & Shah, N. H. (2022). A computational approach to measure the linguistic characteristics of psychotherapy timing, responsiveness, and consistency. *Npj Mental Health Research, 1*(1), 19.

26 보건복지부 보도자료. "인공지능(AI) 초기 복지상담 전화로 위기가구 지원에 나선다". 보건복지부 홈페이지, 2024년 7월 21일. https://www.mohw.go.kr/board.es?mid=a10503000000&bid=0027&list_no=1482378&act=view&.

27 Horn, R. L., & Weisz, J. R. (2020). Can artificial intelligence improve psychotherapy research and practice?. *Administration and Policy in Mental Health and Mental Health Services Research, 47*(5), 852-855.

28 Mozilla. "Creepy.exe: Mozilla Urges Public to Swipe Left on Romantic AI Chatbots Due to Major Privacy Red Flags". Mozillafoundation.org, 2024년 2월 14일. https://foundation.mozilla.org/en/blog/creepyexe-mozilla-urges-public-to-swipe-left-on-romantic-ai-chatbots-due-to-major-privacy-red-flags/.

5장 인공지능 사용의 허용 범위는 어디까지인가?

1 O'Connor, S. (2023). Open Artificial Intelligence Platforms in Nursing Education: Tools for Academic Progress or Abuse?. *Nurse education in practice, 66*, 103537.

2   Hetherington, J. H., & Willard, F. D. C. (1975). Two-, three-, and four-atom exchange effects in bcc he 3. *Physical Review Letters, 35*(21), 1442.

3   Zhang, M., Wu, L., Yang, T., Zhu, B., & Liu, Y. (2024). RETRACTED: The three-dimensional porous mesh structure of Cu-based metal-organic-framework-Aramid cellulose separator enhances the electrochemical performance of lithium metal anode batteries.

4   Owens, B. (2023). How Nature readers are using ChatGPT. *Nature, 615*(7950), 20.

5   Van Noorden, R., & Perkel, J. M. (2023). AI and science: what 1,600 researchers think. *Nature, 621*(7980), 672-675.

6   Luck, S. J., & Vogel, E. K. (1997). The capacity of visual working memory for features and conjunctions. *Nature, 390*(6657), 279-281.

7   Alvarez, G. A., & Cavanagh, P. (2004). The capacity of visual short-term memory is set both by visual information load and by number of objects. *Psychological science, 15*(2), 106-111.

8   Xu, Y., & Chun, M. M. (2006). Dissociable neural mechanisms supporting visual short-term memory for objects. *Nature, 440*(7080), 91-95.

9   Reder, L. M., & Anderson, J. R. (1980). A comparison of texts and their summaries: Memorial consequences. *Journal of Verbal Learning and Verbal Behavior, 19*(2), 121-134.

10 Phifer, S. J., McNickle, B., Ronning, R. R., & Glover, J. A. (1983). The effect of details on the recall of major ideas in text. *Journal of Reading Behavior, 15*(1), 19-30.

11 Choudhury, M. (2023). Generative AI has a language problem. *Nature Human Behaviour, 7*(11), 1802-1803.

12 Joshi, P., Santy, S., Budhiraja, A., Bali, K., & Choudhury, M. (2020). The state and fate of linguistic diversity and inclusion in the NLP world. *Proc. 58th Ann. Meeting ACL*, 6282-6293.

13　Lehr, S. A., Caliskan, A., Liyanage, S., & Banaji, M. R. (2024). ChatGPT as Research Scientist: Probing GPT's capabilities as a Research Librarian, Research Ethicist, Data Generator, and Data Predictor. *Proceedings of the National Academy of Sciences, 121*(35), e2404328121.

14　Gladwell, M. (2008). In the air. *The New Yorker, 84*, 50-60.

15　Smalheiser, N. R., & Swanson, D. R. (1998). Using ARROWSMITH: a computer-assisted approach to formulating and assessing scientific hypotheses. *Computer Methods and Programs in Biomedicine, 57*(3), 149-153.

16　Smalheiser, N. R., Torvik, V. I., & Zhou, W. (2009). Arrowsmith two-node search interface: a tutorial on finding meaningful links between two disparate sets of articles in MEDLINE. *Computer Methods and Programs in Biomedicine, 94*(2), 190-197.

17　Sourati, J., & Evans, J. A. (2023). Accelerating science with human-aware artificial intelligence. *Nature Human Behaviour, 7*(10), 1682-1696.

18　Hutson, M. "Hypotheses devised by AI could find 'blind spots' in research". *Nature*, 2023년 11월 17일. https://www.nature.com/articles/d41586-023-03596-0.

19　Jones, N. (2025). What's it like to work with an AI team of virtual scientists?. *Nature, 643*(8070), 22-25.

20　American Psychological Association. "APA Journals policy on generative AI: Additional guidance". 2023년 11월. https://www.apa.org/pubs/journals/resources/publishing-tips/policy-generative-ai.

6장 인공지능의 창의성이 인간을 뛰어넘을 수 있는가?

1　Christiaans, H., & Venselaar, K. (2005). Creativity in design engineering and the role of knowledge: Modelling the expert. *International*

    Journal of Technology and Design Education, 15, 217-236.

2   Glucksberg, S. (1962). The influence of strength of drive on functional fixedness and perceptual recognition. *Journal of experimental psychology, 63*(1), 36.

3   Smith, S. M., Ward, T. B., & Schumacher, J. S. (1993). Constraining effects of examples in a creative generation task. *Memory & Cognition, 21*, 837-845.

4   Uzzi, B., Mukherjee, S., Stringer, M., & Jones, B. (2013). Atypical combinations and scientific impact. *Science, 342*(6157), 468-472.

5   Liu, C., Zhuang, K., Zeitlen, D. C., Chen, Q., Wang, X., Feng, Q., ⋯ & Qiu, J. (2024). Neural, genetic, and cognitive signatures of creativity. *Communications Biology, 7*(1), 1324; Beaty, R. E., Benedek, M., Barry Kaufman, S., & Silvia, P. J. (2015). Default and executive network coupling supports creative idea production. *Scientific reports, 5*(1), 10964.

6   Anderson, A., Japardi, K., Knudsen, K. S., Bookheimer, S. Y., Ghahremani, D. G., & Bilder, R. M. (2024). Big-C creativity in artists and scientists is associated with more random global but less random local fMRI functional connectivity. *Psychology of Aesthetics, Creativity, and the Arts, 18*(4), 550.

7   Karmiloff-Smith, A. (1994). Transforming a partially structured brain into a creative mind. *Behavioral and Brain Sciences, 17*(4), 732-745.

8   Simonton, D. K. (2015). Thomas Edison's creative career: The multilayered trajectory of trials, errors, failures, and triumphs. *Psychology of Aesthetics, Creativity, and the Arts, 9*(1), 2.

9   Sourati, J., & Evans, J. A. (2023). Accelerating science with human-aware artificial intelligence. *Nature Human Behaviour, 7*(10), 1682-1696.

10   Silver, D., Schrittwieser, J., Simonyan, K., Antonoglou, I., Huang, A., Guez, A., ⋯ & Hassabis, D. (2017). Mastering the game of go without human knowledge. *Nature, 550*(7676), 354-359.

11 Schrittwieser, J., Antonoglou, I., Hubert, T., Simonyan, K., Sifre, L., Schmitt, S., ⋯ & Silver, D. (2020). Mastering atari, go, chess and shogi by planning with a learned model. *Nature, 588*(7839), 604-609.

12 Si, C., Yang, D., & Hashimoto, T. (2024). Can llms generate novel research ideas? A large-scale human study with 100+ nlp researchers. arXiv preprint, arXiv:2409.04109; Conroy, G. "Do AI models produce more original ideas than researchers?". *Nature*, 2024년 9월 20일. https://www.nature.com/articles/d41586-024-03070-5.

13 Lu, C., Lu, C., Lange, R. T., Foerster, J., Clune, J., & Ha, D. (2024). The ai scientist: Towards fully automated open-ended scientific discovery. arXiv preprint, arXiv:2408.06292.

14 NeurIPS 홈페이지에 올라온 투고 논문 심사 기준이다. https://neurips.cc/Conferences/2013/PaperInformation/ReviewerInstructions.

15 Koivisto, M., & Grassini, S. (2023). Best humans still outperform artificial intelligence in a creative divergent thinking task. *Scientific reports, 13*(1), 13601; Hubert, K. F., Awa, K. N., & Zabelina, D. L. (2024). The current state of artificial intelligence generative language models is more creative than humans on divergent thinking tasks. *Scientific Reports, 14*(1), 3440.

16 Huth, A. G., De Heer, W. A., Griffiths, T. L., Theunissen, F. E., & Gallant, J. L. (2016). Natural speech reveals the semantic maps that tile human cerebral cortex. *Nature, 532*(7600), 453-458.

17 Lehr, S. A., Caliskan, A., Liyanage, S., & Banaji, M. R. (2024). ChatGPT as Research Scientist: Probing GPT's capabilities as a Research Librarian, Research Ethicist, Data Generator, and Data Predictor. *Proceedings of the National Academy of Sciences, 121*(35), e2404328121.

18 Gerstgrasser, M., Schaeffer, R., Dey, A., Rafailov, R., Sleight, H., Hughes, J., ⋯ & Koyejo, S. (2024). Is model collapse inevitable? breaking the curse of recursion by accumulating real and synthetic data. arXiv preprint, arXiv:2404.01413; Bohacek, M., & Farid, H. (2023).

19 Lee, B. C., & Chung, J. (2024). An empirical investigation of the impact of ChatGPT on creativity. *Nature Human Behaviour, 8*(10), 1906-1914.

20 박현복(감독). (2013). 에바로드[다큐멘터리]. 프로젝트 에바로드. https://pedia.watcha.com/en-KR/contents/m5aVBYl.

21 Kevin Roose. "An A.I.-Generated Picture Won an Art Prize. Artists Aren't Happy". *The New York Times*, 2022년 9월 2일. https://www.nytimes.com/2022/09/02/technology/ai-artificial-intelligence-artists.html.

22 Horton Jr, C. B., White, M. W., & Iyengar, S. S. (2023). Bias against AI art can enhance perceptions of human creativity. *Scientific reports, 13*(1), 19001; Hattori, E. A., Yamakawa, M., & Miwa, K. (2024). Human bias in evaluating AI product creativity. *Journal of Creativity, 34*(2), 100087.

7장 인공지능 사용이 인지기능을 떨어뜨리는가?

1 Gharib, A., Phillips, W., & Mathew, N. (2012). Cheat Sheet or Open-Book? A Comparison of the Effects of Exam Types on Performance, Retention, and Anxiety. *Online Submission, 2*(8), 469-478.

2 Durning, S. J., Dong, T., Ratcliffe, T., Schuwirth, L., Artino Jr, A. R., Boulet, J. R., & Eva, K. (2016). Comparing open-book and closed-book examinations: a systematic review. *Academic medicine, 91*(4), 583-599.

3 Agarwal, P. K., & Roediger III, H. L. (2011). Expectancy of an open-book test decreases performance on a delayed closed-book test. *Memory, 19*(8), 836-852.

4   Sparrow, B., Liu, J., & Wegner, D. M. (2011). Google effects on memory: Cognitive consequences of having information at our fingertips. *Science, 333*(6043), 776-778; Sparrow, Liu, & Wegner (2011)의 연구 중 본문에서 설명한 실험은 이후 다른 연구에서 재현됐다. 그러나 일부 연구는 여러 후속 연구에서 재현에 실패했기 때문에 해석에 주의가 필요하다. 재현 실패에 관해서는 다음 논문을 참고하라. Camerer, C. F., Dreber, A., Holzmeister, F., Ho, T. H., Huber, J., Johannesson, M., ⋯ & Wu, H. (2018). Evaluating the replicability of social science experiments in Nature and Science between 2010 and 2015. *Nature Human Behaviour, 2*(9), 637-644; Hesselmann, G. (2020). No conclusive evidence that difficult general knowledge questions cause a "Google Stroop effect". A replication study. *PeerJ, 8*, e10325.

5   Schooler, J. N., & Storm, B. C. (2021). Saved information is remembered less well than deleted information, if the saving process is perceived as reliable. *Memory, 29*(9), 1101-1110.

6   Lurie, R., & Westerman, D. L. (2021). Photo-taking impairs memory on perceptual and conceptual memory tests. *Journal of Applied Research in Memory and Cognition, 10*(2), 289-297.

7   Luck, S. J., & Vogel, E. K. (1997). The capacity of visual working memory for features and conjunctions. *Nature, 390*(6657), 279-281.

8   Draschkow, D., Kallmayer, M., & Nobre, A. C. (2021). When natural behavior engages working memory. *Current Biology, 31*(4), 869-874.

9   Risko, E. F., & Gilbert, S. J. (2016). Cognitive offloading. *Trends in cognitive sciences, 20*(9), 676-688.

10 Risko, E. F., Medimorec, S., Chisholm, J., & Kingstone, A. (2014). Rotating with rotated text: A natural behavior approach to investigating cognitive offloading. *Cognitive Science, 38*(3), 537-564.

11 Morrison, A. B., & Richmond, L. L. (2020). Offloading items from memory: Individual differences in cognitive offloading in a short-term memory task. *Cognitive Research: Principles and Implications, 5*, 1-13;

Dunn, T. L., & Risko, E. F. (2016). Toward a metacognitive account of cognitive offloading. *Cognitive Science, 40*(5), 1080-1127.

12　Armitage, K. L., Bulley, A., & Redshaw, J. (2020). Developmental origins of cognitive offloading. *Proceedings of the Royal Society B, 287*(1928), 20192927.

13　Runge, Y., Frings, C., & Tempel, T. (2021). Specifying the mechanisms behind benefits of saving-enhanced memory. *Psychological Research, 85*, 1633-1644.

14　Maguire, E. A., Gadian, D. G., Johnsrude, I. S., Good, C. D., Ashburner, J., Frackowiak, R. S., & Frith, C. D. (2000). Navigation-related structural change in the hippocampi of taxi drivers. *Proceedings of the National Academy of Sciences, 97*(8), 4398-4403.

15　Ben-Elia, E. (2021). An exploratory real-world wayfinding experiment: A comparison of drivers' spatial learning with a paper map vs. turn-by-turn audiovisual route guidance. *Transportation Research Interdisciplinary Perspectives, 9*, 100280.

16　Dahmani, L., & Bohbot, V. D. (2020). Habitual use of GPS negatively impacts spatial memory during self-guided navigation. *Scientific reports, 10*(1), 6310.

17　Charlotte Libov. "State adding a tool for 8th grade math". *The New York Times*, 1986년 8월 31일. https://www.nytimes.com/1986/08/31/nyregion/state-adding-a-tool-for-8th-grade-math.html.

18　"College board won't restrict use of calculatiors on SAT". *The Chronicle*, 1992년 8월 5일. https://www.chronicle.com/article/college-board-wont-restrict-use-of-calculators-on-sat/.

19　Ellington, A. J. (2003). A meta-analysis of the effects of calculators on students' achievement and attitude levels in precollege mathematics classes. *Journal for Research in Mathematics Education, 34*(5), 433-463.

20　Hembree, R., & Dessart, D. J. (1986). Effects of hand-held calculators in precollege mathematics education: A meta-analysis. *Journal for re-*

search in mathematics education, 17(2), 83-99.

21 Sala, G., & Gobet, F. (2019). Cognitive training does not enhance general cognition. *Trends in cognitive sciences, 23*(1), 9-20.

22 Schacter, D. L. (2022). Media, technology, and the sins of memory. *Memory, Mind & Media, 1*, e1.

23 Shao, Y., Jiang, Y., Kanell, T. A., Xu, P., Khattab, O., & Lam, M. S. (2024). Assisting in writing wikipedia-like articles from scratch with large language models. arXiv preprint, arXiv:2402.14207.

24 León-Domínguez, U. (2024). Potential cognitive risks of generative transformer-based AI chatbots on higher order executive functions. *Neuropsychology, 38*(4), 293-308.

25 Kosmyna, N., Hauptmann, E., Yuan, Y. T., Situ, J., Liao, X. H., Beresnitzky, A. V., ⋯ & Maes, P. (2025). Your brain on chatgpt: Accumulation of cognitive debt when using an ai assistant for essay writing task. arXiv preprint, arXiv:2506.08872.

26 Mao, Y., White, T., Sadler, P. M., & Sonnert, G. (2017). The association of precollege use of calculators with student performance in college calculus. *Educational Studies in Mathematics, 94*, 69-83.

27 Bastani, H., Bastani, O., Sungu, A., Ge, H., Kabakcı, Ö., & Mariman, R. (2025). Generative AI without guardrails can harm learning: Evidence from high school mathematics. *Proceedings of the National Academy of Sciences, 122*(26), e2422633122.

28 Roberts, M., Driggs, D., Thorpe, M., Gilbey, J., Yeung, M., Ursprung, S., ⋯ & Schönlieb, C. B. (2021). Common pitfalls and recommendations for using machine learning to detect and prognosticate for COVID-19 using chest radiographs and CT scans. *Nature Machine Intelligence, 3*(3), 199-217.

29 Guo, D., Yang, D., Zhang, H., Song, J., Zhang, R., Xu, R., ... & He, Y. (2025). Deepseek-r1: Incentivizing reasoning capability in llms via reinforcement learning. arXiv preprint arXiv:2501.12948.

30　Dherin, B., Munn, M., Mazzawi, H., Wunder, M., & Gonzalvo, J. (2025, July 21). Learning without training: The implicit dynamics of in-context learning. arXiv. https://doi.org/10.48550/arXiv.2507.16003

31　Geda, Y. E., Topazian, H. M., Lewis, R. A., Roberts, R. O., Knopman, D. S., Pankratz, V. S., ⋯ & Petersen, R. C. (2011). Engaging in Cognitive Activities, Aging, and Mild Cognitive Impairment: A Population-Based Study. *The Journal of Neuropsychiatry and Clinical Neurosciences, 23*(2), 149-154.

32　Macnamara, B. N., Berber, I., Çavuşoğlu, M. C., Krupinski, E. A., Nallapareddy, N., Nelson, N. E., ⋯ & Ray, S. (2024). Does using artificial intelligence assistance accelerate skill decay and hinder skill development without performers' awareness?. *Cognitive Research: Principles and Implications, 9*(1), 46.

33　Dong, G., & Potenza, M. N. (2015). Behavioural and brain responses related to Internet search and memory. *European Journal of Neuroscience, 42*(8), 2546-2554.

34　Kang, W., & Malvaso, A. (2024). Frequent internet use is associated with better episodic memory performance. *Scientific Reports, 14*(1), 24914.

35　Doshi, A. R., & Hauser, O. P. (2024). Generative AI enhances individual creativity but reduces the collective diversity of novel content. *Science Advances, 10*(28), eadn5290.

36　Noy, S., & Zhang, W. (2023). Experimental evidence on the productivity effects of generative artificial intelligence. *Science, 381*(6654), 187-192.

37　Vaccaro, M., Almaatouq, A., & Malone, T. (2024). When combinations of humans and AI are useful: A systematic review and meta-analysis. *Nature Human Behaviour*, 1-11.

38　Cabrera, Á. A., Perer, A., & Hong, J. I. (2023). Improving human-AI collaboration with descriptions of AI behavior. *Proceedings of the ACM on Human-Computer Interaction, 7*(CSCW1), 1-21.

39 "임진왜란이가 스스로 일어난 곳 여깁니다 | '전국 AI스피커 자랑' 100만 기념 댓글 모음". AJUTV FUN, 2020년 12월 31일, (4:48). https://www.youtube.com/watch?v=tKDF58xHgEs&ab_channel=AJUTVFUN.

40 Kim, T. S., Choi, D., Choi, Y., & Kim, J. (2022, April). Stylette: Styling the web with natural language. *Proceedings of the 2022 CHI Conference on Human Factors in Computing Systems*, 1-17.

41 Noy, S., & Zhang, W. (2023). Experimental evidence on the productivity effects of generative artificial intelligence. *Science, 381*(6654), 187-192.

42 Cui, Z. K., Demirer, M., Jaffe, S., Musolff, L., Peng, S., & Salz, T. (2024). The effects of generative ai on high skilled work: Evidence from three field experiments with software developers. Available at SSRN 4945566.

43 Becker, J., Rush, N., Barnes, E., & Rein, D. (2025). Measuring the Impact of Early-2025 AI on Experienced Open-Source Developer Productivity. arXiv preprint, arXiv:2507.09089.

44 Charles Rollet. "Programmers bore the brunt of Microsoft's layoffs in its home state as AI writes up to 30% of its code". TechCrunch, 2025년 5월 15일. https://techcrunch.com/2025/05/15/programmers-bore-the-brunt-of-microsofts-layoffs-in-its-home-state-as-ai-writes-up-to-30-of-its-code/.

45 Jordan Novet. "Satya Nadella says as much as 30% of Microsoft code is written by AI". CNBC, 2025년 4월 29일. https://www.cnbc.com/2025/04/29/satya-nadella-says-as-much-as-30percent-of-microsoft-code-is-written-by-ai.html.

46 Andrew Van Dem. "More than a quarter of computer-programming jobs just vanished. What happened?". *The Washington Post*, 2025년 5월 14일. https://www.washingtonpost.com/business/2025/03/14/programming-jobs-lost-artificial-intelligence/.

8장 인공지능은 아이들을 어떤 미래로 이끄는가?

1 "Gavin Williamson interrupted by Siri during Commons statement". BBC, 2018년 7월 4일. (0:44). https://www.bbc.co.uk/news/av/uk-politics-44701007.

2 Nikken, P., & Peeters, A. L. (1988). Children's perceptions of television reality. *Journal of Broadcasting & Electronic Media, 32*(4), 441-452.

3 Wright, J. C., Huston, A. C., Reitz, A. L., & Piemyat, S. (1994). Young children's perceptions of television reality: Determinants and developmental differences. *Developmental psychology, 30*(2), 229.

4 Bernstein, D., & Crowley, K. (2008). Searching for signs of intelligent life: An investigation of young children's beliefs about robot intelligence. *The Journal of the Learning Sciences, 17*(2), 225-247; Rücker, M. T., & Pinkwart, N. (2016). Review and discussion of children's conceptions of computers. *Journal of Science Education and Technology, 25*, 274-283.

5 Levy, S. T., & Mioduser, D. (2008). Does it "want" or "was it programmed to…"? Kindergarten children's explanations of an autonomous robot's adaptive functioning. *International Journal of Technology and Design Education, 18*, 337-359.

6 Turkle, S. (2005). The second self: Computers and the human spirit. MIT Press.

7 Bickham, D.S., Schwamm, S., Izenman, E.R, Yue, Z., Carter, M., Powell, N., Tiches, K., & Rich, M. "Use of Voice Assistants & Generative AI by Children and Families". Boston, MA: Boston Children's Hospital Digital Wellness Lab, 2024년 2월. https://digitalwellnesslab.org/pulse-surveys/pulse-voice-assistant-generative-ai-use-children/.

8 Lovato, S. B., Piper, A. M., & Wartella, E. A. (2019, June). Hey Google, do unicorns exist? Conversational agents as a path to answers to children's questions. *Proceedings of the 18th ACM international conference on*

interaction design and children, 301-313.

9   Lovato, S. B., Piper, A. M., & Wartella, E. A. (2019, June). Hey Google, do unicorns exist? Conversational agents as a path to answers to children's questions. *Proceedings of the 18th ACM international conference on interaction design and children*, 301-313.

10 Gampe, A., Zahner-Ritter, K., Müller, J. J., & Schmid, S. R. (2023). How children speak with their voice assistant Sila depends on what they think about her. *Computers in human behavior, 143*, 107693.

11 Cohn, M., & Zellou, G. (2021). Prosodic differences in human-and Alexa-directed speech, but similar local intelligibility adjustments. *Frontiers in Communication, 6*, 675704.

12 Andries, V., & Robertson, J. (2023). Alexa doesn't have that many feelings: Children's understanding of AI through interactions with smart speakers in their homes. *Computers and Education: Artificial Intelligence, 5*, 100176.

13 Druga, S., & Ko, A. J. (2021, June). How do children's perceptions of machine intelligence change when training and coding smart programs?. *Proceedings of the 20th annual ACM interaction design and children conference*, 49-61.

14 Guthrie, J. T., & Klauda, S. L. (2014). Effects of classroom practices on reading comprehension, engagement, and motivations for adolescents. *Reading research quarterly, 49*(4), 387-416.

15 Xu, Y., Aubele, J., Vigil, V., Bustamante, A. S., Kim, Y. S., & Warschauer, M. (2022). Dialogue with a conversational agent promotes children's story comprehension via enhancing engagement. *Child Development, 93*(2), e149-e167.

16 Xu, Y., Wang, D., Collins, P., Lee, H., & Warschauer, M. (2021). Same benefits, different communication patterns: Comparing Children's reading with a conversational agent vs. a human partner. *Computers & Education, 161*, 104059.

17 Lovato, S. B., Piper, A. M., & Wartella, E. A. (2019, June). Hey Google, do unicorns exist? Conversational agents as a path to answers to children's questions. *Proceedings of the 18th ACM international conference on interaction design and children*, 301-313.

18 Abbasi, N. I., Spitale, M., Anderson, J., Ford, T., Jones, P. B., & Gunes, H. (2022, August). Can robots help in the evaluation of mental wellbeing in children? an empirical study. *2022 31st IEEE international conference on robot and human interactive communication* (RO-MAN),1459-1466. IEEE.

19 Xu, Y., He, K., Levine, J., Ritchie, D., Pan, Z., Bustamante, A., & Warschauer, M. (2024). Artificial intelligence enhances children's science learning from television shows. *Journal of Educational Psychology, 116*(7), 1071-1092.

20 "Alexa tells 10-year0ld girl to touch live plug with penny". BBC, 2021년 12월 28일.https://www.bbc.com/news/technology-59810383.

21 Vollmer, A. L., Read, R., Trippas, D., & Belpaeme, T. (2018). Children conform, adults resist: A robot group induced peer pressure on normative social conformity. *Science robotics, 3*(21), eaat7111.

22 Caitlin, C.R., Mishaela, R. "How AI bots and voice assistants reinforce gender bias". Brookings, 2020sus 11월 23일. https://www.brookings.edu/articles/how-ai-bots-and-voice-assistants-reinforce-gender-bias/.

23 Curry, A. C., Robertson, J., & Rieser, V. (2020, December). Conversational assistants and gender stereotypes: Public perceptions and desiderata for voice personas. *Proceedings of the second workshop on gender bias in natural language processing*, 72-78.

24 West, M., Kraut, R., & Ei Chew, H. (2019). I'd blush if I could: closing gender divides in digital skills through education. UNESCO. https://unesdoc.unesco.org/ark:/48223/pf0000367416.page=1; Nass, C., Moon, Y., & Green, N. (1997). Are machines gender neutral? Gender-stereotypic responses to computers with voices. *Journal of applied social*

psychology, 27(10), 864-876.

25　Greitemeyer, T. (2022). The dark and bright side of video game consumption: Effects of violent and prosocial video games. *Current opinion in psychology, 46*, 101326.

26　Scott Huffman. "The future of the Google Assistant: Helping you get things done to give you time back". Google 공식 블로그, 2018년 5월 8일. https://blog.google/products/assistant/io18/.

27　Bickham, D.S., Schwamm, S., Izenman, E.R, Yue, Z., Carter, M., Powell, N., Tiches, K., & Rich, M. "Use of Voice Assistants & Generative AI by Children and Families". Boston, MA: Boston Children's Hospital Digital Wellness Lab, 2024년 2월. https://digitalwellnesslab.org/pulse-surveys/pulse-voice-assistant-generative-ai-use-children/.

28　Yang, C., Wang, X., Lu, Y., Liu, H., Le, Q.V., Zhou, D., & Chen, X. (2023). Large Language Models as Optimizers. ArXiv, abs/2309.03409.

29　Bsharat, S. M., Myrzakhan, A., & Shen, Z. (2023). Principled instructions are all you need for questioning llama-1/2, gpt-3.5/4. arXiv preprint, arXiv:2312.16171.

30　Wright, W. "Please be polite to ChatGPT". *Scientific American*. 2024년 7월 25일. https://www.scientificamerican.com/article/should-you-be-nice-to-ai-chatbots-such-as-chatgpt/.

31　《팬데믹 브레인》정수근 지음, 부키, 2022; Brülhart, M., Klotzbücher, V., Lalive, R., & Reich, S. K. (2021). Mental health concerns during the COVID-19 pandemic as revealed by helpline calls. *Nature, 600*(7887), 121-126.

32　Freud, E., Stajduhar, A., Rosenbaum, R. S., Avidan, G., & Ganel, T. (2020). The COVID-19 pandemic masks the way people perceive faces. *Scientific reports, 10*(1), 22344; Barrick, E. M., Thornton, M. A., & Tamir, D. I. (2021). Mask exposure during COVID-19 changes emotional face processing. *PloS one, 16*(10), e0258470.

33 Stajduhar, A., Ganel, T., Avidan, G., Rosenbaum, R. S., & Freud, E. (2022). Face masks disrupt holistic processing and face perception in school-age children. *Cognitive Research: Principles and Implications, 7*(1), 9.

34 Manning, K. Y., Long, X., Watts, D., Tomfohr-Madsen, L., Giesbrecht, G. F., & Lebel, C. (2021). Prenatal maternal distress during the COVID-19 pandemic and its effects on the infant brain. medRxiv, 2021-10; Hanley, A., Symonds, J. E., & Horan, J. (2024). COVID-19 School closures and children's social and emotional functioning: the protective influence of parent, sibling, and peer relationships. *Education 3-13, 52*(8), 1452-1463.

35 Goudeau, S., Sanrey, C., Stanczak, A., Manstead, A., & Darnon, C. (2021). Why lockdown and distance learning during the COVID-19 pandemic are likely to increase the social class achievement gap. *Nature human behaviour, 5*(10), 1273-1281.

36 Nelson III, C. A., Zeanah, C. H., Fox, N. A., Marshall, P. J., Smyke, A. T., & Guthrie, D. (2007). Cognitive recovery in socially deprived young children: The Bucharest Early Intervention Project. *Science, 318*(5858), 1937-1940.

9장 인공지능도 인간과 같은 마음을 가질 수 있는가?

1 Jakesch, M., Hancock, J. T., & Naaman, M. (2023). Human heuristics for AI-generated language are flawed. *Proceedings of the National Academy of Sciences, 120*(11), e2208839120.

2 Kobak, D., Márquez, R. G., Horvát, E. Á., & Lause, J. (2024). Delving into ChatGPT usage in academic writing through excess vocabulary. arXiv preprint, arXiv:2406.07016.

3 Jones, C. R., & Bergen, B. K. (2024). People cannot distinguish GPT-4

from a human in a Turing test. arXiv preprint, arXiv:2405.08007.

4   Gray, H. M., Gray, K., & Wegner, D. M. (2007). Dimensions of mind perception. *Science, 315*(5812), 619-619.

5   McCoy, J. P., & Ullman, T. D. (2018). A minimal turing test. *Journal of Experimental Social Psychology, 79*, 1-8.

6   Tomasello, M. (2018). How children come to understand false beliefs: A shared intentionality account. *Proceedings of the National Academy of Sciences, 115*(34), 8491-8498.

7   Strachan, J. W., Albergo, D., Borghini, G., Pansardi, O., Scaliti, E., Gupta, S., ⋯ & Becchio, C. (2024). Testing theory of mind in large language models and humans. *Nature Human Behaviour, 8*, 1285-1295.

8   Kano, F., Krupenye, C., Hirata, S., Tomonaga, M., & Call, J. (2019). Great apes use self-experience to anticipate an agent's action in a false-belief test. *Proceedings of the National Academy of Sciences, 116*(42), 20904-20909.

9   Tiffany Wertheimer. "Blake Lemoine: Google fires engineer who said AI tech has feelings". BBC, 2022년7월 23일. https://www.bbc.com/news/technology-62275326.

10   Chris Vallance. "Google engineer says Lamda AI system may have its own feelings". BBC, 2022년 6월 14일. https://www.bbc.com/news/technology-61784011.

11   Wardle, S. G., Paranjape, S., Taubert, J., & Baker, C. I. (2022). Illusory faces are more likely to be perceived as male than female. *Proceedings of the National Academy of Sciences, 119*(5), e2117413119.

12   Cox, D., Meyers, E., & Sinha, P. (2004). Contextually evoked object-specific responses in human visual cortex. *Science, 304*(5667), 115-117.

13   Heider, F., & Simmel, M. (1944). An experimental study of apparent behavior. *The American journal of psychology, 57*(2), 243-259.

14   Meltzoff, A. N. (1995). Understanding the intentions of others: re-en-

actment of intended acts by 18-month-old children. *Developmental psychology, 31*(5), 838.

15 Mathur, M. B., & Reichling, D. B. (2016). Navigating a social world with robot partners: A quantitative cartography of the Uncanny Valley. *Cognition, 146*, 22-32.

16 Julian Michael, Ari Holtzman, Alicia Parrish, Aaron Mueller, Alex Wang, Angelica Chen, Divyam Madaan, Nikita Nangia, Richard Yuanzhe Pang, Jason Phang, and Samuel R. Bowman. (2023). What Do NLP Researchers Believe? Results of the NLP Community Metasurvey. *Proceedings of the 61st Annual Meeting of the Association for Computational Linguistics(Volume 1: Long Papers)*, 16334-16368, Toronto, Canada. Association for Computational Linguistics.

17 Sanfey, A. G., Rilling, J. K., Aronson, J. A., Nystrom, L. E., & Cohen, J. D. (2003). The neural basis of economic decision-making in the ultimatum game. *Science, 300*(5626), 1755-1758.

18 Grzyb, T., Maj, K., & Dolinski, D. (2023). Obedience to robot. Humanoid robot as an experimenter in Milgram paradigm. *Computers in Human Behavior: Artificial Humans, 1*(2), 100010.

19 Bartneck, C., & Hu, J. (2008). Exploring the abuse of robots. *Interaction Studies, 9*(3), 415-433.

20 Takahashi, Y., Kayukawa, Y., Terada, K., & Inoue, H. (2021). Emotional expressions of real humanoid robots and their influence on human decision-making in a finite iterated prisoner's dilemma game. *International Journal of Social Robotics, 13*(7), 1777-1786.

21 Złotowski, J. A., Sumioka, H., Nishio, S., Glas, D. F., Bartneck, C., & Ishiguro, H. (2015). Persistence of the uncanny valley: the influence of repeated interactions and a robot's attitude on its perception. *Frontiers in psychology, 6*, 883.

22 Caviola, L., Sebo, J., & Birch, J. (2025). What will society think about AI consciousness? Lessons from the animal case. Trends in Cognitive

Sciences, 29(8), 681-683.

10장 인공지능과 인간의 기억은 무엇이 다른가?

1. Shallice, T., & Warrington, E. K. (1974). The dissociation between short term retention of meaningful sounds and verbal material. *Neuropsychologia, 12*(4), 553-555.

2. Caramazza, A., & Shelton, J. R. (1998). Domain-specific knowledge systems in the brain: The animate-inanimate distinction. *Journal of cognitive neuroscience, 10*(1), 1-34.

3. Garland, M. M., Vaidya, J. G., Tranel, D., Watson, D., & Feinstein, J. S. (2021). Who are you? The study of personality in patients with anterograde amnesia. *Psychological Science, 32*(10), 1649-1661.

4. Clayton, N. S., & Dickinson, A. (1998). Episodic-like memory during cache recovery by scrub jays. *Nature, 395*(6699), 272-274.

5. Hassabis, D., Kumaran, D., Vann, S. D., & Maguire, E. A. (2007). Patients with hippocampal amnesia cannot imagine new experiences. *Proceedings of the National Academy of Sciences, 104*(5), 1726-1731.

6. Du, C., Fu, K., Wen, B., Sun, Y., Peng, J., Wei, W., ⋯ & He, H. (2024). Human-like object concept representations emerge naturally in multimodal large language models. arXiv preprint, arXiv:2407.01067; Motoki, K., Spence, C., & Velasco, C. (2024). Colour/shape-taste correspondences across three languages in ChatGPT. *Cognition, 253*, 105936.

7. "ChatGPT를 위한 메모리와 새로운 제어 기능". OpenAI. 2024년 2월 14일. https://openai.com/index/memory-and-new-controls-for-chatgpt/.

8. Bahrick, H. P., Hall, L. K., & Berger, S. A. (1996). Accuracy and distortion in memory for high school grades. *Psychological Science, 7*(5), 265-

271.

9 Loftus, E. F., & Pickrell, J. E. (1995). The formation of false memories. *Psychiatric annals, 25*(12), 720-725.

10 Braun, K. A., Ellis, R., & Loftus, E. F. (2002). Make my memory: How advertising can change our memories of the past. *Psychology & Marketing, 19*(1), 1-23.

11 Breithaupt, F., Otenen, E., Wright, D. R., Kruschke, J. K., Li, Y., & Tan, Y. (2024). Humans create more novelty than ChatGPT when asked to retell a story. *Scientific Reports, 14*(1), 875.

12 Luria, A. R. (1987). *The Mind of a Mnemonist: A Little Book about a Vast Memory, With a New Foreword by Jerome S. Bruner* Harvard University Press. (《모든 것을 기억하는 남자》, 알렉산드르 R. 루리야 지음, 박중서 옮김, 갈라파고스, 2007).

13 Srivastava, N., Hinton, G., Krizhevsky, A., Sutskever, I., & Salakhutdinov, R. (2014). Dropout: a simple way to prevent neural networks from overfitting. *The journal of machine learning research, 15*(1), 1929-1958.

14 Nematzadeh, A., Ruder, S., & Yogatama, D. (2020). On memory in human and artificial language processing systems. *Proceedings of ICLR Workshop on Bridging AI and Cognitive Science*.

15 Jiang, X., Li, F., Zhao, H., Wang, J., Shao, J., Xu, S., … & Chen, T. (2024). Long Term Memory: The Foundation of AI Self-Evolution. arXiv preprint, arXiv:2410.15665.

11장 인공지능도 융통성이 있는가?

1 Jin, C., & Rinard, M. (2024). Emergent Representations of Program Semantics in Language Models Trained on Programs. *Forty-first International Conference on Machine Learning*.

2 Wu, Z., Qiu, L., Ross, A., Akyürek, E., Chen, B., Wang, B., … & Kim, Y.

(2023). Reasoning or reciting? exploring the capabilities and limitations of language models through counterfactual tasks. arXiv preprint, arXiv:2307.02477.

3   Stuss, D. T., Levine, B., Alexander, M. P., Hong, J., Palumbo, C., Hamer, L., ⋯ & Izukawa, D. (2000). Wisconsin Card Sorting Test performance in patients with focal frontal and posterior brain damage: effects of lesion location and test structure on separable cognitive processes. *Neuropsychologia, 38*(4), 388-402.

4   Tsuda, B., Tye, K. M., Siegelmann, H. T., & Sejnowski, T. J. (2020). A modeling framework for adaptive lifelong learning with transfer and savings through gating in the prefrontal cortex. *Proceedings of the National Academy of Sciences, 117*(47), 29872-29882.

5   French, R. M. (1999). Catastrophic forgetting in connectionist networks. *Trends in cognitive sciences, 3*(4), 128-135.

6   Dohare, S., Hernandez-Garcia, J. F., Lan, Q., Rahman, P., Mahmood, A. R., & Sutton, R. S. (2024). Loss of plasticity in deep continual learning. *Nature, 632*(8026), 768-774.

7   Paul, L. A., Ullman, T., De Freitas, J., & Tenenbaum, J. (2023). Reverse-engineering the self. https://doi.org/10.31234/osf.io/vzwrn_v1.

8   De Freitas, J., Uğuralp, A. K., Oğuz-Uğuralp, Z., Paul, L. A., Tenenbaum, J., & Ullman, T. D. (2023). Self-orienting in human and machine learning. *Nature Human Behaviour, 7*(12), 2126-2139.

9   Vafa, K., Chen, J. Y., Kleinberg, J., Mullainathan, S., & Rambachan, A. (2024). Evaluating the World Model Imp8licit in a Generative Model. arXiv preprint, arXiv:2406.03689.

10 Piloto, L. S., Weinstein, A., Battaglia, P., & Botvinick, M. (2022). Intuitive physics learning in a deep-learning model inspired by developmental psychology. *Nature human behaviour, 6*(9), 1257-1267.

11 AL, A., Ahn, A., Becker, N., Carroll, S., Christie, N., Cortes, M., ⋯ & Yang, G. R. (2024). Project Sid: Many-agent simulations toward AI

civilization. arXiv preprint, arXiv:2411.00114.

나가는 말: 무엇이 인간을 인간답게 만드는가

1. Inoue, S., & Matsuzawa, T. (2007). Working memory of numerals in chimpanzees. *Current Biology, 17*(23), R1004-R1005.
2. Cook, P., & Wilson, M. (2010). Do young chimpanzees have extraordinary working memory?. *Psychonomic bulletin & review, 17*, 599-600.
3. Salem, M., Eyssel, F., Rohlfing, K., Kopp, S., & Joublin, F. (2013). To err is human(-like): Effects of robot gesture on perceived anthropomorphism and likability. *International Journal of Social Robotics, 5*, 313-323.
4. Lenskjold, A., Nybing, J. U., Trampedach, C., Galsgaard, A., Brejnebøl, M. W., Raaschou, H., ⋯ & Boesen, M. (2023). Should artificial intelligence have lower acceptable error rates than humans?. *BJR Open, 5*(1), 20220053.
5. Aronson, E., Willerman, B., & Floyd, J. (1966). The effect of a pratfall on increasing interpersonal attractiveness. *Psychonomic Science, 4*(6), 227-228.
6. Bluvstein, Shirley and Zhao, Xuan and Barasch, Alixandra and Schroeder, Juliana. (2023). Human or Bot? How (Corrected) Errors Humanize a Communicator. https://ssrn.com/abstract=3901961.
7. Figueredo, Lauren and Connie K. Varnhagen. (2005). Didn't you run the spell checker? Effects of type of spelling error and use of a spell checker on perceptions of the author. *Reading Psychology, 26*, 441-458.
8. Biever, C. (2023). ChatGPT broke the Turing test-the race is on for new ways to assess AI. *Nature, 619*(7971), 686-689.
9. Lenharo, M. (2023). Decades-long bet on consciousness ends—and it's philosopher 1, neuroscientist 0. *Nature, 619*(7968), 14-15.

10 Vallor, S. (2024). *The AI Mirror: How to Reclaim Our Humanity in an Age of Machine Thinking*. Oxford University Press.

도판 출처

그림 1 Fibonacci, "File: Kanizsa's triangle.svg", Wikimedia Commons, updated December 20, 2020, https://en.wikipedia.org/wiki/Illusory_contour#/media/File:Kanizsa_triangle.svg (CC BY-SA 3.0).

그림 2 Phonebox, "File: Thatcher effect.jpg", Wikimedia Commons, updated June 12, 2019, https://en.wikipedia.org/wiki/Thatcher_effect#/media/File:Thatcher_effect.jpg (CC0).

그림 3 저자가 제작함.

그림 4 저자가 제작함.

그림 5 저자가 제작함.

마음을 담은 기계

첫판 1쇄 펴낸날 2025년 10월 14일

지은이 정수근
발행인 조한나
책임편집 조정현
편집기획 김교석 문해림 김유진 김하영 박혜인 함초원
디자인 한승연 성윤정
마케팅 문창운 백윤진 김민영
회계 양여진 김주연

펴낸곳 (주)도서출판 푸른숲
출판등록 2003년 12월 17일 제2003-000032호
주소 서울특별시 마포구 토정로 35-1 2층, 우편번호 04083
전화 02)6392-7871, 2(마케팅부), 02)6392-7873(편집부)
팩스 02)6392-7875
홈페이지 www.prunsoop.co.kr
페이스북 www.facebook.com/prunsoop 인스타그램 @prunsoop

ⓒ정수근, 2025
ISBN 979-11-7254-083-8 (03180)

* 잘못된 책은 구입하신 서점에서 바꾸어 드립니다.
* 본서의 반품 기한은 2030년 10월 31일까지입니다.